中华人民共和国法律释义丛书

全国人民代表大会常务委员会法制工作委员会　编

中华人民共和国
商标法释义

主　编：郎　胜（全国人大常委会法制工作委员会副主任）

副主编：王超英（全国人大常委会法制工作委员会经济法室主任）

　　　　王　清（全国人大常委会法制工作委员会经济法室副主任）

撰稿人：马正平　刘泽巍　吕丽萍　陈扬跃

统稿人：王　翔

法律出版社

图书在版编目(CIP)数据

中华人民共和国商标法释义／全国人大常委会法制工作委员会编. -- 北京：法律出版社，2013.10(2018.11 重印)
(中华人民共和国法律释义)
ISBN 978-7-5118-5368-4

Ⅰ.①中… Ⅱ.①全… Ⅲ.①商标法－法律解释－中国 Ⅳ.①D923.435

中国版本图书馆 CIP 数据核字(2013)第 216586 号

中华人民共和国商标法释义
ZHONGHUA RENMIN GONGHEGUO SHANGBIAOFA SHIYI

全国人大常委会法制工作委员会 编

责任编辑 麦 锐
装帧设计 李 瞻

编辑统筹 法规出版分社
出版 法律出版社
开本 850 毫米×1168 毫米 1/32
总发行 中国法律图书有限公司
印张 9.25
经销 新华书店
字数 216 千
印刷 北京玺诚印务有限公司
版本 2013 年 10 月第 1 版
责任印制 吕亚莉
印次 2018 年 11 月第 3 次印刷

法律出版社／北京市丰台区莲花池西里 7 号(100073)
网址／www.lawpress.com.cn
投稿邮箱／info@lawpress.com.cn
销售热线／010-83938336
举报维权邮箱／jbwq@lawpress.com.cn
咨询电话／010-63939796

中国法律图书有限公司／北京市丰台区莲花池西里 7 号(100073)
全国各地中法图分、子公司销售电话：
统一销售客服／400-660-6393
第一法律书店／010-83938334/8335 西安分公司／029-85330678 重庆分公司／023-67453036
上海分公司／021-62071639/1636 深圳分公司／0755-83072995

书号：ISBN 978-7-5118-5368-4 **定价**：46.00 元
(如有缺页或倒装，中国法律图书有限公司负责退换)

总　序

人类文明的历史上，还没有哪一个时代像中国的改革开放40年一样，在历史长河中掀起如此巨大的浪花——它不仅深刻改变了一个国家的面貌与精神气质、使数亿人摆脱贫困，还极大地改变了世界格局。

1978，在那一年的年底，中共中央一次全体会议——十一届三中全会扭转了中国的前进方向，开辟了一个时代。回首过去，我们发现，一些观念从那时开始在中国出现，一些声音从那时开始逐渐响起，一些人物开始登上历史舞台。从这一年开始，随着“加强社会主义民主，健全社会主义法制”历史性任务的提出，“法制”两个字进入了人们的视野；政法机关开始恢复重建；法律院系开始蓬勃发展。一部部法律从庙堂走进了人们的生活，一次次裁决推动着国家前进的脚步。从“有法可依、有法必依、执法必严、违法必究”到“科学立法、严格执法、公正司法、全民守法”；从“法制”到“法治”；从法治观念的形成到“依法治国，建设社会主义法治国家”写进宪法，再到“法治国家、法治政府、法治社会一体建设”，人们对法治的认识步步深入，中国的改革不断向前推进，结出丰硕的果实。在中国共产党的带领下，这个励精图治的古老国度，再一次创造了改革的奇迹。

40年发生了无数故事,40年产生了许多事物。为了纪念这难忘的40年,本社组织编辑出版了一批“纪念改革开放40周年”主题图书。这些图书,将40年来颁布的重要法律及其释义甄选汇集,将法学领域有代表性的学术论文萃取精编,把有关政法机关的重建、法律院系的重生与发展进行展现,将一批被时代改变命运的人物再次唤起。我们希望从法律与法律人的视角,重新审视过去的40年,认真体会这不平凡的40年。

如江河东下,逝者如斯。岁月总会过去,人事总有代谢,但一个不平凡的时代留下的深刻痕迹,永远不会磨灭。“不忘初心,牢记使命”,习近平总书记在党的十九大报告中向全党发出的号召,使我们有理由期待,下一个40年,中国将更加惊艳!

法律出版社编辑委员会

2018年10月

出版前言

《中华人民共和国法律释义丛书》是由全国人大常委会法制工作委员会组织编辑的一套系列丛书。

该套丛书由一系列法律释义组成。邀请有关专家、学者和部分参与立法的同志编著。该丛书坚持以准确地反映立法宗旨和法律条款内容为最基本要求,在每部法律释义中努力做到观点的权威性和内容解释的准确性。

我们相信,该套丛书的陆续出版,将会给广大读者进一步学好法律提供有益的帮助。

重印说明

本次重印，是为改革开放40周年制作的特别纪念版，为了保持内容原貌，未对正文和附录作实质修改。个别法条内容有修订或修正的，以脚注形式作了标注。特此说明。

2018年10月

目　　录

第三部分　附　　录

第一部分 绪 论

商标法第三次修改的主要内容

2013 年 8 月 30 日，十二届全国人大常委会第四次会议以 156 票赞成，3 票反对，表决通过了《全国人民代表大会常务委员会关于修改〈中华人民共和国商标法〉的决定》，并由中华人民共和国主席令第六号公布，自 2014 年 5 月 1 日起施行。

现行商标法于 1983 年 3 月 1 日起施行，此后于 1993 年、2001 年进行了两次修改。商标法实施以来，对保护商标专用权，推动我国经济社会发展发挥了重要作用。截至 2012 年上半年，我国商标累计申请量、注册量分别为 1054 万件、717 万件，有效注册商标 609 万件。但是，随着我国社会主义市场经济的发展，实践中出现了一些新情况、新问题，现行商标法的有些内容出现了不适应实践需要的情况，主要是：商标注册程序比较烦琐，商标确权时间过长；驰名商标保护制度在实践中出现偏差；恶意抢注商标情况比较常见，商标代理活动不够规范，商标领域的不正当竞争现象比较严重；商标侵权尚未得到有效遏制，注册商标专用权保护有待加强；等等。

时隔十二年，全国人大常委会对商标法进行了第三次修改。此次修改，主要立足于国内实际需要，认真总结现行商标法的实施经验,针对新情况、新问题,适应新需要,从适当增加可以注册的商标要素,进一步简化商标注册、审查程序,明确规定商标审查时限等方面,为方便申请商标注册、更充分有效地发挥商标应有功能,提供了更加完善的制度保障;从强化恶意抢注他人在先使用商标的禁止性规定,厘清驰名商标保护制度,规范商标代理行为等方面,进一步完善了保障诚信经营、维护公平竞争秩序的制度规定;从增加应追究法律责任的商标侵权行为种类,加大对侵权行为的惩处力度等方面,进一步强化了对商标专用权的保护力度。这次对商标法的修改,对于完善我国的知识产权法律制度,推进知识产权战略的有效实施,必将发挥重要作用。

此次商标法的主要修改内容包括以下几个方面:

一、增加关于商标审查时限的规定,规范行政行为,提高行政效率

现行商标法对商标审查时限未作规定,仅要求对商标注册申请和商标复审申请应当及时进行审查。在征求意见的过程中,许多方面特别是企业提出,目前法律、行政法规、部门规章均未对商标注册的审查时限做出规定,实践中随意性大,审查时间拖得较长,一件申请在没有异议的情况下获得核准也需要一年多的时间,如果有人提出异议则需要四到五年,甚至有的商标注册申请十年都没有核准,而商标权的保护期限也不过只有十年。企业的商标权益长期处于缺乏保护的状态,无法运用法律武器维护其利益,影响企业品牌战略的实施,阻碍企业的正常发展。建议对商标注册的审查时限做出规定。

为了提高商标审查效率,规范行政行为,对商标审查时限做出规定是必要的,同时法律规定的时限要切实可行。基于以上考虑,参考实践中商标案件的平均审查时限,本次修改增加了商标审查时限的规定:商标局初步审查时限为九个月;对异议申请

调查核实的时限为十二个月。商标评审委员会对商标局驳回申请不予公告决定进行复审的时限为九个月,对商标局认为异议成立而不予注册决定复审的时限为十二个月。有特殊情况需要延长的,经国务院工商行政管理部门批准,可以分别延长三个月或者六个月。同时,对商标无效宣告、撤销的审查时限等也作了相应规定。

二、增加可以注册的商标要素,优化申请方式,方便申请人注册商标

为方便申请人注册商标,主要从以下几个方面对现行商标法进行了修改:

一是根据实践需要,删除了现行商标法关于商标必须是“可视性标志”的限制性规定,明确“声音”可以作为商标申请注册;

二是明确了“一标多类”的申请方式,规定申请人可以通过一份申请就多个类别的商品申请注册同一商标;

三是明确了电子申请的效力,规定商标注册申请等有关文件可以以书面方式或者数据电文方式提出。

三、完善驰名商标保护规定

2001 年修改商标法时,为履行我国参加的国际公约的义务,在商标法中增加了关于驰名商标保护的规定。驰名商标保护制度的本意是在发生商标争议时,对为相关公众所熟知的商标提供特殊保护,以制止他人复制模仿、“傍名牌”等不正当竞争行为,防止消费者对商品来源产生混淆。驰名商标认定只是对事实的确认,认定结果只在争议案件中有效。但是,实践中存在将驰名商标作为一种荣誉称号的误区,一些驰名商标所有人将其商标被认定为驰名商标宣传为其商品或者服务质量得到国家认可,误导消费者。一些企业盲目追求驰名商标认定,甚至出

现弄虚作假的情况和其他弊端。

针对驰名商标保护制度在实际执行过程中出现的偏差，此次修改商标法进一步明确了驰名商标的内涵，按照“个案认定、被动保护”的原则，对驰名商标认定机关、认定环节等做出明确规定，并禁止以驰名商标名义进行广告宣传，避免误导消费者，以对这一制度的本质进一步厘清，正本清源。主要修改内容包括：

一是进一步明确了驰名商标的内涵，即“为相关公众所熟知的商标”；同时，按照“个案认定、被动保护”的原则，明确规定，持有人认为其权利受到侵害时，可以依照本法规定请求驰名商标保护；驰名商标应当作为处理涉及商标案件需要认定的事实进行认定。也就是说，商标局、商标评审委员会、人民法院不得主动适用本法有关保护驰名商标的规定，只有当事人在商标案件中提出保护其驰名商标的申请后，才可以适用相应的规定；同时，认定结果仅对该案件有效。

二是对驰名商标认定机关、认定环节等作出明确限定。规定在商标注册审查、商标争议处理、查处商标违法案件以及商标民事、行政案件审理过程中，当事人主张驰名商标权利的，商标局、商标评审委员会和有关人民法院，才可以对商标驰名情况做出认定，认定情况作为处理涉及具体商标案件需要认定的事实。

三是禁止以“驰名商标”的名义进行广告宣传，避免误导消费者。规定生产、经营者不得将“驰名商标”字样用于商品、商品包装或者容器上，或者用于广告宣传、展览以及其他商业活动中。违反上述规定，通过宣传自己的商标是“驰名商标”的方式进行广告宣传的，由地方工商行政管理部门责令改正，处十万元罚款。需要注意的是，对商标进行合法的广告宣传并不禁止。

四、完善商标注册异议制度，简化程序

现行商标法规定，商标注册申请初审公告后，任何人可以任何理由提出异议;商标注册异议首先由商标局审查作出裁定,对商标局的裁定不服可以申请商标评审委员会复审,对复审决定不服可以提起诉讼。有的意见提出,现行的异议程序过于复杂,审查期限过长,影响了申请人及时获得商标注册,建议进行修改完善,简化程序。为此,此次修改商标法从以下方面对异议制度进行了完善:

一是对提出异议申请的主体进行了适当限制,将以侵犯在先权利为由提出异议的主体限定为在先权利人或者利害关系人。

二是简化了异议程序,删除了商标局对商标异议进行审查作出裁定的环节,规定商标局对异议进行审查后直接做出准予或者不予注册的决定;对商标局认为异议不成立、准予注册的,异议人不能申请复审,而是通过无效宣告程序请求宣告该注册商标无效;对商标局认为异议成立、不予注册的,被异议人可以申请复审。

五、加大对侵权行为的打击力度,加强对商标专用权的保护

为进一步加强对注册商标专用权的保护,遏制商标侵权行为,主要从以下几个方面对现行商标法进行了修改:

一是增加了应承担法律责任的侵权行为种类。针对实践中帮助他人实施商标侵权日益增多的情况,增加规定:故意为侵权提供便利条件,帮助他人实施侵犯商标专用权行为的,属于侵犯商标专用权的行为。

二是增加了惩罚性赔偿规定,提高了法定的侵权赔偿数额。针对实践中商标侵权案件中受害人维权成本高、“赢了官司赔了钱”的现象,此次修改引入了惩罚性赔偿制度,规定对恶意侵犯商标专用权情节严重的,可以在权利人因侵权受到的损失、侵权人因侵权获得的利益或者商标许可使用费的一到三倍的范围

内确定赔偿数额。同时将法定的侵权赔偿额由“五十万元以下”修改为“三百万元以下”，即权利人因侵权受到的损失、侵权人因侵权获得的利益或者商标许可使用费难以确定的情况下，由法院根据侵权行为的情节判决给予三百万元以下的赔偿。

三是为加大对商标侵权行为的打击力度，考虑到很少有工具是“专门”用于制造侵权商品、伪造注册商标标识，此次修改将工商行政管理部门查处侵权案件时可以没收的对象，由“专门”制造侵权商品、伪造注册商标标识的工具，修改为“主要”制造侵权商品、伪造注册商标标识的工具。

四是减轻了商标专用权人的举证负担，增加了有关文书提供令的规定：人民法院为确定赔偿数额，在权利人已经尽力举证，而与侵权行为相关的账簿、资料主要由侵权人掌握的情况下，可以责令侵权人提供与侵权行为相关的账簿、资料；侵权人不提供或者提供虚假的账簿、资料的，人民法院可以参考权利人的主张和提供的证据判定侵权赔偿数额。这一规定将一定程度上减轻权利人的举证负担，有利于解决商标侵权案件中的索赔依据不充分的问题。

六、规范商标申请和使用，禁止恶意抢注，维护公平竞争的市场秩序

为规范商标申请和使用，维护公平竞争的市场秩序，此次修改主要增加了以下内容：

一是禁止抢注因业务往来等关系而明知他人已经在先使用的商标。实践中一些企业或者个人利用与商标在先使用人的特定关系而恶意抢注该商标的现象时有发生，如在订立合同过程中知悉的他人已经使用的未注册商标而抢先注册等，严重损害了商标在先使用人的权益，也不利于营造公平竞争的市场环境。因此，此次修改增加规定，禁止与商标在先使用人具有合同、业

务往来关系或者其他关系而明知该他人商标存在的人抢注该商标。

二是保护在先使用人的权利,明确规定,商标注册人申请商标注册前,他人已经在同一种商品或者类似商品上先于商标注册人使用与注册商标相同或者近似并有一定影响的商标的,注册商标专用权人无权禁止该使用人在原使用范围内继续使用该商标,但可以要求其附加适当区别标识。这一规定给在先使用并有一定影响的未注册商标提供了一定程度的保护。

三是禁止将他人商标用作企业字号。实践中,有的人"傍名牌",将他人商标用作企业字号,进行不正当竞争。此次修改增加规定,将他人注册商标、未注册驰名商标作为企业名称中的字号使用,误导公众,构成不正当竞争行为的,依照《中华人民共和国反不正当竞争法》处理。

七、规范商标代理活动,倡导诚信经营

现行商标法对商标代理活动的具体规范未作规定。实践中一些商标代理机构违反诚实信用原则,利用其业务上的优势帮助委托人进行恶意商标注册,甚至自己恶意抢注他人商标牟利,严重扰乱了市场秩序。因此,此次修改增加了对商标代理活动进行规范的内容,主要包括:

一是明确规定,商标代理机构应当遵循诚实信用原则,遵守法律、行政法规,按照被代理人的委托办理商标注册申请或者其他商标事宜。对在代理过程中知悉的被代理人的商业秘密,负有保密义务。

二是规定委托人申请注册的商标可能存在商标法规定不得注册情形的,商标代理组织应当明确告知委托人。

三是规定商标代理组织知道或者应当知道委托人申请注册的商标属于恶意抢注他人商标或者侵犯他人在先权利的,不得接受委托。

四是明确商标代理组织除对其代理服务申请商标注册外，不得申请注册其他商标，以防止其申请商标注册牟利。

五是规定商标代理机构有本法规定的违法行为的，除依法追究其法律责任外，由工商行政管理部门记入信用档案；对违反法律规定且情节严重的商标代理组织，还可以由商标局、商标评审委员会决定停止受理其办理商标代理业务，并予以公告。

第二部分　释　　义

第一章　总　　则

第一条　为了加强商标管理，保护商标专用权，促使生产、经营者保证商品和服务质量，维护商标信誉，以保障消费者和生产、经营者的利益，促进社会主义市场经济的发展，特制定本法。

【释义】　本条是关于商标法立法宗旨的规定。

所谓商标，就是在生产经营活动中使用的，用于识别商品或者服务来源的标志。其中，"商"就是商事，就是要求商标应当用于生产经营活动中，与商品或者服务结合起来，代表该商品或者服务的质量及其生产、经营者的信誉，这是商标的价值所在；脱离商业活动、没有与商品或者服务结合在一起的标志本身没有价值。"标"就是标志，就是要求商标应当具有识别能力，具有显著性特征，能够和其他标志区分开，清楚地指示商品或者服务来源于特定生产、经营者，而非其他生产、经营者；不具备显著特征的标志不适合作为商标。

商标法是规范商标活动的基本法律，其立法宗旨主要有：

1. 加强商标管理。商标是一种智力成果，属于知识产权范畴，国家对有关商标权利的形成、确认、运用、保护，以及与商标权利相对应的义务的履行，都要实施必要的管理，建立商标管理秩序。商标法的制定正是为了从法律上确立国家的商标管理制度,保障商标功能的正常发挥,有效地发挥商标在现代经济中的积极作用,为此,将加强商标管理作为商标法的重要立法目的之一。

2. 保护商标专用权,这是商标法的核心内容。商标专用权是指商标经依法核准注册,由商标注册人对其注册商标所享有的专用权,也就是商标注册人对其注册商标享有排他性的支配权,可以独占使用,也可转让或者许可他人使用,但他人不得擅自使用。这种商标专用权受法律保护,商标法通过一系列的法律规范来实施对商标专用权的保护,排除和惩罚侵犯商标专用权的违法犯罪行为。

3. 促使生产、经营者保证商品和服务质量,维护商标信誉。商标的基本特征在于它的区别性,人们可以根据商标来区别商品和服务的不同来源。因此,一方面,合法经营的生产、经营者为了开拓市场、提高销量,自然会努力提高商品或者服务的质量,提高商标所代表的信誉。另一方面,国家通过法律督促生产、经营者保证使用商标的商品或者服务的质量,本法明确规定:商标使用人应当对其使用商标的商品质量负责,各级工商行政管理部门应当通过商标管理,制止欺骗消费者的行为;转让注册商标的,受让人应当保证使用该注册商标的商品质量;许可他人使用其注册商标,许可人应当监督被许可人使用其注册商标的商品质量,被许可人应当保证使用该注册商标的商品质量。

4. 保障消费者和生产、经营者的利益。商标是用于区别商品或者服务的来源的,消费者借以识别和选购商品,选择所需要的服务,因此在商标立法中必须保障商标的功能正常地发挥,不得有悖诚信原则,运用商标欺骗消费者,误导消费者,使消费者误认、误购，在利益上受到损害。商标是生产、经营者所使用的创立信誉、保持信誉的一种重要手段，商标中体现了商标所有人辛勤积累的智力成果，因此保障生产、经营者这种合法的权益是合理的、有必要的。

5. 促进社会主义市场经济的发展，是商标法的总目的、总原则。从商标法律制度的建立、健全，商标的基本标准和注册条件，商标专用权的取得和保护，商标管理秩序所遵循的规则，对商标违法犯罪行为的惩治等各方面来看，都必须是以促进社会主义市场经济的发展为出发点，体现社会主义市场经济发展的要求。将商标本身的特点和经济发展的需要在法律制度中结合起来，是完全有必要的，也是可能的。商标是商品经济的产物，在现代市场经济中充分发挥了它的职能作用。这种作用在法制的轨道上，又成为促进市场经济发展的一个重要手段，商标立法正是反映了这样的事实，体现了这样的目的。

第二条　国务院工商行政管理部门商标局主管全国商标注册和管理的工作。

国务院工商行政管理部门设立商标评审委员会，负责处理商标争议事宜。

【释义】　本条是关于国务院工商行政管理部门商标局和商标评审委员会的职责的规定。

（一）国家主管商标的部门为国务院工商行政管理部门，商标局和商标评审委员会都是国务院工商行政管理部门的内设机构，但这两个机构又与国家行政机关所属的一般机构不同，这两个机构是法定设立的机构，有法定的名称、法定的职能、法定的地位。

（二）国务院工商行政管理部门商标局的职责

1. 商标局主管全国商标注册的工作。这就从法律上确定了全国的商标注册工作实行集中统一的体制，或者说，商标局是全国统一办理商标注册的法定机构，其他任何机构都无权办理商标注册。其具体职责包括：商标局应当对商标注册申请进行初步审查；认为符合本法有关规定的，应当予以公告；认为不符合本法有关规定的，应当驳回申请，不予公告。公告期内第三人对商标注册申请有异议的，商标局应当对异议申请进行审查；公告期满无异议或者经审查异议不成立的，应当予以核准注册；经审查异议成立的，应当不予注册；等等。

2. 商标局主管全国商标管理的工作。例如，注册商标的续展、变更、转让和使用许可，都应当到商标局办理相应的手续；对违反法律规定的注册商标，商标局应当依法宣告该注册商标无效或者撤销该注册商标。

需要特别指出的是，由于商标局是国务院工商行政管理部门的内设机构，因此，虽然商标注册统一由商标局负责，但商标使用的管理、保护注册商标专用权等职责则由各级工商行政管理部门负责，本法第六章、第七章对此作出了相应规定。

（三）国务院工商行政管理部门商标评审委员会的职责

商标评审委员会是负责处理商标争议事宜的法定机构，它与商标局是平行的。商标评审委员会的职责、与商标局的关系、在处理商标争议中所处的法律地位，都在商标法中作出了规定，这就确立了商标争议的处理机制。例如，当事人对商标局驳回申请、不予公告决定或不予注册决定不服的，或者对商标局宣告注册商标无效或撤销注册商标决定不服的，或者申请宣告注册商标无效的，商标评审委员会都要进行审查，在法定期限内作出相应的决定、裁定。

第三条 经商标局核准注册的商标为注册商标，包括商品商标、服务商标和集体商标、证明商标；商标注册人享有商标专用权，受法律保护。

本法所称集体商标，是指以团体、协会或者其他组织名义注册，供该组织成员在商事活动中使用，以表明使用者在该组织中的成员资格的标志。

本法所称证明商标，是指由对某种商品或者服务具有监督能力的组织所控制，而由该组织以外的单位或者个人使用于其商品或者服务，用以证明该商品或者服务的原产地、原料、制造方法、质量或者其他特定品质的标志。

集体商标、证明商标注册和管理的特殊事项，由国务院工商行政管理部门规定。

【释义】 本条是关于注册商标及其分类，以及商标专用权受法律保护的规定。

一、注册商标

商标是一种能将商品或者服务的来源区别开来的标志，生产、经营者可以自行决定是否采用商标，以表示某一项产品或者服务来自于自己。对于在生产经营活动中已使用的或者准备使用的商标，生产、经营者可以自主决定是否申请注册，这就是商标自愿注册原则；当然，对用于特定商品或者服务（例如烟草）的商标，法律规定其必须注册，这是例外。在商标自愿注册原则下，商标就有注册商标与未注册商标之分。注册商标是指需要使用或者准备使用商标的生产、经营者，依照法定的条件和程序，向商标局申请商标注册，经商标局审查核准后予以注册的商标。注册商标可以比未注册商标获得更全面的保护。

二、注册商标的分类

这里所指的注册商标分类，是指根据不同标准，而对注册商标所作的不同的分类。比如,根据使用对象的差别,可以分为商品商标和服务商标;根据商标的使用目的的差别,将一部分商标区分为集体商标、证明商标;根据商标的注册人人数的不同,可以分为单个注册人的商标、共有商标;根据商标的构成形式上的区别,可以分为平面商标、立体商标、声音商标;等等。

其中,本法所称的集体商标,是指以团体、协会或者其他组织名义注册,供该组织成员在商事活动中使用,以表明使用者在该组织中的成员资格的标志。集体商标的主要特点为:(1)其所有权属于一个集体,以团体、协会或者其他组织的名义注册;(2)集体商标由这个集体的成员共同使用,不是该集体的成员不能使用;(3)该集体的成员只能在商事活动中使用该集体商标;(4)集体商标的作用在于表明使用该商标的商品或者服务来源于该集体的成员,以便于与非这个集体的成员的商品或者服务相区别。一般来说,集体商标由其成员使用,使用人较多,覆盖面较宽,有利于形成市场优势。在使用集体商标时,并不排除使用集体成员自身所拥有的商标,可以将集体商标与集体成员自己的商标同时使用。

本法所称的证明商标,是指由对某种商品或者服务具有监督能力的组织所控制,而由该组织以外的单位或者个人使用于其商品或者服务,用以证明该商品或者服务的原产地、原料、制造方法、质量或者其他特定品质的标志。证明商标的主要特点是:(1)证明商标是由对某些商品或者服务在所欲证明的事项上具有监督能力的组织申请注册,这种监督能力是一种保证能力、检验能力,只有这样才能发挥证明商标的证明功能,保护消费者的利益;(2)证明商标持有人不得使用该商标,而只能由被该组织认定的单位或者个人使用,这是证明商标的一个重要特点,与集体商标有明显的不同;(3)证明商标的作用是证明该商品或者服务的原产地、原料、制造方法、质量或者其他特定品质，而非仅指示来源，这是与集体商标的另一个明显区别。

集体商标和证明商标与其他商标有共同性，因此商标法中关于商标专用权的基本规定对其是适用的；但是在注册与管理方面有其特殊性，不同于一般的商标，相关的特殊事项由国务院工商行政管理部门规定。

三、注册商标专用权受法律保护

这是一条重要的法律原则，也是注册商标的一个重要特点。这一规定有以下几层含义：（1）商标只有经过商标局核准注册，才能产生注册商标专用权，即在其所注册的商品或者服务上享有独占使用该商标的权利。（2）商标专用权归属于商标注册人。即商标注册人对其注册商标在所注册的商品或者服务上享有独占使用的权利，他人未经许可不得在相同或者类似的商品或者服务上使用与该商标相同或者近似的商标。（3）商标专用权受法律保护。任何侵犯注册商标专用权的行为，都要承担相应的法律责任。

第四条　自然人、法人或者其他组织在生产经营活动中，对其商品或者服务需要取得商标专用权的，应当向商标局申请商标注册。

本法有关商品商标的规定，适用于服务商标。

【释义】　本条是关于商标注册主体、注册范围和注册原则，以及服务商标适用法律的规定。

1982年商标法第四条规定：企业、事业单位和个体工商业者，对其生产、制造、加工、拣选或者经销的商品，需要取得商标专用权的，应当向商标局申请注册。1993年修改商标法时增加了服务商标按需申请注册的规定，同时规定：本法有关商品商标的规定，适用于服务商标。2001年修改商标法时，将申请主体由“企业、事业单位和个体工商业者”修改为“自然人、法人或者其他组织”。此次修改商标法，有的意见提出，有关“生产、制造、加工、拣选或者经销”的表述，不能满足现代多样化的生产经营活动的需要，建议综合表述。本条作了相应修改。

一、商标注册主体

按照本法规定，自然人、法人或者其他组织都可以申请注册商标。这既包括中国的自然人、法人和其他组织，也包括外国自然人和外国企业。

二、商标自愿注册原则

商标经过注册，即取得注册商标专用权，注册人有权禁止他人在相同或者类似商品上使用或者注册与该商标相同或者近似的商标。因此，注册商标能够比未注册商标获得更全面更有力的保护。是否通过注册获得这种保护，由商标使用人自由选择；自然人、法人或者其他组织认为需要取得商标专用权以获得保护的，应当向商标局申请商标注册。

三、申请注册的商标应当用于生产经营活动

商标是在生产经营活动中用于识别商品和服务来源的标志，代表其所标示的特定商品或者服务的质量及其生产经营者的信誉。申请商标注册应当将其用于生产经营活动。自然人、法人或者其他组织不论是已经在其生产经营活动中实际使用该商标，还是准备在今后的生产经营活动中使用该商标，都可以申请商标注册。

四、商品商标和服务商标

在商品上使用的商标称为商品商标。在服务上使用的商标称为服务商标，服务商标一般使用于银行、保险、广告、旅游、电信、运输、学校、医院等服务领域。商品商标和服务商标在商标注册簿上都有相应的分类，都可以申请商标注册。

商品商标和服务商标的最大区别在于使用对象不同，但它们之间又有共同的性质，有许多共同的法律关系，甚至在某些情况下，从理论上也将服务作为一种商品，或者提供商品也包含着提供服务。在商标法中，虽然对商品商标和服务商标作了区分，但它们可以适用共同的规则，因此，本条第二款规定，本法中有关商品商标的规定，适用于服务商标。这也就是从法律上表明，在商标法的调整范围内，商品商标与服务商标适用同样的法律规范，在商标法中使用“商标”一词时，是将商品商标和服务商标都包括在内的。

第五条　两个以上的自然人、法人或者其他组织可以共同向商标局申请注册同一商标，共同享有和行使该商标专用权。

【释义】　本条是关于注册商标共有的规定。

所谓共有商标，是指两个以上的主体共同享有和行使一个注册商标专用权的商标。商标是在生产经营活动中用于识别商品或者服务来源的标志，代表商品或者服务质量以及生产经营者的信誉。因此，一般情况下，为避免消费者对商标所指示的商品或者服务的来源产生混淆，维护自身形象，申请人不会和他人一起向商标局申请注册同一商标。但是，在特殊情况下（例如，老字号的继承），可能存在两个以上的主体共同拥有一个商标，需要共同向商标局申请注册同一商标的情况，这就形成了共有商标。

共有商标具有以下基本特征：(1)主体是两个以上的权利人。这里所指的“主体”，可以是自然人，也可以是法人或者其他组织，并且他们之间可以在共有商标时，交叉组合，不受限制。商标局应当将共有商标的所有共有人都记录在册。(2)客体是一个注册商标，即数个权利人共同拥有一项法定权利。(3)共有商标的数个主体共同享有和行使该商标专用权，具体办法原则上适用民事共有的有关规则。

需要注意的是，共有商标几个主体之间应当订立共有协议，确定相互之间权利义务关系；共有商标的商标注册人共同享有和行使商标专用权是经过商标局核准的，注册后不得自行更换；有变动的，也需经过法定程序。共有商标在商标法中是产生于商标注册，这里所指的“注册”可以是初始创立的商标注册，也可以是由商标转让、主体变换而形成的变更注册。

共有商标的特殊性集中体现在主体之间的共有关系上，而在商标的权利确定、权利行使，商标的使用管理等方面和普通商标没有区别，都适用商标法的规定。

第六条　法律、行政法规规定必须使用注册商标的商品，必须申请商标注册，未经核准注册的，不得在市场销售。

【释义】　本条是关于商标强制注册的特别规定。

商标自愿注册原则是商标法的基本原则，即生产经营者使用商标不以该商标已经注册为前提，是否申请注册，由生产经营者根据自身的需要决定。但对于某些需要特别强调来源的商品，法律、行政法规可以要求其必须使用注册商标，这时，商标使用人必须申请商标注册，经核准注册后使用；未经核准注册的，该商品不得在市场上销售。这就形成了商标强制注册。商标强制注册是商标自愿注册原则的例外。

需要进行强制注册的商品范围由法律或者行政法规规定。目前，必须使用注册商标的商品只有烟草制品类。中华人民共和国烟草专卖法第二十条规定，卷烟、雪茄烟和有包装的烟丝必须申请商标注册，未经核准注册的，不得生产、销售。

第七条 申请注册和使用商标,应当遵循诚实信用原则。

商标使用人应当对其使用商标的商品质量负责。各级工商行政管理部门应当通过商标管理,制止欺骗消费者的行为。

【释义】 本条是关于诚实信用原则和使用商标的商品质量的规定。

1982 年商标法第六条规定:商标使用人应当对其使用商标的商品质量负责。各级工商行政管理部门应当通过商标管理,监督商品质量,制止欺骗消费者的行为。2001 年修改商标法时删除了“监督商品质量”。此次修改过程中,有意见提出,商品质量应当由产品质量法、消费者权益保护法规范,建议删去商标法中的相应规定。经研究,商标使用人维护商品质量作为一个总的原则应当坚持,但对有关商品质量问题的违法行为,应当根据相关法律处理。因此,本条此次未作修改;但是,删除了 2001 年商标法第四十五条、第四十八条第三项有关商品“粗制滥造,以次充好,欺骗消费者”的法律责任的规定。

同时,由于商标领域违反诚实信用原则的现象比较突出,此次修改增加了有关诚实信用原则的规定。

一、申请注册和使用商标,应当遵循诚实信用原则

诚实信用原则是民商事活动的基本原则,针对实践中在商标的申请注册和使用环节出现的一些违背诚实信用原则的现象,此次修改商标法进一步完善了这方面的规范,即在本条中明确规定,申请注册和使用商标,应当遵循诚实信用原则。同时,通过对相关条款的修改完善,对这一原则予以细化。

二、商标使用人应当对其使用商标的商品质量负责

商标是用于识别商品和服务来源的标志,消费者对特定商品的质量的认知,集中体现在该商品使用的商标上,商标是消费者从若干同类商品中选择特定商品时的重要参考。因此,商标

使用人应当保证商品和服务质量，维护商标信誉，例如，不能粗制滥造、以次充好；不能使用带有欺骗性，容易使公众对商品的质量等特点或者产地产生误认的商标等。这些规定不仅是商标法的立法指导原则，而且是商标使用人的法定义务，商标所具有的保证商品质量的功能，要通过商标的使用来实现。

商标法所指的商标使用人，包括各种不同情况。有商标注册人自己将所注册商标用于指定的商品上；有经过依法实施的使用许可由被许可人将商标使用在商品上；有共有商标的共有人分别将所共有的商标使用于商品上；有作为某一个集体的成员将该集体注册的集体商标用于自己的商品上；有经过合法的手续将某一组织所控制的证明商标用于自己的商品上；等等。此外，转让注册商标的，受让人成为新的注册人，也应当保证继续使用该注册商标的商品质量，使其符合消费者对该商标所代表的商品质量的认知。这些使用商标的情况虽然是不同的，但是都有明确的商标使用人，每一个商标使用人都应当在其所承担的责任范围内对商品质量负责。

三、各级工商行政管理部门应当通过商标管理，制止欺骗消费者的行为

各级工商行政管理部门即商标行政管理部门应当加强对生产经营者使用商标情况的监督管理，促使其保证商品和服务质量，维护商标信誉，对其使用商标的商品质量负责，保护消费者的合法权益。对于生产经营者使用商标过程中的欺骗消费者的违法行为，例如使用带有欺骗性，容易使公众对商品的质量等特点或者产地产生误认的商标，或者侵犯他人注册商标专用权的行为，都应当及时制止，依法处罚。因为这是一项广泛的市场监督行为，所以将其明确为是各级工商行政管理部门的职责；同时，这又属于商标管理问题，具体事项应当按照商标法的有关规定执行。

第八条 任何能够将自然人、法人或者其他组织的商品与他人的商品区别开的标志，包括文字、图形、字母、数字、三维标志、颜色组合和声音等，以及上述要素的组合，均可以作为商标申请注册。

【释义】 本条是关于商标的本质特征和构成要素的规定。

1982 年商标法仅列举了文字、图形及其组合作为商标要素。2001 年修改商标法时增加规定：任何能够将自然人、法人或者其他组织的商品与他人的商品区别开的可视性标志，包括文字、图形、字母、数字、三维标志和颜色组合，以及上述要素的组合，均可以作为商标申请注册。此次修改删除了"可视性"要求，增加了"声音"要素。

一、商标的本质特征及其对商标构成要素的影响

任何能够将自然人、法人或者其他组织的商品与他人的商品区别开的标志，均可以作为商标申请注册，换言之，要成为注册商标，就应当具备识别商品或者服务来源的能力，这是商标的本质特征，也是建立商标制度的根本意义所在。这一本质特征在商标要素上体现为：一方面，本条所列举的文字、图形、字母数字、三维标志、颜色组合和声音等商标构成要素，不是必然都能够作为商标申请注册；这些要素只有具备了识别商品或者服务来源的能力，才能够作为商标申请注册。另一方面，商标要素并非固定不变，随着实践的发展，一些新的要素具备了识别商品或者服务来源的能力，实践中又确有需要，法律就可以将其确认为新的商标要素，允许其作为商标申请注册。例如，2001 年修改商标法时增加了三维标志商标，本次修改商标法增加了声音商标，今后随着实践的进一步发展，还可能出现单一颜色商标、气味商标、动态商标等。

二、商标的构成要素

商标可以由文字、图形、字母、数字、三维标志、颜色组合和声音等要素中的任何一种构成,也可以是上述要素的任意组合构成。下面对这些要素作一些介绍分析:

(1)文字,这是构成商标的最基本的也是最常见的要素之一,它在表现商标的区别性上有不可替代的作用。有的商标是以文字和其要素组合而成,也有的商标是单纯以文字构成,比如有的商标就是一个喜字或者一个福字等。文字作为商标构成要素,可以是各种字体的文字,也可以是在艺术上有所变化的文字。字母和数字属于文字的特殊类型,适用与文字基本相同的规则。

(2)图形,这是构成商标的又一个最基本的要素,图形的表现力很强,可以鲜明地表现出区别性。图形可以是具体描绘人和物的形状,也可以是虚构的图形,或者是抽象的图形。有些商标是图形与文字的结合,也有不少是单纯的图形。

(3)三维标志,即能够通过商品本身的形状、商品的包装物或者其他三维形状识别商品和服务来源的标志,比如可口可乐的玻璃瓶外形。三维标志构成的商标称为立体商标。

(4)颜色组合。颜色是丰富多彩的,有许多种的变化,因此与商标的其他要素组合在一起,或者是几种颜色的组合,都可以成为识别商品来源的标志。应该注意的是,目前只有颜色组合才可以作为商标申请注册;对于单一颜色,虽然有的国家已经允许将其注册为商标,但是,实践中我国企业还没有将其作为商标注册的需求,因此暂不在法律中作出明确规定。

(5)声音,这是本次修改商标法新增的商标要素,突破了此前对商标要素必须具有可视性的要求,是符合商标本质特征的一次重要的商标要素扩展。声音商标既可以是音乐片段(包括声乐、器乐)，例如诺基亚手机的开机铃声；也可以是自然界的声音，例如米高梅公司的狮子吼。

第九条　申请注册的商标，应当有显著特征，便于识别，并不得与他人在先取得的合法权利相冲突。

商标注册人有权标明“注册商标”或者注册标记。

【释义】　本条是关于申请注册和使用商标应当遵循的基本原则的规定。

一、申请注册的商标应当有显著特征

商标是用于识别商品或者服务来源的标志，应当具备帮助消费者将其所代表的生产、经营者的商品或者服务同其他生产、经营者的商品或者服务区分开来的能力，这就是商标的显著特征，或者称为商标的显著性、区别性。商标显著特征有强弱之分，与构成商标的标志本身、商标指定使用商品、商标指定使用商品的相关公众的认知习惯、商标指定使用商品所属行业的实际使用情况等因素都有关系。不具有显著特征的标志，不得作为商标申请注册。

二、申请注册的商标不得与他人在先取得的合法权利相冲突

作为商标申请注册的标志，可能同时存在其他合法权利，如著作权、外观设计专利权等。为防止不同权利之间的冲突，避免在商标注册中产生侵权行为，商标法专门作出规定，申请注册的商标不得与他人在先取得的合法权利，如商号权、著作权、外观设计专利权、姓名权、肖像权等相冲突。

三、商标注册人有权标明注册标记

对已经注册的商标，商标注册人可以在该商标上标明注册标记，以标示该商标为注册商标。注册标记可以是“注册商标”字样，也可以是“㊟”或者“®”。这项标明注册标记的权利属于

商标注册人，其他人无权使用这种注册标记，更不允许使用这种方式冒充注册商标，从事假冒注册商标的违法活动。

第十条　下列标志不得作为商标使用：

（一）同中华人民共和国的国家名称、国旗、国徽、国歌、军旗、军徽、军歌、勋章等相同或者近似的，以及同中央国家机关的名称、标志、所在地特定地点的名称或者标志性建筑物的名称、图形相同的；

（二）同外国的国家名称、国旗、国徽、军旗等相同或者近似的，但经该国政府同意的除外；

（三）同政府间国际组织的名称、旗帜、徽记等相同或者近似的，但经该组织同意或者不易误导公众的除外；

（四）与表明实施控制、予以保证的官方标志、检验印记相同或者近似的，但经授权的除外；

（五）同“红十字”、“红新月”的名称、标志相同或者近似的；

（六）带有民族歧视性的；

（七）带有欺骗性，容易使公众对商品的质量等特点或者产地产生误认的；

（八）有害于社会主义道德风尚或者有其他不良影响的。

县级以上行政区划的地名或者公众知晓的外国地名，不得作为商标。但是，地名具有其他含义或者作为集体商标、证明商标组成部分的除外；已经注册的使用地名的商标继续有效。

【释义】　本条是关于不得作为商标使用的标志及使用地名作商标的管理的规定。

1982 年商标法第八条列举了商标不得使用的文字、图形，即本条第一款的主要内容。1993 年修改商标法时，增加了限制地名作为商标的规定，即本条第二款的主要内容。2001年修改商标法时，增补完善了上述规定。此次修改增加规定，同国歌、军徽、军歌等相同或者近似的标志，以及同中央国家机关的名称、标志相同的标志不得作为商标使用；同时，将“夸大宣传并带有欺骗性的”修改为“带有欺骗性，容易使公众对商品的质量等特点或者产地产生误认的”。

一、不得作为商标使用的标志

商标是用以区别不同生产经营者所提供的商品或者服务的标志，但不是所有的标志都可以作为商标使用。有关国际公约和许多国家的商标法都对不能作为商标使用的标志作了规定。如《保护工业产权巴黎公约》第六条之三规定，“本公约成员国的国旗、国徽、表明实施国家管制和保证的官方标志、检验印记及政府间国际组织的标志等均不得作为商标注册和使用”。结合我国的实际情况，本条规定，下列标志不得作为商标使用：

1. 同中华人民共和国的国家名称、国旗、国徽、国歌、军旗、军徽、军歌、勋章等相同或者近似的，以及同中央国家机关的名称、标志、所在地特定地点的名称或者标志性建筑的名称、图形相同的。本条中的“国家名称”包括全称、简称和缩写，我国国家名称的全称是“中华人民共和国”，简称为“中国”、“中华”，英文简称或者缩写为“CN”、“CHN”、“P. R. C”、“CHINA”、“P. R. CHINA”、“PR OF CHINA”；“国旗”是五星红旗；“国徽”的中间是五星照耀下的天安门，周围是谷穗和齿轮；“国歌”是《义勇军进行曲》；“军旗”是中国人民解放军军旗，图案为红地，靠旗杆上方为金黄色五角星及“八一”两字；“军歌”是中国人民解放军军歌，歌名为《中国人民解放军进行曲》；“勋章”是国家有关部门授给对国家、社会有贡献的人或者组织的表示荣誉的证章；“中央国家机关的名称、标志、所在地特定地点或者标志性建筑物”，比如“全国人民代表大会”、“国务院”，中国人民政治协商会议的会徽，“中南海”、“钓鱼台”、“天安门”、“新华门”、“紫光阁”、“怀仁堂”、“人民大会堂”等。

2. 同外国的国家名称、国旗、国徽、军旗等相同或者近似的，但经该国政府同意的除外。我国在国际交往中遵循“和平共处五项原则”，主张国家不分大小、贫富、强弱，一律平等。为尊重外国国家主权，一切与外国国家名称、国旗、国徽、军旗等相同或者近似的标志，非经该国政府同意，不得作为商标使用。本条中的国家名称包括中文和外文的全称、简称和缩写；国旗是指由国家正式规定的代表本国的旗帜；国徽是由国家正式规定的代表本国的标志；军旗是国家正式规定的代表本国军队的旗帜。

3. 同政府间国际组织的名称、旗帜、徽记等相同或者近似的，但经该组织同意或者不易误导公众的除外。政府间国际组织，是指由若干国家和地区的政府为了特定目的通过条约或者协议建立的有一定规章制度的团体。例如联合国、欧洲联盟、东南亚国家联盟、非洲统一组织、世界贸易组织、世界知识产权组织等。这些机构独立于其成员国，依其成员国共同签订的国际条约履行职责，在国际交往中享有外交豁免。为了体现对这些国际组织的尊重，所有与这些国际组织的名称、旗帜、徽记相同或者近似的标志不得作为商标使用，但经该组织同意或者不易误导公众的除外。国际组织的名称包括全称、简称或者缩写。例如，欧洲联盟的中文简称为欧盟，英文全称为 European Union，缩写为 EU，旗帜为蓝底上由 12 枚金星组成的圆环。

4. 与表明实施控制、予以保证的官方标志、检验印记相同或者近似的，但经授权的除外。表明实施控制、予以保证的官方标志、检验印记是政府履行职责，对所监管事项作出的认可和保证，具有国家公信力，不宜作为商标使用；否则，将对社会造成误导，使这种标志的公信力大打折扣。

5. 同“红十字”、“红新月”的名称、标志相同或者近似的。“红十字”是国际红十字会的标志，“红新月”是红新月会的标志，红新月会是在伊斯兰国家与国际红十字会性质相同的组织。两会都是自愿的国际性的救护救济组织。根据有关两会的国际条约的规定，“红十字”、“红新月”的名称和标志不得用于与两会宗旨无关的活动。

6. 带有民族歧视性的。民族歧视性，是指商标的文字、图形或者其他构成要素带有对特定民族进行丑化、贬低或者其他不平等看待该民族的内容。民族歧视性的判定应综合考虑商标的构成及其指定使用商品、服务。我国是统一的多民族国家，各民族一律平等。为了维护和促进民族团结，任何带有民族歧视性的标志禁止作为商标使用。

7. 带有欺骗性，容易使公众对商品的质量等特点或者产地产生误认的。即所使用的商标故意夸大商品和服务的功能、作用，欺骗消费者，容易使公众对商品的质量等特点或者产地产生误认的行为，例如用“健康”、“长寿”作香烟商标，用“万能”做药品商标，等等。为保护消费者的权益，对于夸大宣传并带有欺骗性的标志，禁止作为商标使用。

8. 有害于社会主义道德风尚或者有其他不良影响的。社会主义道德风尚，是指我国人民共同生活及其行为的准则、规范以及在一定时期内社会上流行的良好风气和习惯；其他不良影响，是指商标的文字、图形或者其他构成要素对我国政治、经济、文化、宗教、民族等社会公共利益和公共秩序产生消极的、负面的影响。有害于社会主义道德风尚或者具有其他不良影响的判定应考虑社会背景、政治背景、历史背景、文化传统、民族风俗、宗教政策等因素，并应考虑商标的构成及其指定使用的商品和服务。

二、地名作为商标的管理

1. 原则上，县级以上行政区划的地名或者公众知晓的外国地名，不得作为商标使用。本款中的县级以上行政区划包括县级的县、自治县、县级市、市辖区、旗；地级的市、自治州、地区、盟；省级的省、直辖市、自治区；两个特别行政区即香港、澳门；台湾地区。县级以上行政区划的地名以我国民政部编辑出版的《中华人民共和国行政区划简册》为准。本条中的县级以上行政区划地名包括全称、简称以及拼音形式。本款中的公众知晓的外国地名，是指我国公众知晓的我国以外的其他国家和地区的地名，如“曼哈顿”、“波尔多”等。

2. 地名具有其他含义或者作为集体商标、证明商标组成部分的，可以作为商标使用；已经注册使用地名的商标继续有效。“地名具有其他含义的”，如“凤凰”除了具有地域名称含义外，还有“传说中的百鸟之王”的含义，因此可以作为商标使用。集体商标和证明商标从其本身的性质考虑可以使用地名作为其商标的组成部分，如原产地证明商标等。对已经注册使用地名的商标允许其继续有效，如天津生产的“北京牌”电视机等，有利于对商标所有权人合法权益的保护。

三、适用范围

本条规定既适用于注册商标，也适用于非注册商标。对正在申请注册的商标违反本条规定的，将依法驳回申请；对已经注册的，将依法宣告无效。未注册商标违反本条规定的，由工商行政管理部门予以制止，限期改正，并可以予以通报或处以罚款。

第十一条　下列标志不得作为商标注册：

（一）仅有本商品的通用名称、图形、型号的；

（二）仅直接表示商品的质量、主要原料、功能、用途、重量、

数量及其他特点的；

（三）其他缺乏显著特征的。

前款所列标志经过使用取得显著特征，并便于识别的，可以作为商标注册。

【释义】 本条是关于禁止缺乏显著特征的标志作为商标注册以及商标经过使用取得显著特征的规定。

一、禁止缺乏显著特征的标志作为商标注册

根据本法第九条规定，申请注册的商标应当具有显著特征，便于识别。可识别性是商标的基本特征。生产经营者通过商标推介自己的商品和服务，消费者通过商标区别不同生产经营者的商品和服务。如果商标不具有显著特征，就无法实现商标的功能，也就无法作为商标申请注册。商标显著特征的判定应当综合考虑构成商标的标志本身（含义、呼叫和外观构成）、商标指定使用商品、商标指定使用商品的相关公众的认知习惯、商标指定使用商品所属行业的实际使用情况等因素。下列标志一般不具有显著特征，不得作为商标申请注册：

（1）仅有本商品的通用名称、图形、型号的。例如，将“苹果”的文字或者苹果的图形作为苹果这种水果的商标，将表示加大码的“XL”作为服装的商标。

（2）仅直接表示商品的质量、主要原料、功能、用途、重量、数量及其他特点的。例如，将“纯净”作为饮用水的商标，将“柴鸡”作为调味品的商标，将“安全”作为漏电保护器的商标，将“50kg”作为大米的商标，将“蜡染”作为布的商标等。

（3）其他缺乏显著特征的。例如，过于简单的线条、普通几何图形等。

二、商标经过使用取得显著特征

商标显著特征的取得有两种途径：一是通过对商标构成要

素的精心设计，使商标具有显著特征；二是通过使用得到公众认同，使商标产生显著特征。在实践中，确有一些原来没有显著特征的商标经过使用后，使消费者能够通过其识别商品或者服务的来源，即经过使用产生了显著特征，对于此类商标，国际通行做法是给予注册保护。世界贸易组织《与贸易有关的知识产权协定》第十五条第一款规定，即使有的标记本来不能区分有关商品或者服务，成员亦可依据其经过使用而获得识别性，确认其可否注册。因此，本条第二款规定，前款所列标志经过使用取得显著特征，并便于识别的，可以作为商标注册。

第十二条　以三维标志申请注册商标的，仅由商品自身的性质产生的形状、为获得技术效果而需有的商品形状或者使商品具有实质性价值的形状，不得注册。

【释义】　本条是关于三维标志申请注册商标的限制条件的规定。

根据本法第八条规定，任何能够将自然人、法人或者其他组织的商品与他人的商品区别开的标志，包括三维标志，均可以作为商标申请注册。以三维标志申请注册商标与平面商标一样，也要具有显著特征，便于识别。不具有显著特点的三维标志，不得注册为商标。

本条对三维标志申请注册商标规定了三项限制条件：

1. 仅由商品自身的性质产生的形状，即为实现商品固有的功能和用途所必须采用的或者通常采用的形状，不得注册为商标。例如食品中的元宵、麻花等。如果允许将元宵、麻花的形状注册为元宵、麻花的商标，并独占使用，等于剥夺了其他生产经营者生产经营元宵、麻花的权利，是不公平的。

2. 为获得技术效果而需有的商品形状，即为使商品具备特定的功能，或者使商品固有的功能更容易地实现所必需使用的形状，不得注册为商标。如电动剃须刀刀片的形状，是为达到一定的技术效果设计的，而不是为了与其他剃须刀相区别，不具有商标的功能，如果允许将这种刀片的形状注册为剃须刀的商标，并独占使用，将有碍此项技术的推广与应用。

3. 使商品具有实质性价值的形状，即为使商品的外观和造型影响商品价值所使用的形状，不得注册为商标。如钻石特有的切割面造型，是钻石具有实质性价值必需有的形状，这个事实对任何钻石生产经营者来讲都是不可改变的。如果允许将钻石特有的切割面造型注册为钻石的商标，并独占使用，对其他钻石生产经营者是不公平的。

第十三条 为相关公众所熟知的商标，持有人认为其权利受到侵害时，可以依照本法规定请求驰名商标保护。

就相同或者类似商品申请注册的商标是复制、摹仿或者翻译他人未在中国注册的驰名商标，容易导致混淆的，不予注册并禁止使用。

就不相同或者不相类似商品申请注册的商标是复制、摹仿或者翻译他人已经在中国注册的驰名商标，误导公众，致使该驰名商标注册人的利益可能受到损害的，不予注册并禁止使用。

【释义】 本条是关于驰名商标的特别保护的规定。

我国于1985年加入“巴黎公约”，开始负有保护驰名商标的义务；2001年加入世界贸易组织以后，开始负有TRIPS规定的扩大保护驰名商标的义务。1982年商标法未对驰名商标保护制度作出规定。1993年修改商标法时，也没有在法律中明确规定对驰名商标给予保护，但增加了关于“以欺骗手段或者其他不正当手段取得注册的”的商标可以由商标局撤销的规定。

2001 年,我国第二次修改商标法,增加了关于驰名商标保护的规定,即本条第二款、第三款。此次修改增加驰名商标的含义及其保护程序启动方式的规定,即本条第一款。

一、驰名商标

所谓驰名商标,是指为相关公众所熟知的商标。应当注意的是,认定商标是否驰名,主要应当考虑其在相关公众中的知晓程度,而非在所有公众中的知晓程度。这是因为,不同商品或者服务的受众差别较大,例如,生活消费品上使用的商标,应当要求其在广大消费者中驰名;但如果要求仅在特定行业(例如精密机械制造)中使用的商标也在全体消费者中驰名,则失之过严,这些商标只要在该行业中众所周知,即可认定为驰名商标。

二、保护驰名商标的国际义务

商标权的取得,在国际上有使用取得和注册取得两种方式,前者以在先使用商标的事实作为确定商标权归属的依据,后者以在先注册的事实作为确定商标权归属的依据。同时,商标权的保护具有地域性,即依照一国法律取得的商标权,仅在该国地域范围内有效。随着国际贸易范围的扩大,实践中出现了利用商标权取得制度的差异和商标权保护的地域性限制,进行不正当竞争的行为,如将在采取使用取得制度国家(甲国)已经获得保护并有一定知名度的未注册商标,在采取注册取得制度的国家(乙国)进行注册,并禁止甲国的原使用人在乙国继续使用。这些行为不但损害了原商标使用人的利益,而且会造成消费者对商品的来源产生混淆。

为解决这一问题,1925 年海牙外交会议对《保护工业产权巴黎公约》(以下简称《巴黎公约》)进行了修订,增加了有关保护驰名商标(Well - known Mark)的规定(即第六条之二),其核心精神是,尽管甲国的商标未在乙国注册,但如果其事实上已经广为知晓,且经乙国主管机构认定为驰名,乙国应当拒绝他人的在先注册申请,他人已经在先注册的,应当撤销其注册。该规定经多次修改,其最终文本为:“本联盟各国承诺,应依职权(如本国法律允许),或依利害关系人的请求,对商标注册国或使用国主管机关认为在该国已经驰名,属于有权享受本公约利益的人所有,并且用于相同或类似商品的商标构成复制、摹仿或翻译,易于产生混淆的商标,拒绝或撤销注册,并禁止使用。”

世界贸易组织《与贸易有关的知识产权协定》(亦简称为TRIPS 协定)第十六条在巴黎公约上述规定的基础上,进一步扩大了驰名商标的保护范围:一是将保护对象从商品商标扩大到服务商标;二是如果商标已经在成员国注册并且驰名,且他人的使用会表明他人的商品或服务与驰名商标所有者之间存在某种联系,并且有可能损害驰名商标所有者的利益,那么,其在该成员国的保护范围将由其实际注册的“相同或者类似商品或者服务”扩大到其声誉所及的未注册的“不相同或者不相类似商品或者服务”。

可见,驰名商标保护制度设立的目的,主要是为弥补商标注册制度的不足,对相关公众所熟知的商标在其未注册的部分领域提供保护(对未注册驰名商标提供保护,扩大已经注册的驰名商标的保护范围),制止他人复制模仿、傍名牌的不正当竞争行为,防止消费者对商品来源产生混淆。我国是《巴黎公约》成员国,并已加入世界贸易组织,应当履行“公约”和“协议”规定的义务。

三、我国关于保护驰名商标的规定

本条从两个方面对驰名商标的保护做出明确规定,对未在我国注册的驰名商标和已在我国注册的驰名商标的保护范围有所不同。一是,就相同或者类似商品申请注册的商标是复制、摹仿或者翻译他人未在中国注册的驰名商标,容易导致混淆的,不予注册并禁止使用。也就是说,对未在我国注册的驰名商标,只保护其在相同或者类似商品或服务上注册和使用的权利。如某一申请注册的商标是复制、摹仿或翻译他人未在我国注册的驰名商标,用于相同或者类似商品或服务上,容易导致混淆的,则对该商标不予注册并禁止使用。但是,如果使用该申请注册的商标的商品或服务与使用未在我国注册的驰名商标的商品或服务不相同或不相类似,则不禁止其注册和使用。二是,就不相同或者不相类似商品申请注册的商标是复制、摹仿或者翻译他人已经在中国注册的驰名商标,误导公众,致使该驰名商标注册人的利益可能受到损害的,不予注册并禁止使用。也就是说,对已在我国注册的驰名商标,不仅禁止他人在相同或者类似商品或服务上注册和使用,也禁止他人在其声誉所及的不相同或者不相类似商品或服务上注册和使用,体现了我国商标法侧重保护注册商标的原则。本条规定符合《巴黎公约》和《与贸易有关的知识产权协定》的规定,对强化和完善我国驰名商标保护制度将发挥重要的作用。

本条第一款规定,驰名商标持有人认为其权利受到侵害时,可以依照本法规定请求驰名商标保护。这表明,驰名商标的保护适用被动保护原则,即商标局、商标评审委员会、人民法院等不得主动适用本法有关保护驰名商标的规定,只有当事人提出保护其驰名商标的申请后,才可以适用相应的规定。

第十四条　驰名商标应当根据当事人的请求,作为处理涉及商标案件需要认定的事实进行认定。认定驰名商标应当考虑下列因素:

(一)相关公众对该商标的知晓程度;

（二）该商标使用的持续时间；

（三）该商标的任何宣传工作的持续时间、程度和地理范围；

（四）该商标作为驰名商标受保护的记录；

（五）该商标驰名的其他因素。

在商标注册审查、工商行政管理部门查处商标违法案件过程中，当事人依照本法第十三条规定主张权利的，商标局根据审查、处理案件的需要，可以对商标驰名情况作出认定。

在商标争议处理过程中，当事人依照本法第十三条规定主张权利的，商标评审委员会根据处理案件的需要，可以对商标驰名情况作出认定。

在商标民事、行政案件审理过程中，当事人依照本法第十三条规定主张权利的，最高人民法院指定的人民法院根据审理案件的需要，可以对商标驰名情况作出认定。

生产、经营者不得将“驰名商标”字样用于商品、商品包装或者容器上，或者用于广告宣传、展览以及其他商业活动中。

【释义】　本条是关于驰名商标认定的规定。

2001年修改商标法时，增加了认定驰名商标应当考虑的因素的规定。此次修改增加了有关驰名商标事实认定、个案认定、被动认定、因需认定的原则及其认定主体、认定程序的规定；同时，还就禁止将“驰名商标”字样用于市场推广作了专门规定。

一、驰名商标认定是事实认定、个案认定

驰名商标，是指为相关公众所熟知的商标。商标是否为相关公众所熟知，是客观存在的事实状态；商标局、商标评审委员会、人民法院对商标驰名情况作出认定，是对这种事实状态的确认，而非对商标持有人的授权。商标因为其本身驰名而获得认定，而非因为认定而变得驰名。因此，驰名商标认定是事实认定。

应当注意的是，商标驰名情况不是固定不变的，原本不驰名的商标可能通过长时间的使用、广告宣传而变得驰名，原本驰名的商标也可能因为市场的发展变化而变得不再驰名。因此，商标是否驰名，应当在个案中作出认定，有关主管机关在特定案件中认定驰名商标，也仅在该案件中具有意义，一个商标在一个案件中被认定驰名，并不必然表明其在另一个案件中也会被认定驰名。

二、认定驰名商标应当考虑的因素

鉴于驰名商标很难精确定义，《巴黎公约》只提出了驰名商标的保护问题；《与贸易有关的知识产权协定》也只规定，确认某商标是否系驰名商标，应当顾及相关公众对其知晓程度，包括在该成员地域内因宣传该商标而使公众知晓的程度。这里的“知晓程度”也难确切定义。为了有效地保护驰名商标，本条在总结实践经验的基础上，参考国际上的通行做法对认定驰名商标应当考虑的因素作了具体规定。

一是相关公众对该商标的知晓程度。驰名商标是在市场上有较高声誉的商标，为相关公众所认同。把公众知晓程度作为认定驰名商标的首要因素符合《与贸易有关的知识产权协定》的原则和一般大众心理。这里的“相关公众”，是指与使用该商标的商品和服务有关的公众，而非所有的公众。相关公众对于商标的知晓程度，可通过消费者调查和民意测验来确定。

二是该商标使用的持续时间。一个商标要取得市场信誉，形成竞争力，必须经过使用。无论是注册商标还是未注册商标，只有通过使用才能为公众知晓，被公众认同；使用时间越长，越容易为更多相关公众所知晓。因此，把商标使用的持续时间作为认定驰名商标的因素是必要的。所谓商标的使用，是指将商标用于商品、商品包装或者容器以及商品交易文书上，或者将商标用于广告宣传、展览以及其他商业活动中，用于识别商品来源的行为。

三是该商标的任何宣传工作的持续时间、程度和地理范围。驰名商标应当是公众熟知的商标，要让公众熟知，需要广为宣传。虽说“好酒不怕巷子深”，但不宣传，其知名度的提升就会很慢；随着互联网等现代传媒手段的发展，有些商标可以通过广告宣传迅速为广大相关公众所知晓。随着市场经济的发展，相互竞争的商品或者服务日益丰富，生产经营者优胜劣汰速度很快，相关公众对一具体商标尤其是对于新的商品或服务的商标的了解，可能主要来自于对该商标的宣传。因此，把商标的任何宣传工作的持续时间、程度和地理范围作为认定驰名商标的因素是很有意义的。

四是该商标作为驰名商标受保护的记录。根据《巴黎公约》和《与贸易有关的知识产权协定》的规定，驰名商标在该公约和协定成员国中都是受保护的，如果能够提供曾经作为驰名商标受过保护的记录及相关证明文件，对在我国认定该商标为驰名商标将起重要作用。应当明确的是，商标驰名情况是个案认定，该商标此前作为驰名商标受保护的记录，只是证明其驰名程度的考虑因素，而不能直接推定该商标在争议案件中也驰名。

五是该商标驰名的其他因素。如使用该商标的商品和服务的销售或经营额、销售或服务区域、市场占有率等。由于本条规定无法穷尽认定驰名商标的所有因素，因此，此项规定具有相当弹性，既可以弥补前四项规定留下的空白，也可以为今后增补新的认定因素提供充足的空间。

应当注意的是，本条所列认定驰名商标应当考虑的因素只是认定商标驰名情况的最主要的参考因素，而不是认定驰名商标一定要具备的必要条件。在每一案例中，驰名商标的认定取决于该案例的特殊情况：有的可能与全部因素都相关；有的可能只与部分因素相关。

三、驰名商标的认定主体、认定程序及其被动认定、因需认定原则

1. 商标局可以在商标注册审查过程中，对商标驰名情况作出认定。商标局审查商标注册申请时，在先权利人或者利害关系人依照本法第十三条规定提出异议的，商标局应当对请求保护的商标的驰名情况作出认定；属于驰名商标的，商标局应当对该商标注册申请是否存在违反本法第十三条第二款、第三款规定的情形进行审查；存在上述情形的，商标局对该商标注册申请应当不予注册。

2. 在工商行政管理部门查处商标违法案件过程中，当事人依照本法第十三条规定主张权利的，商标局根据处理案件的需要，可以对商标驰名情况作出认定。所谓“商标违法案件”，既包括涉及侵犯注册商标专用权的案件，也包括涉及侵犯未注册驰名商标持有人权利的案件。应当注意的是，全国各地的工商行政管理部门都有权查处侵犯注册商标专用权案件，但是，他们自己不得对商标驰名情况作出认定，当事人提出认定申请的，应当转交国务院工商行政管理部门商标局认定。

3. 在商标争议处理过程中，商标评审委员会可以对商标驰名情况作出认定。商标注册后，在先权利人或者利害关系人依照本法第十三条规定请求宣告注册商标无效的，商标评审委员会应当对请求保护的商标的驰名情况作出认定；属于驰名商标，且被请求宣告无效的商标存在本法第十三条第二款、第三款规定情形的，商标评审委员会应当宣告该注册商标无效。

4. 在商标民事、行政案件审理过程中，当事人依照本法第十

三条规定请求认定对方当事人侵权，或者请求宣告对方当事人的注册商标无效的，人民法院应当对请求保护的商标的驰名情况作出认定；属于驰名商标，且对方当事人的商标存在本法第十三条第二款、第三款规定情形的，人民法院应当宣告禁止对方继续使用该商标，或者宣告对方当事人的注册商标无效。应当注意的是，只有最高人民法院指定的人民法院才能够对商标驰名情况作出认定。目前，最高人民法院共指定了44家人民法院管辖此类案件，包括各省、自治区人民政府所在地的市、计划单列市中级人民法院，直辖市辖区内的中级人民法院等。

从上述规定可以看出，驰名商标认定是被动认定、因需认定。商标局、商标评审委员会、人民法院不得主动对商标驰名情况作出认定；只有当事人依照本法第十三条规定主张权利，且对商标驰名情况作出认定是处理涉及商标案件需要认定的事实时，商标局、商标评审委员会、人民法院才可以对商标驰名情况作出认定。

四、禁止将“驰名商标”字样用于市场推广

实践中，个别生产经营者不在提高商品或者服务质量上下工夫，而是挖空心思寻求驰名商标认定，并将驰名商标作为一种荣誉称号，将获得驰名商标认定作为促销手段，在商业活动中大肆宣传，辜负了消费者的信赖，损害了消费者的利益。为了解决这一问题，本条第五款规定，生产、经营者不得将“驰名商标”字样用于商品、商品包装或者容器上，或者用于广告宣传、展览以及其他商业活动中。违反这一规定的，将处以10万元的罚款。应当注意的是，本条第五款只是禁止生产经营者通过宣传自己的商标是“驰名商标”的方式进行市场推广，但并不禁止其对自己的商标进行合法的广告宣传。

第十五条　未经授权，代理人或者代表人以自己的名义将被代理人或者被代表人的商标进行注册，被代理人或者被代表人提出异议的，不予注册并禁止使用。

就同一种商品或者类似商品申请注册的商标与他人在先使用的未注册商标相同或者近似，申请人与该他人具有前款规定以外的合同、业务往来关系或者其他关系而明知该他人商标存在，该他人提出异议的，不予注册。

【释义】　本条是关于禁止恶意抢先注册他人商标的规定。

2001 年修改商标法时，增加了禁止代理人或者代表人抢注商标的规定，即本条第一款。此次修改增加了禁止因具有特定关系而明知他人商标存在的人抢注他人商标的规定，即本条第二款。

我国商标法以注册原则为基础，主要保护注册商标专用权。但是，绝对的注册原则也存在一定弊端，例如，这一原则无法阻止个别不法分子违背诚实信用原则，明知他人已经使用特定商标而恶意抢先注册，使他人无法继续使用该商标，不正当利用该商标已经积累起来的商业信誉，甚至胁迫他人花钱购买其注册的商标。对这种情形，如果不予制止，则可能损害正当生产经营者和消费者的合法权益。因此，本条对两种最典型的恶意抢注行为作了禁止性规定。

一、禁止代理人、代表人抢先注册被代理人、被代表人的商标

本条第一款所称代理人和代表人，既包括为被代理人和被代表人办理商标事务的人，也包括为被代理人和被代表人办理其他事务（如生产加工、营销管理活动）的人。代理人和代表人从事代理和代表活动，应当为被代理人和被代表人的利益最大化服务，不得从事与被代理人和被代表人利益相冲突的活动。

这一要求反映在商标上，就要求代理人和代表人未经授权不得以自己的名义将被代理人或者被代表人的商标进行注册。

随着市场经济的发展，商标作为无形资产在经济活动中的地位越来越重要，代理人、代表人恶意抢注被代理人、被代表人商标的现象不断发生，甚至愈演愈烈。为了保护被代理人和被代表人合法权益，《巴黎公约》第六条之七规定，如果本联盟一个国家的商标所有人的代理人或代表人，未经所有人授权而以其自己的名义向本联盟一个或多个国家申请商标注册，该所有人有权反对该项申请的注册或者要求予以撤销，并有权反对代理人或者代表人使用其商标。我国作为《巴黎公约》的成员国，应当履行公约规定的义务。因此，本条第一款规定，未经授权，代理人或者代表人以自己的名义将被代理人或者被代表人的商标进行注册，被代理人或者被代表人提出异议的，不予注册并禁止使用。根据这一规定：(1)代理人或者代表人接受被代理人或者被代表人的委托进行商标注册，应当以被代理人或者被代表人的名义进行。(2)如果代理人或者代表人未经授权而以自己的名义将被代理人或者被代表人的商标进行注册，被代理人或者被代表人有权提出异议；对提出异议的商标，商标主管部门不予注册，并禁止其使用。(3)对于已经注册的商标，被代理人或者被代表人还可以根据本法第四十五条的规定，自该商标注册之日起5年内，要求商标评审委员会宣告该注册商标无效；对于恶意注册的，驰名商标所有人可以不受5年时间的限制。

二、禁止因具有特定关系而明知他人商标存在的人抢注他人商标

实践中一些企业或者个人利用与商标在先使用人的特定关系而恶意抢注该商标的现象时有发生，如在订立合同过程中知悉他人已经使用的未注册商标而抢先注册等，严重损害了商标

在先使用人的权益,也不利于营造公平竞争的市场环境。因此,本条第二款专门对此作出规定,禁止与商标在先使用人具有合同、业务往来关系或者其他关系而明知该他人商标存在的人抢注商标持有人的商标。

本条第二款的适用条件是:(1)申请人就同一种商品或者类似商品申请注册的商标与他人在先使用的未注册商标相同或者近似。如果申请人在与在先使用人在不相同、不相类似的商品上申请注册该商标,则不受本款规定的限制。(2)申请人与该他人具有合同、业务往来关系或者其他关系而明知该他人商标存在。这一要求的核心是申请人明知他人在先使用该商标,具体可以通过合同、业务往来关系等表明其“明知”。“其他关系”是一个兜底条款,可以由国务院或者国务院工商行政管理部门根据实践需要作出具体规定。

第十六条　商标中有商品的地理标志,而该商品并非来源于该标志所标示的地区,误导公众的,不予注册并禁止使用;但是,已经善意取得注册的继续有效。

前款所称地理标志,是指标示某商品来源于某地区,该商品的特定质量、信誉或者其他特征,主要由该地区的自然因素或者人文因素所决定的标志。

【释义】　本条是关于地理标志的定义及含有地理标志的商标的注册和使用管理的规定。

(一)所谓地理标志,按照《与贸易有关的知识产权协定》第二十二条第一款的规定,系指下列标志:其标示出某商品来源于某成员地域内,或来源于该地域中的某个地区或某地方,该商品的特定质量、信誉或者其他特征,主要与该地理来源的自然因素或者人文因素相关联。也就是说,由于地理条件、人文因素不同,同样一种商品来自不同地区,就意味着不同的质量和信誉。例如,来自金华的火腿就与其他地区的火腿在品质上不同;同样是茶叶,产自杭州西湖的龙井茶就享有西湖龙井的美誉。鉴于地理标志是表明商品来源的标记,起着识别商品的作用,与商品的质量和信誉关系密切,因此,《与贸易有关的知识产权协定》将其列为知识产权保护的对象之一。

地理标志具有以下特征:第一,地理标志是实际存在的地理名称,而不是臆造出来的;第二,使用地理标志的商品其真实产地必须是该地理标志所标示的地区,而不是其他地区;第三,只有该地理标志标示地区的生产经营者才能在其商品上使用该地理标志;第四,使用地理标志的商品必须具有特定质量、信誉或者其他特征,而且其特定质量、信誉或者其他特征主要是由该地区的自然因素或者人文因素所决定的;第五,地理标志不是商标,不具有独占性,不能转让。

(二)地理标志虽然不是商标,但作为表明商品来源的标记,与商标一样具有识别商品的作用。特别是地理标志与商品的特定质量、信誉和其他特征紧密相关,因此,在市场经济条件下,有必要加强对地理标志的管理,以保护消费者的利益。为此,《与贸易有关的知识产权协定》第二十二条第三款规定,如果某商标中包含有或者组合有商品的地理标志,而该商品并非来源于该标志所标示的地域,误导公众无法认明商品真正来源地的,该成员应依职权(如法律允许),或者依利害关系人的请求驳回或撤销该商标的注册。本条第一款根据上述精神,也从保护消费者利益的角度出发,对地理标志的管理做出了规定。其中的“但书”主要是考虑由于历史原因,已经善意取得注册的含有地理标志的商标经过使用,已经在消费者中产生了特定的含义,不会造成消费者对商品来源的误认,如“青岛啤酒”等。

准许已经善意取得注册的含有地理标志的商标继续有效，对保护商标权人和广大消费者的利益是有利的。

第十七条　外国人或者外国企业在中国申请商标注册的，应当按其所属国和中华人民共和国签订的协议或者共同参加的国际条约办理，或者按对等原则办理。

【释义】　本条是关于外国人或者外国企业在我国申请商标注册应遵循的原则的规定。

根据本条规定，外国人或者外国企业在我国申请商标注册的应遵循以下原则：

一、按其所属国和中华人民共和国共同参加的国际条约办理

涉及外国人或者外国企业申请商标注册的国际条约主要有《巴黎公约》和世界贸易组织《与贸易有关的知识产权协定》，我国目前是这两个公约的成员国。《巴黎公约》第二条第一款的规定，本联盟国家国民，在工业产权保护方面，在本联盟所有其他国家内应当享有各该国法律现在授予和今后可能授予其国民的各种利益，但不得损害本公约特别规定的各项权利。《与贸易有关的知识产权协定》第三条第一款规定，在服从分别于1967 年《巴黎公约》、1971 年《伯尔尼公约》、《罗马公约》或《有关集成电路知识产权条约》中已作的例外规定的条件下，在保护知识产权方面，每一成员方应给予其他成员方的待遇，其优惠不得少于它给予自己国民的优惠。根据这两个国际条约的规定，这两个公约的成员国国民只要遵守各该国国民适用的条件和手续，就应当和该国国民享有同样的保护，并在他们的权利遭受侵害时，得到同样的法律救济，这就是国民待遇原则。也就是说，这两个公约的成员国国民在我国申请商标注册享有与我国国民同等的权利，我国国民到其他成员国申请商标注册也享有

与各该成员国国民同等的待遇。同时,根据《巴黎公约》第三条的规定,非本联盟国的国民,在本联盟某一成员国领土内有住所或有真实有效的工商营业所的,应享有本联盟成员国国民同样的待遇。因此,只要在我国申请商标注册的外国人或者外国企业,能够证明其在《巴黎公约》的任何一个成员国有住所或有真实有效的工商营业所,就应当给予其不低于公约成员国国民待遇的商标注册保护。

此外,如果外国人或者外国企业的所属国与中华人民共和国共同参加了其他有关商标保护的国际条约的,也应当按其规定办理。

二、按其所属国和中华人民共和国签订的协议办理

如果在我国申请商标注册的外国人或者外国企业的所属国不是《巴黎公约》和《与贸易有关的知识产权协定》的成员国,但是与我国签订了商标保护双边协议的,按协议办理。

三、按对等原则办理

如果在我国申请商标注册的外国人或者外国企业的所属国既不是《巴黎公约》和《与贸易有关的知识产权协定》的成员国,也没有与我国共同参加其他商标保护的国际条约,同时也没有与我国签订商标保护协议,则应当按照对等原则办理。即该国的法律如果给予我国个人、企业商标注册保护,我国也给予该国个人、企业同等的商标注册保护。

第十八条　申请商标注册或者办理其他商标事宜,可以自行办理,也可以委托依法设立的商标代理机构办理。

外国人或者外国企业在中国申请商标注册和办理其他商标事宜的,应当委托依法设立的商标代理机构办理。

【释义】 本条是关于商标代理机构的规定。

1982 年商标法第十条规定:外国人或者外国企业在中国申请商标注册和办理其他商标事宜的,应当委托国家指定的组织代理。2001 年修改商标法时,将“国家指定的组织”修改为“国家认可的具有商标代理资格的组织”。此次修改主要是增加了本国个人和企业可以委托商标代理机构办理商标事宜的规定,即第一款。

一、商标代理和商标代理机构

所谓商标代理,是指商标代理机构接受委托人的委托,以委托人的名义办理商标注册申请及其他有关商标事宜。商标代理是国际通行规则,适用民法关于代理的规定。

所谓商标代理机构,是指接受委托人的委托,以委托人的名义办理商标注册申请或者其他商标事宜的法律服务机构。商标代理机构应当“依法设立”,是指只要符合法律法规规定的条件,就可以以商标代理机构名义从事商标代理业务,而不需要经过商标行政管理部门的审查和批准。商标代理机构目前主要有两类:一类是在其工商登记的经营范围中注明包含商标代理业务的法人或者其他组织,另一类是依法设立的律师事务所。商标代理机构可以接受委托人委托,为其办理下列代理业务:(1)申请商标注册事宜。(2)“其他商标事宜”,主要包括商标变更、续展、转让、异议、撤销、评审、侵权投诉等有关事项,以及提供商标法律咨询,担任商标法律顾问等事务。

二、外国人、外国企业应当委托商标代理机构办理商标事宜

外国人或者外国企业在我国申请商标注册和办理其他商标事宜,应当委托依法设立的商标代理机构办理,这是强制性规定。外国人或者外国企业在我国直接申请商标注册和办理其他商标事宜可能存在语言和书件送达障碍,例如有些外国人或者外国企业在我国没有固定住所或者工商营业所等。为了保证申

请书件的质量和有关书件的及时送达，使商标注册审查及其他相关工作顺利进行，外国人或者外国企业在我国申请商标注册和办理其他商标事宜必须委托依法设立的商标代理机构办理。商标代理机构在授权范围内的代理行为和结果，及于委托人。通过代理机构申请取得的商标专用权归委托人，委托人取得商标注册后，必须依照商标法的规定行使权利、履行义务。

三、我国公民、企业可以委托商标代理机构办理商标事宜

我国公民、企业申请商标注册或者办理其他商标事宜，可以自行办理，也可以委托依法设立的商标代理机构办理。其中，自行办理既包括亲自办理，也包括委托商标代理机构以外的主体代为办理。也就是说，商标法对我国公民、企业申请商标注册或者办理其他商标事宜，并未强制要求其委托依法设立的商标代理机构办理。

对外国人或者外国企业在我国申请商标注册和办理其他商标事宜实施强制代理，而对我国申请人则不要求强制代理，并不违背《巴黎公约》关于国民待遇原则的规定。根据《巴黎公约》第二条第三款的规定，有关委派代理人或者指定书件送达地址等问题的规定，各成员国可以在其法律中作出保留。世界多数国家的商标法都有类似规定。实践证明，通过委托依法设立的商标代理机构办理商标注册申请和其他商标事宜，无论是对提高办事效率还是降低办事成本都是非常有益的。

第十九条　商标代理机构应当遵循诚实信用原则，遵守法律、行政法规，按照被代理人的委托办理商标注册申请或者其他商标事宜；对在代理过程中知悉的被代理人的商业秘密，负有保密义务。

委托人申请注册的商标可能存在本法规定不得注册情形

的,商标代理机构应当明确告知委托人。

商标代理机构知道或者应当知道委托人申请注册的商标属于本法第十五条和第三十二条规定情形的,不得接受其委托。

商标代理机构除对其代理服务申请商标注册外,不得申请注册其他商标。

【释义】 本条是关于商标代理机构的行为规范的规定。

2003年以前,我国对商标代理机构的设立和商标代理人的资格实行行政审批。2003年国务院取消这两项行政审批后,商标代理活动出现了一些混乱现象。为了解决这一问题,此次修改新增了有关商标代理机构的行为规范的规定。

一、商标代理机构从事商标代理业务的行为规范

商标代理机构是接受委托人的委托,以委托人的名义办理商标注册申请或者其他商标事宜的法律服务机构。委托人出于对商标代理机构的专业知识和职业道德的信任,委托商标代理机构代为办理商标注册申请或者其他商标事宜,商标代理机构就应当恪守行为准则,为委托人的利益最大化服务。具体而言:

1. 商标代理机构遵循诚实信用原则,遵守法律、行政法规,按照被代理人的委托办理商标注册申请或者其他商标事宜。代理,就是代理人以委托人名义,为委托人代为办理特定事项的活动;因此,商标代理人从事商标代理业务,就应当按照委托人的委托、指示行事。商标代理机构为委托人代为办理商标事宜时,应当遵守法律、行政法规;法律、行政法规未作规定的,应当按照诚实信用原则办理。

2. 商标代理机构对在代理过程中知悉的被代理人的商业秘密,负有保密义务。商标代理机构在从事商标代理过程中,可能知悉被代理的一些商业秘密,例如市场推广计划、目标客户群体等。对此,商标代理机构应当严格保守秘密,既不能泄露给他

人，也不能利用其牟取不正当利益。

3. 委托人申请注册的商标可能存在本法规定不得注册情形的，商标代理机构应当明确告知委托人。本法规定不得注册的情形，既包括本法第十条、第十一条、第十二条规定的违反绝对拒绝注册理由的情形（即商标标识不得作为商标注册或者使用的情形），也包括违反本法第十三条第二款和第三款、第十五条、第十六条第一款、第三十条、第三十一条、第三十二条规定的违反相对拒绝注册理由的情形（即存在在先权利的情形）。对于前者，一般情况下，商标代理机构应当知道，应当明确告知委托人；对于后者，商标代理机构如果知道，应当明确告知委托人。

4. 商标代理机构知道或者应当知道委托人申请注册的商标属于本法第十五条和第三十二条规定情形的，不得接受其委托。本法第十五条和第三十二条规定的是恶意抢先注册他人商标的情形，包括代理人或者代表人未经授权以自己的名义将被代理人或者被代表人的商标进行注册；因合同、业务往来关系或者其他关系而明知该他人商标存在而抢先注册；以不正当手段抢先注册他人已经使用并有一定影响的商标；以及申请注册的商标损害他人现有的在先权利的情形。商标代理机构知道或者应当知道委托人申请注册的商标存在上述恶意的，应当拒绝接受其委托。

二、商标代理机构申请商标注册的限制性规定

商标是识别商品或者服务来源的标志；申请注册商标，本来应当是因为在生产经营活动中对自己的商品或者服务需要取得商标专用权；也就是说，申请注册商标，应当是为了自己使用，而不是为了售卖。实践中，个别不法商标代理机构利用其商标专业知识，恶意抢先注册他人商标；有的在与商标代理业务毫无关系的商品类别上为自己注册几十件数百件商标，然后通过向生

产经营者兜售牟利。这些申请注册行为都不是为了自己使用,严重扰乱了商标市场秩序。为此,本条第四款特别规定,商标代理机构除对其代理服务申请商标注册外,不得申请注册其他商标。

第二十条　商标代理行业组织应当按照章程规定,严格执行吸纳会员的条件,对违反行业自律规范的会员实行惩戒。商标代理行业组织对其吸纳的会员和对会员的惩戒情况,应当及时向社会公布。

【释义】 本条是关于商标代理行业组织及其会员管理的规定。

2003年以前,我国对商标代理机构的设立和商标代理人的资格实行行政审批,行政机关在对商标代理机构的监督管理中发挥着主要作用。2003年,国务院取消这两项行政审批,此后,商标代理行业组织在行业自律管理方面的重要性日益凸显。此次修改增加了相应的规定。

一、商标代理行业组织是商标代理机构自发组成的行业自律组织

目前,全国性的商标代理行业组织主要是中华商标协会下属的代理人分会;但是,本法并未限定只此一家,商标代理机构可以成立其他商标代理行业组织。这样规定,有利于商标代理行业组织之间形成有效竞争,提高商标代理机构的规范经营和服务水平,促进商标代理行业的健康发展。商标代理行业组织只有严格执行吸纳会员的条件,加强对会员的监督管理,对违反行业自律规范的会员实施惩戒,不断提高本行业组织的信誉,才能够一方面吸引更多资质优良的商标代理机构加入本行业组织,另一方面为本行业组织的会员争取到更多的客户;相反,商

标代理行业组织如果吸纳、包庇违法违规、违反行业自律规则的会员，则会使声誉受损，影响所有会员的客户来源。应当明确的是，本法并未强制规定，商标代理机构未加入行业组织的就不得从事商标代理业务；但是，未加入行业组织的代理机构就无法借助行业协会的信誉、资源扩大发展，被行业协会惩戒的会员在开展业务方面也必然会受到影响。这就通过市场的力量自然推动了商标代理机构的优胜劣汰。

二、商标代理行业组织对会员的管理

商标代理行业组织应当制定详细的章程，团结和教育会员遵守宪法、法律、法规和国家政策，忠实于商标代理事业，恪守商标代理人职业道德和执业纪律；维护会员的合法权益，提高会员的执业素质；加强行业自律，制止不正当竞争，促进商标代理事业的健康发展。商标代理行业组织应当在章程中对吸纳会员的条件、违反行业自律规范的会员的惩戒作出明确规定，并严格遵照执行。

本条还明确规定，商标代理行业组织对其吸纳的会员和对会员的惩戒情况，应当及时向社会公布。这样规定，一方面有利于同行业、社会公众加强对商标代理行业组织和商标代理机构的监督；另一方面有利于指引委托人选择信誉好的商标代理机构。

第二十一条　商标国际注册遵循中华人民共和国缔结或者参加的有关国际条约确立的制度，具体办法由国务院规定。

【释义】　本条是关于商标国际注册的法律适用的规定。

此次修改前，商标国际注册仅在商标法实施条例中作了原则规定。此次修改将这一规定上升为法律。

一、商标国际注册遵循中华人民共和国缔结或者参加的有关国际条约确立的制度

商标权具有地域性、独立性，在一个国家获得注册保护的商标，若想获得其他国家的注册保护，就要向这些国家分别提出商标注册申请，这对申请人来讲比较麻烦。而通过商标国际注册马德里体系，使得在成员之间申请商标注册变得相对简单。商标国际注册马德里体系由《商标国际注册马德里协定》（以下简称马德里协定）、《商标国际注册马德里协定有关议定书》（以下简称马德里议定书）及其共同的实施细则构成。该体系由设在瑞士日内瓦的世界知识产权组织国际局（以下简称国际局）管理和运作。马德里协定和马德里议定书的所有缔约方构成马德里联盟。截至2013年1月15日，共有89个成员，其中既参加马德里协定又参加马德里议定书的有55个，只参加马德里议定书的有33个，只参加马德里协定的有1个（阿尔及利亚）。我国分别于1989年10月4日和1995年12月1日加入了马德里协定和马德里议定书，因此，应当遵循这两个国际条约确立的制度。

通过马德里体系申请商标国际注册，申请人必须通过原属国商标主管机关（原属局）向国际局递交国际申请，直接向国际局递交的申请被视为无效。同时，申请人应当符合下列条件：在加入马德里协定、马德里议定书的成员国（含政府间组织作为其成员方）内设有真实有效的工商营业场所或住所，或者属于其成员国国民。申请注册的商标应当符合下列条件：如果在马德里协定的缔约方申请商标注册（被指定缔约方），该商标必须在原属国已经获得注册（基础注册）；如果在马德里议定书的缔约方申请商标注册（被指定缔约方），该商标必须在原属国已经获得注册或已经提出注册申请（基础申请）。原属局应当对国际申请进行形式审查。国际局收到国际申请后，应当确定国际

注册的日期，并对国际申请进行形式审查，对符合相关规定的国际申请，国际局在国际注册簿上登记并在国际商标公告上公布，同时发给申请人商标国际注册证。商标国际注册证仅仅表示该商标申请了国际注册，其能否在被指定缔约方获得注册，还需要被指定缔约方主管局依据其国内法律和程序进行审查。被指定缔约方主管局审查国际申请与审查其直接受理的商标注册申请的标准完全相同，对符合本国法律规定的商标给予注册，对违反本国法律规定的商标作出不予注册的决定。对不予注册的决定申请人可以进行回复、提出复审或上诉，这些程序都在申请人和主管局之间直接进行，国际局不参与。主管局在全部程序结束后，必须向国际局递交一份声明，包括获得注册的商标、驳回或者撤回全部、部分驳回的情况。

关于商标国际注册有效期和续展期，马德里协定规定均为20年，马德里议定书规定均为10年。自国际注册5年内，如果基础申请在原属国被驳回、撤回，或者基础注册在原属国被撤销、宣告无效，该商标在指定缔约方不再受到保护。在5年期限届满后，国际注册独立于原属国的基础注册或基础申请，即使基础注册被撤销、宣告无效，或者基础申请被驳回、撤回，该商标在被指定缔约方仍获得保护。

二、商标国际注册的具体办法由国务院规定

商标国际注册在我国具体怎么实施，包括以我国作为原属国的国际申请、将我国作为被指定缔约方的国际申请的相关程序，都需要作出进一步的规定。因此，本条明确规定，商标国际注册的具体办法由国务院规定。

第二章　商标注册的申请

第二十二条　商标注册申请人应当按规定的商品分类表填报使用商标的商品类别和商品名称，提出注册申请。

商标注册申请人可以通过一份申请就多个类别的商品申请注册同一商标。

商标注册申请等有关文件，可以以书面方式或者数据电文方式提出。

【释义】 本条是关于商标注册申请人应当如何提出商标注册申请的规定。

为了方便商标注册申请人，本条对修改前的商标法第二十条作了修改，明确规定申请人可以通过一份申请就多个类别的商品申请注册同一商标，同时增加了可以以数据电文方式提出商标注册申请的规定。

一、注册申请应当按照商品分类表填报使用商标的商品类别和商品名称

根据本法规定，注册商标的专用权，以核准注册的商标和核定使用的商品为限。因此，填报使用商标的商品类别和商品名称十分重要。可以使用商标的商品和服务成千上万，为了方便当事人检索、查阅，也为了方便商标注册和管理工作，制定商品分类表成为必然。各国原先各自制定商品分类表，随着国际交往的频繁，国际间建立一个共同的商品和服务分类体系越来越必要，《商标注册用商品和服务国际分类尼斯协定》于 20 世纪

50 年代应运而生。我国于 1988 年起采用该国际分类，于 1994 年加入尼斯协定，现在使用的商品分类表即是该国际分类的第十版。该分类表将商品和服务分为 45 大类，其中商品 34 大类，服务 11 大类，共包含 1 万多个商品和服务项目。填写商标注册申请书时，应当按照上述商品分类表规范填写商品类别和商品名称。商品类别和商品名称决定了注册商标的保护范围，因此填写商品类别和商品名称时应当力求具体、准确、规范。按照商品分类表规范填写商品类别和商品名称，有助于加快商标注册进程，确保申请人及时获得商标专用权。

二、商标注册申请人可以通过一份申请就多个类别的商品申请注册同一商标

修改前的商标法第二十条规定，商标注册申请人在不同类别的商品上申请注册同一商标的，应当按商品分类表提出注册申请。对与商标注册申请人是否可以实行“一表多类”，即通过一份申请就多个类别的商品注册同一商标，未作明确规定。实践中，仅对商标国际注册实行“一表多类”。随着实践中将同一商标在多个类别的商品上注册的情况越来越多，为了方便当事人，使其不必根据申请商标所跨商品类别的个数来填写多份申请书，本次修改对通过一份申请即可就多个类别的商品注册同一商标予以了明确。

三、商标注册申请等有关文件，可以以书面方式或者数据电文方式提出

该规定为本次修改新增。书面方式申请商标注册，是我国商标注册的传统方式。商标注册申请等有关文件，曾经可以使用钢笔、毛笔或者打字机填写，后来出于申请文件规范化的需要，商标申请文件必须打字或者印刷。近年来，随着现代通讯信息技术的发展，通过数据电文方式提出商标注册等有关文件的

条件日益成熟。实践中,商标局从 2009 年开始试行接受网上申请。这次修改商标法,出于方便当事人的考虑,对申请商标注册可以以数据电文方式提出在法律中作了明确规定。

第二十三条　注册商标需要在核定使用范围之外的商品上取得商标专用权的,应当另行提出注册申请。

【释义】 本条是关于注册商标核定使用范围之外商品上如何取得商标专用权的规定。

为了更加准确,本条将修改前的商标法第二十一条注册商标需要"在同一类的其他商品上使用",应当另行提出注册申请的规定,修改为:注册商标需要"在核定使用范围之外的商品上取得商标专用权",应当另行提出注册申请。

根据本法第五十六条的规定,注册商标的专用权,以核准注册的商标和核定使用的商品为限。对于注册商标而言,其专用权仅存在于其核定使用的商品上,在未核定使用的商品上,该商标不是注册商标,要在该商品上取得注册商标专用权,需要另行申请。如不另行申请即将注册商标在核定使用范围之外的商品上使用的,其权利无法得到法律保护,甚至可能侵犯他人的注册商标专用权。因此,本条规定,注册商标需要在核定使用范围之外的商品上取得商标专用权,应当另行提出注册申请。另行提出申请时,应当遵守本法有关商标申请的规定。

第二十四条　注册商标需要改变其标志的,应当重新提出注册申请。

【释义】 本条是关于注册商标改变标志应当重新注册的规定。

商标的主要功能之一是区别商品的来源和服务的提供者。

商标经核准注册以后，不应随意变动，否则会直接影响消费者对商品的识别和选择。如果商标注册人需要改变注册商标标志，那就意味着需要使用一个新的商标，应经过法定的程序重新取得新的商标专用权。根据本法，商标是一种由文字、图形、字母、数字、三维标志、颜色组合和声音等构成的标志，因此本条所指的标志的改变，包括上述各种构成要素的改变。商标注册人在使用注册商标的过程中，自行改变注册商标的，根据本法第四十九条的规定，由地方工商行政管理部门责令限期改正；期满不改正的，由商标局撤销其注册商标。

第二十五条　商标注册申请人自其商标在外国第一次提出商标注册申请之日起六个月内，又在中国就相同商品以同一商标提出商标注册申请的，依照该外国同中国签订的协议或者共同参加的国际条约，或者按照相互承认优先权的原则，可以享有优先权。

依照前款要求优先权的，应当在提出商标注册申请的时候提出书面声明，并且在三个月内提交第一次提出的商标注册申请文件的副本；未提出书面声明或者逾期未提交商标注册申请文件副本的，视为未要求优先权。

【释义】　本条是关于商标注册申请优先权的规定。

一、关于商标注册申请优先权

商标注册申请的优先权原则是《巴黎公约》的一项重要原则。具体内容是：凡在一个缔约国申请注册的商标，可以享受自初次申请之日起为期6个月的优先权，即在这6个月的优先权期限内，如申请人再向其他成员国提出同样的申请，可将其初次申请的日期作为其后来申请的日期。我国已经加入了《巴黎公约》，对于公约中规定的商标注册申请优先权条款，有义务在国内法上作出规定并执行。我国是采取申请在先原则的国家，申请日期的先后对于取得商标专用权具有决定性的意义。对在外国提出注册申请的商标赋予在我国国内商标申请的优先权，有利于保护首次申请人，使他在向我国提出同样的注册申请时，不致由于两次申请日期的差异而被他人钻空子抢先申请注册。

二、主张优先权的条件

根据本条规定，在我国商标注册申请中的优先权制度的主要内容有：第一，优先权的期限是6个月，即商标注册申请人自其商标在外国第一次提出商标注册申请之日起6个月内可以享有优先权，没有在6个月内主张，则不可再主张。第二，所主张的商标须是同一商标且就相同商品提出注册申请。如果在中国提出注册申请的商标与其在外国提出申请注册的商标不相同，即使申请注册在相同商品上，该商标注册申请人在该商标注册申请上不享有优先权；如果在中国提出注册申请的商标与其在外国提出申请注册的商标是同一商标，但申请注册的商品不相同，则商标注册申请人在该商标注册申请上也不享有优先权。第三，可以享有优先权的商标注册申请人，其第一次提出商标注册申请的所在国，应当与我国签订涉及优先权的协议，或者也参加了我国参加的规定了优先权的国际条约，或者与我国相互承认优先权。

商标注册申请优先权，不是自动产生的，需要商标注册申请人主张。要求优先权，第一，形式上应以书面声明方式提出；第二，时间上应在提出商标注册申请的时候提出；第三，证明文件方面，需要提交第一次提出的商标注册申请文件的副本，且须在提出书面声明3个月内提交。如果没有提出要求优先权的书面声明，或者虽然提出了书面声明但没有在提出书面声明3个月内提交第一次提出的商标注册申请文件副本的，则视为没有要求优先权，即不能将在外国第一次提出商标注册申请的日期视为在我国提出注册申请的日期，只能以实际在我国提交注册申请的日期作为其在我国提出注册申请的日期。

第二十六条 商标在中国政府主办的或者承认的国际展览会展出的商品上首次使用的，自该商品展出之日起六个月内，该商标的注册申请人可以享有优先权。

依照前款要求优先权的，应当在提出商标注册申请的时候提出书面声明，并且在三个月内提交展出其商品的展览会名称、在展出商品上使用该商标的证据、展出日期等证明文件；未提出书面声明或者逾期未提交证明文件的，视为未要求优先权。

【释义】 本条是关于对商标在国际展览会中临时保护的规定。

在某些特定的国际展览会中，所展出的商品上首次使用的商标，如果没有法律保护，人们将不愿意将新的商品送交国际展览会上展出，不利于促进国际经济交流，因此，对于特定国际展览会上首次使用的商标给予临时保护是必要的。《巴黎公约》对此作了规定，本条规定与上述公约的规定是一致的。

我国关于国际展览会首次使用于展出商品上的商标予以临时保护制度的内容有：一是展览会须为中国政府主办的或者承认的国际展览会；二是商标须在上述国际展览会展出的商品上首次使用；三是优先权的期限是自该商品展出之日起6个月内。

特定国际展览会上首次使用的商标的优先权，不是自动产生的，需要商标注册申请人主张。要求优先权，第一，形式上应以书面声明方式提出；第二，时间上应在提出商标注册申请的时候提出；第三，证明文件方面，需要提交展出其商品的展览会名称、在展出商品上使用该商标的证据、展出日期等证明文件，且须在提出书面声明3个月内提交。如果没有提出要求优先权的书面声明，或者虽然提出了书面声明但没有在提出书面声明3个月内提交上述证明文件，则视为没有要求优先权，即不能将在中国政府主办的或者承认的国际展览会展出的商品上首次使用该商标的日期视为提出注册申请的日期，只能以实际提交注册申请的日期作为提出注册申请的日期。

第二十七条　为申请商标注册所申报的事项和所提供的材料应当真实、准确、完整。

【释义】　本条是关于申请商标注册所必须遵循的行为规则的规定。

申请商标注册是以一定的事实为基础，要求商标专用权依法得到确认，因此需要按照规定申报有关事项、提供有关资料。所申报的事项和所提供的材料，应当真实、准确、完整，否则将影响商标审查工作，也影响对商标专用权的确认。因此，本条首先要求所申报的事项和所提供的材料应当是真实的，不能有弄虚作假的行为，更不允许捏造事实和欺诈。其次是商标注册申请所申报的事项和所提供的资料应当是准确、可靠的，应当是确定的而不能是模糊不清的。因为它会涉及具体的权利和具体的法律关系，只有准确地填报和提交资料，才有利于正确地确定与之有关的权利。最后是要求商标注册申请所申报的事项和所提供的材料应当是完整的，不能是残缺不全的。上述三项要求，都对正确地确定权利和保护权利，有直接的影响；同时，这三项要求相互之间也是有机联系的，例如，提交的商标申请文件不准确、不完整，就会直接影响其真实性，所以上述三项要求是一个全面的要求。

第三章　商标注册的审查和核准

第二十八条　对申请注册的商标，商标局应当自收到商标注册申请文件之日起九个月内审查完毕，符合本法有关规定的，予以初步审定公告。

【释义】 本条是关于商标局在规定时限内对申请注册的商标进行初步审查的规定。

为提高商标审查效率，本次修改增加了初步审查应当自收到商标注册申请文件 9 个月内完成的时限规定。

一、关于初步审定

我国对商标注册申请采取审查原则，商标局在对申请注册的商标进行初步审查的时候，对该商标是否符合本法规定进行审查。本条中所指的“本法有关规定”，主要包括本法第十条（关于商标禁用标志）、第十一条（因不具有显著特征不得注册）、第十二条（关于三维标志不得注册的情形）等有关的绝对拒绝注册理由的规定等，以及第三十条（在同一种商品或者类似商品上与已经注册或者初步审定的商标相同或者近似应驳回申请），第三十一条（初审公告申请在先商标、同一天申请的初审公告使用在先商标）的规定等。根据本法，凡不符合本法有关规定或者同他人在同一种商品或者类似商品上已经注册的或者初步审定的商标相同或者近似的，由商标局驳回申请，不予公告。

二、关于初步审定公告

对于符合本法规定的商标，商标局予以初步审定公告，是我国商标审查中的必经程序，目的是征求相关经营者和社会公众的意见，以提高商标注册的准确性。根据本法第三十三条，自初步审定公告之日起3个月内，在先权利人、利害关系人认为初步审定公告的商标违反本法第十三条第二款和第三款、第十五条、第十六条第一款、第三十条、第三十一条、第三十二条规定（即违反相对拒绝注册理由的情形）的，或者任何人认为违反本法第十条、第十一条、第十二条规定（即违反绝对拒绝注册理由的情形）的，可以向商标局提出异议。当3个月公告期满，无异议的，商标局才可对之前初步审定公告的商标予以核准注册，发给商标注册证，并予公告。此时该商标才成为注册商标，可以根据本法第九条的规定标注"注册商标"或者注册标记。对于仅初步审定的商标，商标申请人尚不能在该商标上使用"注册商标"标记，否则将构成冒充注册商标的行为。

三、关于初步审定的时限

本次修改前的商标法对商标审查时限未作规定，仅要求对商标注册申请和商标复审申请应当及时进行审查。国务院提交全国人大常委会审议的修正案草案中也未对审查时限作出规定。在征求意见的过程中，一些意见特别是许多企业提出，目前商标注册申请审查时间过长，企业的商标权益长期处于不确定状态，无法运用法律武器维护其利益，影响企业品牌战略的实施，建议明确审查时限。经研究，本次修改采纳了上述意见。为了提高商标审查效率，规范行政行为，对商标审查时限作出规定，确实是必要的，同时考虑法律规定的时限要切实可行，参考实践中商标案件的平均审查时限，本次修改增加了商标审查时限的规定，其中，商标局初步审查时限为9个月。即商标局自收到商标注册申请文件之日起9个月内，对申请注册的商标是否符合本法规定、是否可以对其发布初步审定公告，须审查完毕。

第二十九条　在审查过程中，商标局认为商标注册申请内容需要说明或者修正的，可以要求申请人做出说明或者修正。申请人未做出说明或者修正的，不影响商标局做出审查决定。

【释义】　本条是关于商标局可以要求申请人做出说明或者修正的规定。本条是此次修改新增的条文。

根据本法，商标申请人提出注册申请时，应当按规定的商品分类表填报适用商标的商品类别和商品名称；为申请商标注册所申报的事项和所提供的材料应当真实、准确、完整。但实践中，商标申请人可能由于专业知识、经验不足或者由于一些文字错误使得商标注册申请的内容不准确、不清楚。在这种情况下，商标局如果“一刀切”地驳回商标注册申请，将造成行政资源和社会资源的较大浪费；而采用要求当事人做出说明或者修正的方式，则能够区分通过说明或者修正能够予以初步审定公告的商标和即使说明或者修正了仍然不能予以初步审定公告的商标。要求申请人做出说明或者修正，对于通过说明或者修正能够予以初步审定公告的商标，可以免去商标局驳回申请、当事人重新申请的过程。因此，这一做法将极大地方便当事人，商标局也能相应提高商标审查效率。需要注意的是，考虑到商标申请日期的确定，这里所指的对商标注册申请内容的说明或者修正，不能超出原有的申请范围，即对商标标志的修正不能是实质性的变更，对申请注册商标适用的商品范围也不能扩大。

第三十条　申请注册的商标，凡不符合本法有关规定或者同他人在同一种商品或者类似商品上已经注册的或者初步审定的商标相同或者近似的，由商标局驳回申请，不予公告。

【释义】　本条是关于商标局驳回商标注册申请的规定。

本条对商标局驳回申请、不予公告的情形作了规定：

一、申请注册的商标，不符合本法有关规定

这里所指的“本法有关规定”，主要包括本法第十条（关于商标禁用标志）、第十一条（因不具有显著特征不得注册）、第十二条（关于三维标志不得注册的情形）等有关绝对拒绝注册理由的情形的规定等。不符合本法关于商标注册的规定，应当驳回其商标注册申请。

二、申请注册的商标，同他人在同一种或者类似商品上已经注册的或者初步审定的商标相同或者近似的

商标具有识别不同生产、经营者的商品或者服务的功能，如果不同的生产、经营者在同一种商品或者类似商品上使用相同或者近似的商标，就会造成消费者对商品来源的误认，商标将起不到区别商品来源的作用。因此，出现上述情形时，商标局应当驳回申请。“同一种商品”，是指名称相同的商品，或者名称虽然不相同，但指同一事物或者内容的商品。“类似商品”，是指在功能、用途等方面相同或基本相同的商品。在我国商标注册、管理实践中，商标审查员通常以商品分类表为参考来对同一种或者类似商品进行认定。需要注意的是，商品分类表不是判断商品或者服务是否类似的标准，只是为了方便申请人填报和商标局进行审查的参考工具。因此，类似商品并不局限在商品分类表所划分的同一类中，有些在商品分类表中不属于同一类的，也可能被认定为是类似商品，甚至有些服务项目与商品也可能被认定为是类似的。“商标相同”，是指商标的构成要素完全相同或者基本相同。“商标近似”，是指商标的构成要素虽不完全相同，但其要素或者要素组合与比对商标近似，易使相关公众对商品的来源产生误认或者认为与比对商标有特定联系。商标相同和近似的判定，应从商标本身的形、音、义和整体表现形式等方面，以相关公众的一般注意力为标准，并采取整体观察与比对

主要部分的方法，判断商标标志本身是否相同或者近似。

商标局认为申请注册的商标不符合本法有关规定或者同他人在同一种商品或者类似商品上已经注册的或者初步审定的商标相同或者近似的，应当驳回申请，不予公告。根据本法规定，对驳回申请、不予公告的商标，商标局应当书面通知商标注册申请人。商标注册申请人不服的，可以依法向商标评审委员会申请复审，对商标评审委员会的决定不服的，还可以依法向人民法院起诉。

第三十一条　两个或者两个以上的商标注册申请人，在同一种商品或者类似商品上，以相同或者近似的商标申请注册的，初步审定并公告申请在先的商标；同一天申请的，初步审定并公告使用在先的商标，驳回其他人的申请，不予公告。

【释义】　本条是关于申请在先原则的规定。

商标的基本作用是用来区别不同生产、经营者的商品或者服务，因此，一个注册商标只能有一个注册主体对其享有专用权。如果有两个或者两个以上的申请人以相同或者近似的商标申请在同一种商品或者类似商品上注册，商标主管机关只能核准一项申请，这是各国商标法通行的原则。但是各国对于这种情况所采取的原则有两个：一是申请在先原则，二是使用在先原则。申请在先原则，是指两个或者两个以上的申请人，在同一种商品或者类似商品上，以相同或者近似的商标申请注册的，商标局受理最先提出的商标注册申请，对在后的商标注册申请予以驳回。使用在先原则，是指两个或者两个以上的申请人，在同一种商品或者类似商品上，以相同或者近似的商标申请注册的，商标局受理最先使用人的商标注册申请。这两种原则各有利弊。申请在先原则只需要将商标注册申请的日期作为审查依据，便于操作,但是不利于保护最先使用商标的人。使用在先原则可以保护最先使用商标的人,但是需要审查申请人最先使用商标的证明,不易操作,而且这种注册具有不确定性,可能因他人提供使用在先的证据而被撤销注册。

按照本条规定,我国对商标注册实行申请在先的原则。即两个或者两个以上的申请人在同一种商品或类似商品上申请相同或者近似商标时,应当初步审定并公告申请在先的商标。申请是否在先,根据商标局收到申请文件的日期来判断。其次,当申请日期是同一天时,根据申请在先原则将无法判断应初审公告哪一个商标,因此,为了解决同一天申请的这一特殊情况,本条规定了申请在先原则的补充原则:使用在先原则,即当两个或者两个以上的商标注册申请人,以相同或者近似的商标同一天在同一种商品或者类似商品上申请注册的,应当初步审定并公告使用在先的商标。

根据本法规定,初步审定并公告申请在先的商标,或者初步审定并公告同一天申请但使用在先的商标,应当相应地对申请在后的商标、同一天申请但使用在后的商标驳回申请,不予公告。根据本法规定,对于驳回申请、不予公告的商标,商标局应当书面通知商标注册申请人。商标注册申请人不服的,可以依法向商标评审委员会申请复审,对商标评审委员会的决定不服的,还可以依法向人民法院起诉。

第三十二条　申请商标注册不得损害他人现有的在先权利,也不得以不正当手段抢先注册他人已经使用并有一定影响的商标。

【释义】 本条是关于保护在先权利和禁止恶意抢注的规定。

一、申请商标注册不得损害他人现有的在先权利

"他人现有的在先权利"是指在商标注册申请人提出商标注册申请之前，他人已经取得的权利，如外观设计专利权、著作权、企业名称权等。商标权容易与这些权利发生冲突，所以本条规定申请商标注册不应损害他人现有的在先权利，即不得将他人已获得权利的外观设计等作为商标申请注册。

二、申请商标注册，不得以不正当手段抢注他人已经使用并有一定影响的商标

这一规定主要是针对社会上抢注他人使用在先并有一定影响的商标的行为。抢注他人商标，是将他人已经使用，并在消费者中已产生一定影响但未申请注册的商标抢先以自己的名义申请注册。这种行为违反了诚实信用原则，是一种恶意行为，扰乱了社会经济秩序，对这种行为应当制止。需要注意的是，本法规定的是，第一，"不得以不正当手段"抢先注册他人使用在先的商标，即抢注行为是一种恶意行为。第二，本条规定并不涉及所有使用在先的商标，仅仅涉及"有一定影响的商标"，即不得抢注他人使用在先并有一定影响的商标。

这一规定是诚实信用原则在商标法领域的体现，一方面，按照申请在先原则，如果想注册商标享有商标专用权，应当尽早向商标局提出注册申请。另一方面，申请注册的商标应当是自己独创的，而不应当将别人已经使用且有一定影响但未注册的商标以自己的名义进行注册。

第三十三条　对初步审定公告的商标，自公告之日起三个月内，在先权利人、利害关系人认为违反本法第十三条第二款和第三款、第十五条、第十六条第一款、第三十条、第三十一条、第三十二条规定的，或者任何人认为违反本法第十条、第十一条、

第十二条规定的,可以向商标局提出异议。公告期满无异议的,予以核准注册,发给商标注册证,并予公告。

【释义】 本条是关于商标异议程序和核准注册的规定。

此次修改对异议主体进行了限定,将以侵犯在先权利为由提出异议的主体限定为在先权利人或者利害关系人。

异议是指社会公众对商标局初步审定予以公告的商标,提出反对注册的意见。即商标局受理商标注册申请后,根据商标法的规定进行审查,将符合注册条件的商标注册申请,予以公告,让社会公众对该商标的注册提出意见。规定异议程序的意义在于,给社会公众提供对商标注册提出意见的机会,从而通过社会的力量保证商标注册审查工作的质量,也有利于将可能出现的商标争议在商标确权的阶段即加以解决。

一、异议理由和异议主体

根据此次修改前的商标法,商标注册申请初审公告后,任何人可以以任何理由提出异议。这有利于利用社会的力量对商标审查质量进行把关。但同时,实践中也出现了一些新的情况:一些单位和个人恶意异议,故意拖延商标注册申请人获得商标注册的时间,有的甚至从中获取不正当利益,一些申请人被迫给付财物,换取对方不提异议或者撤销已经提出的异议。为此,本次修改对可以提出异议的主体根据异议的理由作了区分,将以侵犯在先权利为由提出异议的主体限定为在先权利人或者利害关系人。即针对可能违反本法第十三条第二款和第三款(驰名商标保护)、第十五条(禁止他人抢注)、第十六条第一款(地理标志保护)、第三十条(与在先商标相同或者近似)、第三十一条(初审公告申请在先商标,同一天申请初审公告使用在先商标)、第三十二条(不得损害在先权利、不得以不正当手段抢注他人已经使用并有一定影响的商标)的规定,仅能由在先权利人或者利害关系人提出异议。对违反本法第十条(关于商标禁用标志)、第十一条(因不具有显著特征不得注册)、第十二条(关于三维标志不得注册的情形)等有关绝对拒绝注册理由,任何人都可以提出异议。

二、审查部门和异议提出时间

按照本法规定,异议审查部门是作为商标审查机关的商标局。关于异议期,考虑到既需要让在先权利人、利害关系人、社会公众有充分的提出意见的时间,也考虑到不能使异议期太长、影响商标获得注册的时间,本法规定,异议期为3个月。3个月的公告期限应从初审公告之日起算。公告期满没有异议的,商标局应对公告商标核准注册,发给商标注册证,并予公告。经核准注册的商标为注册商标,商标注册申请人对其享有商标专用权。当然,注册为注册商标后,如果商标局、社会公众发现该商标存在绝对不予注册理由情形,或者在先权利人或利害关系人发现该商标存在相对不予注册理由情形的,仍然可以根据本法规定通过无效程序对其予以纠正。

第三十四条　对驳回申请、不予公告的商标,商标局应当书面通知商标注册申请人。商标注册申请人不服的,可以自收到通知之日起十五日内向商标评审委员会申请复审。商标评审委员会应当自收到申请之日起九个月内做出决定,并书面通知申请人。有特殊情况需要延长的,经国务院工商行政管理部门批准,可以延长三个月。当事人对商标评审委员会的决定不服的,可以自收到通知之日起三十日内向人民法院起诉。

【释义】　本条是关于驳回申请不予公告商标的处理程序的规定。

此次修改增加了有关对驳回申请复审的审查时限的规定。

根据本法,申请注册的商标不符合本法规定或者同他人在同一种商品或者类似商品上已经注册或者初步审定的商标相同或者近似的,即有本法规定的绝对拒绝注册理由或者相对拒绝注册理由的,商标局应驳回申请,不予公告。根据本法规定的申请在先原则,如果两个或者两个以上的商标注册申请人,在同一种或者类似商品上,以相同或者近似商标申请注册的,初步审定并公告申请在先的商标;同一天申请的,初步审定并公告使用在先的商标,驳回其他人的申请,不予公告。驳回申请、不予公告的,商标局应当书面通知商标注册申请人,即应当作出书面决定,不得以口头方式通知。

对于驳回申请的决定,商标注册申请人如果不服,可以通过相应的行政程序和司法程序获得救济:第一,可以自收到驳回申请通知之日起 15 日内向商标评审委员会申请复审。商标评审委员会应当作出决定并书面通知申请人。第二,当事人对商标评审委员会的决定不服的,可以自收到通知之日起 30 日内向人民法院起诉。这是商标法第二次修改时增加的内容,目的是与《与贸易有关的知识产权协定》的规定相一致,使有关获得与维持知识产权程序中做出的行政决定接受司法审查。

关于驳回申请复审的审查时限,是本次商标法修改新增的内容,目的是提高商标审查效率,规范行政行为。按照本条规定,对商标驳回申请复审的基础审查时限为 9 个月。如果有特殊情况,商标评审委员会无法在 9 个月内对驳回申请复审做出决定而需要延长审查时限的,可以在前述九个月的基础上再延长 3 个月,但必须经国务院工商行政管理部门批准,不能由商标评审委员会自行延长。

第三十五条　**对初步审定公告的商标提出异议的，商标局应当听取异议人和被异议人陈述事实和理由，经调查核实后，自公告期满之日起十二个月内做出是否准予注册的决定，并书面通知异议人和被异议人。有特殊情况需要延长的，经国务院工商行政管理部门批准，可以延长六个月。**

商标局做出准予注册决定的，发给商标注册证，并予公告。异议人不服的，可以依照本法第四十四条、第四十五条的规定向商标评审委员会请求宣告该注册商标无效。

商标局做出不予注册决定，被异议人不服的，可以自收到通知之日起十五日内向商标评审委员会申请复审。商标评审委员会应当自收到申请之日起十二个月内做出复审决定，并书面通知异议人和被异议人。有特殊情况需要延长的，经国务院工商行政管理部门批准，可以延长六个月。被异议人对商标评审委员会的决定不服的，可以自收到通知之日起三十日内向人民法院起诉。人民法院应当通知异议人作为第三人参加诉讼。

商标评审委员会在依照前款规定进行复审的过程中，所涉及的在先权利的确定必须以人民法院正在审理或者行政机关正在处理的另一案件的结果为依据的，可以中止审查。中止原因消除后，应当恢复审查程序。

【释义】　本条是关于商标异议的处理程序的规定。

此次修改简化了商标异议程序，删除了商标局对商标异议进行审查做出裁定的环节，规定商标局对异议进行审查后直接做出准予或者不予注册的决定。同时增加了有关商标局对异议调查核实的时限、商标评审委员会对商标局对异议进行调查核实后做出的不予注册决定进行复审的时限的规定，以及商标评审委员会可以在不予注册决定复审中中止审查的规定。

一、关于异议审查程序

本次修改前的商标法规定，商标注册异议首先由商标局审查做出裁定，对商标局的裁定不服可以向商标评审委员会申请复审，对复审决定不服可以提起诉讼。实践中，很多企业反映，现行的异议程序过于复杂，审查期限过长，影响了申请人及时获得商标注册，建议简化异议程序。在国务院提请全国人大常委会审议的商标法修正案草案中，简化了异议程序，删除了商标局对商标异议进行审查做出裁定的环节，规定商标局对异议进行审查后直接做出准予或者不予注册的决定；对商标局认为异议不成立、准予注册的，异议人可以请求宣告该注册商标无效；对商标局认为异议成立、不予注册的，被异议人可以就不予注册决定向商标评审委员会申请复审。

根据本规定，异议程序处理如下：(1)商标局听取异议人和被异议人的陈述事实和理由，经调查核实后，做出是否准予注册的决定，并书面通知异议人和被异议人。(2)商标局做出准予注册决定的，发给商标注册申请人商标注册证，并予以公告。异议人如对此不服的，根据本规定，只能根据本法第四十四条、第四十五条的规定请求宣告无效，不能向商标评审委员会申请复审。(3)商标局做出不予注册决定的，被异议人如果不服的，可以自收到通知之日起15日内向商标评审委员会申请复审。商标评审委员会应当做出复审决定，并通知异议人和被异议人。(4)商标评审委员维持商标局的不予注册决定，被异议人不服的，可以自收到通知之日起30日内向人民法院提起诉讼。人民法院通知异议人作为第三人参加诉讼。(5)商标评审委员会经复审认为对被异议商标应当准予注册的，异议人不服的，只能依据本法第四十四条、第四十五条的规定通过无效宣告程序解决。

二、关于异议审查时限和不予注册决定复审审查时限

关于异议审查时限和不予注册决定复审审查时限，是本次修改新增的内容，主要目的是为了提高商标审查效率，规范行政行为：(1)商标局对异议进行调查核实的基础审查时限为12个月，如果有特殊情况，商标局无法在12个月内作出是否准予注册的决定，可以在前述12个月的基础上延长6个月，但必须经国务院工商行政管理部门批准，不能由商标局自行延长。(2)商标评审委员会对不予注册决定进行复审的审查时限为12个月，如果有特殊情况，商标评审委员会无法在12个月内做出复审决定，可以在前述12个月的基础上延长6个月，但必须经国务院工商行政管理部门批准，不能由商标评审委员会自行延长。

此外，考虑到商标评审委员会对不予注册决定进行复审的案件中，有些争议是当事人以侵犯其外观设计专利权、著作权等在先权利的为由提起的，如果所涉及的在先权利存在争议，正在人民法院审理或有关行政机关处理过程中，商标评审委员会的审查程序需要中止。因此，本次修改增加规定，商标评审委员会在对不予注册决定进行复审的过程中，所涉及的在先权利的确定必须以人民法院正在审理或者行政机关正在处理的另一案件的结果为依据的，可以中止审查。中止原因消除后，应当恢复审查程序。

第三十六条　法定期限届满，当事人对商标局做出的驳回申请决定、不予注册决定不申请复审或者对商标评审委员会做出的复审决定不向人民法院起诉的，驳回申请决定、不予注册决定或者复审决定生效。

经审查异议不成立而准予注册的商标，商标注册申请人取

得商标专用权的时间自初步审定公告三个月期满之日起计算。自该商标公告期满之日起至准予注册决定做出前，对他人在同一种或者类似商品上使用与该商标相同或者近似的标志的行为不具有追溯力；但是，因该使用人的恶意给商标注册人造成的损失，应当给予赔偿。

【释义】 本条是关于对商标局、商标评审委员会所做决定的生效时间，以及对经审查异议不成立而准予注册商标的商标专用权生效时间和效力的规定。

此次修改对商标公告期满至准予注册决定做出前的商标专用权的效力增加了规定。

一、对商标局、商标评审委员会所做决定的生效时间

根据本法第三十四条的规定，对驳回申请、不予公告的商标，商标局应当书面通知商标注册申请人，即商标局应当做出驳回申请决定；商标注册申请人不服、向商标评审委员会申请复审的，商标评审委员会应当在法定期限内做出复审决定；对商标评审委员会的复审决定不服的，当事人可以依法提起诉讼。根据本法第三十五条的规定，商标局认为异议成立的，应当在法定期限内对异议做出不予注册决定；被异议人对商标局的不予注册决定不服、向商标评审委员会申请复审的，商标评审委员会应当在法定期限内做出复审决定；对商标评审委员会的复审决定不服的，被异议人可以依法提起诉讼。上述条文对法定期限内当事人可以通过申请复审、提起诉讼方式得到救济作了规定。如果当事人在法定期限内未采取上述救济措施，则上述决定应当生效。

二、经审查异议不成立而准予注册商标的商标专用权生效时间和效力

对于在3个月的公告期内被提出异议的初步审定公告商

标，商标局需要根据本法第三十五条的规定对异议进行调查核实，法定基础审查时限是12个月，有特殊情况的，经批准还可延长6个月。在异议不成立的情况下，申请人的商标权本该在3个月的公告期满即核准注册，但因异议而被动地拖延了。因此，本条在确定商标权取得时间时，对于异议不成立的，不是将异议调查结束准予注册的时间作为权利的取得时间，而是将初步审定公告3个月期满的时间作为商标权的取得时间，即自3个月的公告期满之日起该商标注册申请人即对该商标享有商标专用权，这样更有利于对商标权人的保护。

但是，在3个月的公告期满之日起到商标局准予注册决定做出前，该商标虽然已经被初步审定，但该商标最终是否能被准予注册是不确定的，对于其他人善意在同一种或者类似商品上使用与该商标相同或者近似的标志的行为，不能因为该商标专用权因法律规定而追溯至初审公告3个月期满之日生效，而认定是侵犯注册商标专用权的行为。因此，本条规定，自该商标异议期满之日起至准予注册决定做出前，对他人在同一种或者类似商品上使用与该商标相同或者近似的标志的行为不具有追溯力。但另一方面，如果使用人对该商标进行恶意使用，给商标注册人造成了损失，如果不要求该恶意使用人对商标注册人赔偿，也是不公平的。因此，本条在前述有关不具有追溯力的规定的基础上，规定因该使用人的恶意给商标注册人造成的损失，应当给予赔偿。

第三十七条　对商标注册申请和商标复审申请应当及时进行审查。

【释义】　本条是关于对商标注册申请和商标复审申请应及时进行审查的规定。

本条规定是对商标局、商标评审委员会在审查的及时性方面提出的要求，是商标法第二次修改时增加的内容，当时对商标审查时限没有明确的规定，仅通过规定本条对商标审查效率提出要求。这次修改商标法，为了进一步提高行政效率，缩短商标审查时限，对商标审查各个环节的时限均作了明确、清楚的规定。因此，在审议过程中，曾有一种意见建议删去本条规定。考虑到虽然此次修改对商标审查时限已经明确作了规定，但审查时限毕竟是对审查所需最长期间的限定，在这个时限范围内，商标局和商标评审委员会仍然应当进一步提高工作效率，及时审查。因此，本次修改保留了这一规定。根据本条规定，商标局和商标评审委员会在法定时限范围内，对于商标注册申请和商标复审申请仍然应当及时进行审查。当然，在及时审查的同时，也要保证审查质量。

第三十八条　商标注册申请人或者注册人发现商标申请文件或者注册文件有明显错误的，可以申请更正。商标局依法在其职权范围内作出更正，并通知当事人。

前款所称更正错误不涉及商标申请文件或者注册文件的实质性内容。

【释义】　本条是关于商标注册申请人或者注册人发现商标申请文件或者注册文件有明显错误的，可以申请进行更正的规定。

本条规定是商标法第二次修改时增加的内容，目的是方便商标注册申请人或者注册人对商标申请文件或者注册文件中有明显错误的非实质性内容提出更正。本条主要规定了以下内容：

1. 申请更正的主体，可以是商标注册申请人，也可以是注册人。即无论是在商标注册申请程序中,还是在商标被核准注册后,商标注册申请人或者注册人均可以申请更正。关于申请更正的原因,是商标申请文件或者注册文件有明显的错误,例如将商标注册申请人或者注册人的地址写错,或者是名称写得不准确等。

2. 进行更正的主体是商标局,即商标注册申请人或者注册人应当向商标局提出更正申请,商标局依法在其职权范围内作出更正,并通知当事人。

3. 这种更正不能涉及商标申请文件或者注册文件的实质性内容。因为如果涉及实质性的内容,比如对商标构成要素进行更正,实际上是将原商标变成一个新的商标。在这种情况下就应当重新提出商标注册申请,在申请日期上就不能沿用原来商标申请的日期。

第四章　注册商标的续展、变更、转让和使用许可

第三十九条　注册商标的有效期为十年，自核准注册之日起计算。

【释义】　本条是关于注册商标有效期限的规定。

在实行商标注册制的国家，商标专用权是通过商标注册取得的，注册商标的有效期有严格的时间界限。商标权作为知识产权的一种，具有专有性、地域性和时间性等特征。商标权的时间性是指商标经商标注册机关核准后，在正常使用的情况下，可以在法定期间内受到法律保护。这一法定期间又称为注册商标的保护期、有效期。有效期届满后，商标权人如果希望继续使用注册商标并使之得到法律保护，则需按照法定程序进行续展注册。如果不发生宣告注册商标无效或者撤销注册商标的情况，商标注册人只要按照法定程序进行续展注册，就可以将注册商标无限期地保护下去。在这一点上，商标权不同于同属知识产权的专利权和著作权。

多数国家的商标法都对注册商标的有效期作了明确的规定，也有少数国家规定注册商标无限期有效。TRIPS 协定第十八条规定，商标首次注册及每次续期注册的期限不得少于 7 年，商标注册允许无限期地续期。对注册商标的有效期限，我国在不同时期做过不同规定。1950 年颁布的《商标注册暂行条例》

中规定,“商标从注册之日起,注册人即取得专用权,专用权的期限为二十年”。1963年颁布的《商标管理条例》中规定,“注册商标的使用期限自核准之日起至企业申请撤销时止”,“外国企业在我国注册商标的使用期限,由中央工商行政管理局核定”。1982年制定的商标法统一规定国内商标和外国商标的注册有效期均为10年。

这次修改商标法,保留了原来的规定,明确我国注册商标的有效期为10年,自核准注册之日起计算。

第四十条　注册商标有效期满,需要继续使用的,商标注册人应当在期满前十二个月内按照规定办理续展手续;在此期间未能办理的,可以给予六个月的宽展期。每次续展注册的有效期为十年,自该商标上一届有效期满次日起计算。期满未办理续展手续的,注销其注册商标。

商标局应当对续展注册的商标予以公告。

【释义】　本条是关于办理商标续展手续的规定。

注册商标经过多年使用,已届注册商标的有效期,商标注册人需要继续使用该注册商标的,应当按照规定及时办理续展手续。商标续展注册与商标初始注册不同:初始注册是为了使新注册的商标获得专用权;而续展注册是通过续展使已经取得的商标专用权继续有效。商标初始注册申请要经过审查、初步审定公告、异议等一系列程序,如无异议需花1年左右的时间,如有异议则需要更长时间;而商标续展注册则相对简单,按照规定办理相关手续即可,时间也相对较短。

为更好保护商标注册人权益,方便其办理续展手续,这次修改商标法对商标续展制度进行了修改:一是取消了办理商标续展的核准制,将商标续展由商标局的“核准”,修改为“按照规定办理续展手续”。商标注册人只要在法定期限内按照规定办理提交有效商标注册证、缴纳相关费用等手续后,商标局即应当予以续展。二是将办理商标续展的期限由修改前的“期满前六个月”,修改为“期满前十二个月”,使商标注册人可以更加从容地办理续展手续,同时也有助于解决实践中由于办理商标续展的时间较长,在商标有效期满时该商标仍未获得续展,从而给商标注册人正常使用商标造成不便(如无法通过注册商标海关备案阻止侵犯商标专用权的商品的进出口)等问题。

按照本条规定,商标注册人应当在注册商标有效期满前 12 个月内办理续展手续。在此法定期间内未予办理的,还可以依法有 6 个月的宽展期。即在有效期满后 6 个月内,原商标注册人仍然可以办理商标续展手续。过了宽展期仍未办理商标续展手续的,对其注册商标即予以注销。按照本法规定,注册商标有效期满不再续展的,自注销之日起 1 年内,商标局对与该商标相同或者近似的商标注册申请不予核准。续展注册商标有效期自该商标上一届有效期满次日起计算,其有效期仍为 10 年。续展注册的商标,由商标局予以公告。商标续展注册连续不断,商标专用权可以成为一种“长久权”。

第四十一条　注册商标需要变更注册人的名义、地址或者其他注册事项的,应当提出变更申请。

【释义】　本条是关于注册商标变更的规定。

注册商标的各个注册事项是不能随意变动的。在有效期内的注册商标,如果其注册事项由于实际情况的变化而发生了变动,就应当及时向商标局申请变更相应的注册事项。

商标注册人名义的变更,比如已经注册了商标的企业、事业单位,由于机制转换、体制改革、资产重组,引起了企业、事业单位名称的改变,使用新名称的单位或者个人不能简单地继续使用原商标注册人的名义,而应当向商标局申请变更商标注册人名义,使更换了名称的单位或者个人成为合法的商标注册人,依法享有商标专用权,不致因为未作变更而使其商标专用权得不到保护。商标注册人的地址和其他已作注册的事项,凡是发生改变时,都需要向商标局申请变更相应的注册事项。因为每一注册事项都反映了一定的权利义务,与一定的法律关系相联系,所以已经作了注册的事项一旦有了改变,就应依法办理变更手续。

按照本条规定,变更商标注册事项,应当向商标局提出变更申请。包括按照规定提交变更注册事项申请书,以及有关变更的证明材料等。有关变更商标注册事项的申请经商标局核准后,由商标局发给相应的证明,并予以公告。

第四十二条　转让注册商标的,转让人和受让人应当签订转让协议,并共同向商标局提出申请。受让人应当保证使用该注册商标的商品质量。

转让注册商标的,商标注册人对其在同一种商品上注册的近似的商标,或者在类似商品上注册的相同或者近似的商标,应当一并转让。

对容易导致混淆或者有其他不良影响的转让,商标局不予核准,书面通知申请人并说明理由。

转让注册商标经核准后,予以公告。受让人自公告之日起享有商标专用权。

【释义】　本条是关于注册商标转让的规定。

注册商标的转让,是指注册商标所有人在法律允许的范围内,将其注册商标转移给他人所有。转让注册商标是注册商标的主体发生变更，转让后的商标所有人不再是原商标注册人。转让注册商标与变更商标注册人名义不同，后者注册商标的主体并不发生改变，只是商标注册人的名义发生了变化。

由于商标权的转让关系到商品的来源和出处，涉及企业的信誉和声誉，不同国家和地区对商标权的转让有不同的做法：一是连同转让。即商标必须与原商品生产经营企业的营业一并转移，不能只转让商标而不转让该营业。采取这种立法例的国家和地区主要有德国、美国、瑞典及我国台湾地区等。二是自由转让。即商标权人可以将商标和营业一起转让，也可以不连同转让，而只转让商标。采取这种立法例的国家主要有日本、英国、法国、巴西、加拿大等，但这些国家法律上多有规定，转让行为不得造成欺骗性后果或使相关公众对不同商品的来源产生混淆。TRIPS 协定第二十一条中规定，已注册商标的所有者有权将商标所属企业与商标一同转让或只转让商标不转让企业。

我国商标法不强制要求商标与营业一起转让。但是，如果商标转让可能引起消费者对不同厂家的商品的来源产生混淆或导致商品质量的下降，或者商标转让有损于第三人或公众的利益，则应予禁止。按照本条规定，受让人应当保证使用该注册商标的商品质量。同时，这次修改商标法，还增加了关于商标转让的两项规定：一是要求商标注册人对其在同一种商品上注册的近似的商标，或者在类似商品上注册的相同或者近似的商标，必须一并转让。二是明确对容易导致混淆或者有其他不良影响的商标转让申请，商标局不予核准。这两项规定就是出于防止因注册商标转让导致消费者对商品来源产生混淆以及导致他人或者公共利益受到损害的考虑。

本条规定注册商标的转让形式为协议转让，即由转让人与受让人签订注册商标转让协议，并共同向商标局提出申请。注册商标转让申请经商标局核准后,发给受让人相应证明,并予以公告。受让人自公告之日起享有商标专用权。

第四十三条 商标注册人可以通过签订商标使用许可合同,许可他人使用其注册商标。许可人应当监督被许可人使用其注册商标的商品质量。被许可人应当保证使用该注册商标的商品质量。

经许可使用他人注册商标的,必须在使用该注册商标的商品上标明被许可人的名称和商品产地。

许可他人使用其注册商标的,许可人应当将其商标使用许可报商标局备案,由商标局公告。商标使用许可未经备案不得对抗善意第三人。

【释义】 本条是关于注册商标使用许可的规定。

注册商标使用许可,是指商标权人将其所有的注册商标使用权分离出一部或全部许可给他人有偿使用。商标权人为许可人,使用商标的一方为被许可人。商标使用许可不同于商标的转让,后者的结果是原商标注册人丧失了商标的所有权;而商标使用许可不发生商标所有权转移的问题。商标使用许可有利于更好地发挥商标促进商品生产和流通的作用,也是商标权人充分行使其权利的表现。

商标使用许可可以分为独占使用许可、排他使用许可和普通使用许可。独占使用许可,是指商标注册人在约定的期间、地域和以约定的方式,将该注册商标仅许可一个被许可人使用,商标注册人依约定不得使用该注册商标。排他使用许可,是指商标注册人在约定的期间、地域和以约定的方式,将该注册商标仅许可一个被许可人使用,商标注册人依约定可以使用该注册商标但不得另行许可他人使用该注册商标。普通使用许可,是指商标注册人在约定的期间、地域和以约定的方式，许可他人使用其注册商标，并可自行使用该注册商标和许可他人使用其注册商标。商标使用许可也可以分为完全使用许可和部分使用许可。完全使用许可，是指被许可人依约定可以在该注册商标核定使用的所有商品上使用该商标；部分使用许可，是指被许可人只能依约定在该注册商标核定使用的部分商品上使用该商标。

为使商标使用许可的当事人保证商品或者服务质量、防止消费者对商品的来源产生混淆，本条规定，许可人负有监督被许可人使用其注册商标的商品质量的义务，被许可人应当保证使用该注册商标的商品质量；经许可使用他人注册商标的，必须在使用该注册商标的商品上标明被许可人的名称和商品产地。

按照本条规定，商标注册人许可他人使用其注册商标，应当将该商标使用许可报商标局备案，由商标局公告。需要注意的是，此次修改商标法，将报商标局备案的对象，由"商标使用许可合同"修改为"商标使用许可"。即当事人向商标局报送有关商标使用许可的情况，如被许可使用的商标的情况、许可人、被许可人、许可范围等即可，不再要求其提交商标使用许可合同。这主要是出于保护相关当事人商业秘密的考虑。

此次修改商标法还增加了"商标使用许可未经备案不得对抗善意第三人"的规定，主要是针对实践中存在多个具有独占或者排他性质的商标使用许可，被许可人之间的权利范围存在交叉冲突的情况。在这种情况下，经商标局备案的商标使用许可的被许可人，可以对抗其他未经备案的被许可人；未经商标局备案的商标使用许可的被许可人，则不得对抗其他善意的被许可人。

第五章 注册商标的无效宣告

第四十四条 已经注册的商标，违反本法第十条、第十一条、第十二条规定的，或者是以欺骗手段或者其他不正当手段取得注册的，由商标局宣告该注册商标无效；其他单位或者个人可以请求商标评审委员会宣告该注册商标无效。

商标局做出宣告注册商标无效的决定，应当书面通知当事人。当事人对商标局的决定不服的，可以自收到通知之日起十五日内向商标评审委员会申请复审。商标评审委员会应当自收到申请之日起九个月内做出决定，并书面通知当事人。有特殊情况需要延长的，经国务院工商行政管理部门批准，可以延长三个月。当事人对商标评审委员会的决定不服的，可以自收到通知之日起三十日内向人民法院起诉。

其他单位或者个人请求商标评审委员会宣告注册商标无效的，商标评审委员会收到申请后，应当书面通知有关当事人，并限期提出答辩。商标评审委员会应当自收到申请之日起九个月内做出维持注册商标或者宣告注册商标无效的裁定，并书面通知当事人。有特殊情况需要延长的，经国务院工商行政管理部门批准，可以延长三个月。当事人对商标评审委员会的裁定不服的，可以自收到通知之日起三十日内向人民法院起诉。人民法院应当通知商标裁定程序的对方当事人作为第三人参加诉讼。

【释义】 本条是关于对违反本法有关不得作为商标使用、

注册规定的注册商标、以欺骗手段或者其他不正当手段取得注册商标的处理规定。

这次修改商标法，对撤销注册商标与宣告注册商标无效这两种情形进行了区分：违反有关商标使用管理规定的注册商标，由商标局依法予以撤销并公告，该注册商标专用权自公告之日起终止；违反有关商标注册规定的注册商标，由商标局或者商标评审委员会依法宣告该注册商标无效并由商标局公告，该注册商标专用权视为自始即不存在。

商标注册违反法律规定，其原因可能是多方面的，有来自当事人方面的原因，也有来自商标审查人员方面的原因。虽然商标注册审查应当依据法定的标准和客观的条件，但是在实践中，商标审查人员出现错漏、受蒙骗以及审查工作失误等情况，仍难以完全避免。为了维护商标注册管理秩序以及市场经济秩序，保障商标当事人的权益，对于违反本法规定，以及以欺骗手段或者其他不正当手段取得注册的商标，都应当依法予以纠正。

本条是针对违反本法第十条、第十一条、第十二条等有关不得作为商标使用、注册的规定（学理上一般称之为绝对拒绝注册理由）的注册商标和以欺骗手段或者其他不正当手段取得注册商标的处理规定。本法第十条规定了禁止作为商标使用的标志，即该条所列举的标志不仅不能作为商标注册，而且不能作为商标使用，主要是出于社会公共利益方面的考虑。本法第十一条规定了不得作为商标申请注册的标志，即该类标志因其缺乏显著特征不能申请商标注册，但可以作为未注册商标使用，并且如果该类标志经过使用取得显著特征并便于识别的，则可以予以注册。本法第十二条规定了不得作为商标申请注册的三维标志，即仅由商品自身的性质产生的形态、为获得技术效果而需有的商品形状或者使商品具有实质性价值的形状，不得注册为三维标志商标，主要是出于维护公平竞争、推动技术进步方面的考虑。本条还对以欺骗手段或者其他不正当手段取得注册商标的处理作出了规定。以欺骗手段或者其他不正当手段取得注册，是指以虚构、隐瞒事实真相或者提交伪造的申请书件及其他有关证明文件取得商标注册等情况，如伪造申请书件签章、使用虚假的身份证或营业执照、涂改经营范围、编造有关虚假申请事项等。需要注意的是，实践中有一种理解，认为本条规定的“以欺骗手段或者其他不正当手段取得注册”，仅限于以上述手段取得注册的商标属于违反本法第十条、第十一条、第十二条的规定（绝对拒绝注册理由）的情况。这种理解是不全面的，只要商标的注册是以欺骗手段或者其他不正当手段取得的，都应当按照本条规定处理，不论其是属于违反绝对拒绝注册理由还是属于违反相对拒绝注册理由。

对于违反本法第十条、第十一条、第十二条的规定或者是以欺骗手段或者其他不正当手段取得注册的商标，本条规定了两种处理方式。一是由商标局依职权宣告该注册商标无效。商标局做出宣告注册商标无效的决定后，应当书面通知当事人。当事人对该决定不服的，可以自收到通知之日起 15 日内向商标评审委员会申请复审。商标评审委员会应当自收到申请之日起 9 个月内做出复审决定，并书面通知当事人。有特殊情况需要延长复审时限并经国务院工商行政管理部门批准，可以延长 3 个月，即商标评审委员会最长应当自收到申请之日起 12 个月内做出复审决定。当事人对商标评审委员会的复审决定不服的，可以自收到通知之日起 30 日内向人民法院起诉。二是其他单位或者个人可以请求商标评审委员会宣告该注册商标无效。商标评审委员会收到无效宣告申请后，应当书面通知有关当事人，并限期提出答辩。商标评审委员会应当自收到申请之日起 9 个月内做出维持注册商标或者宣告注册商标无效的裁定,并书面通知当事人。有特殊情况需要延长裁定时限并经国务院工商行政管理部门批准,可以延长3个月,即商标评审委员会最长应当自收到申请之日起12个月内做出裁定。当事人对商标评审委员会的裁定不服的,可以自收到通知之日起30日内向人民法院起诉。人民法院应当通知商标裁定程序的对方当事人作为第三人参加诉讼。

无论是对商标评审委员会做出的有关注册商标无效宣告的复审决定不服提起的诉讼,还是对商标评审委员会作出的有关注册商标无效宣告的裁定不服提起的诉讼,都属于行政诉讼。按照行政诉讼法的规定,公民、法人或者其他组织认为行政机关和行政机关工作人员的具体行政行为侵犯其合法权益的,有权依照行政诉讼法向人民法院提起诉讼。本法第二条中规定,国务院工商行政管理部门设立商标评审委员会,负责处理商标争议事宜。商标评审委员会属于行政主体,其所做出有关注册商标无效宣告的决定或者裁定属于具体行政行为。因此,当事人可以依法在收到有关复审决定或者裁定的通知之日起30日内向人民法院提起行政诉讼。人民法院经审理认为商标评审委员会的决定或者裁定正确的,应当予以维持;属于维持宣告注册商标无效的决定或者裁定的,应当移交商标局办理注销手续。

第四十五条　已经注册的商标,违反本法第十三条第二款和第三款、第十五条、第十六条第一款、第三十条、第三十一条、第三十二条规定的,自商标注册之日起五年内,在先权利人或者利害关系人可以请求商标评审委员会宣告该注册商标无效。对恶意注册的,驰名商标所有人不受五年的时间限制。

商标评审委员会收到宣告注册商标无效的申请后,应当书

面通知有关当事人，并限期提出答辩。商标评审委员会应当自收到申请之日起十二个月内做出维持注册商标或者宣告注册商标无效的裁定，并书面通知当事人。有特殊情况需要延长的，经国务院工商行政管理部门批准，可以延长六个月。当事人对商标评审委员会的裁定不服的，可以自收到通知之日起三十日内向人民法院起诉。人民法院应当通知商标裁定程序的对方当事人作为第三人参加诉讼。

商标评审委员会在依照前款规定对无效宣告请求进行审查的过程中，所涉及的在先权利的确定必须以人民法院正在审理或者行政机关正在处理的另一案件的结果为依据的，可以中止审查。中止原因消除后，应当恢复审查程序。

【释义】　本条是关于对违反本法有关商标注册不得与他人在先权利相冲突的规定的注册商标的处理规定。

本条是针对违反本法第十三条第二款和第三款、第十五条、第十六条第一款、第三十条、第三十一条、第三十二条等有关商标注册不得与他人在先权利相冲突的规定（学理上一般称之为相对拒绝注册理由）的注册商标的处理规定。本法第十三条第二款和第三款是关于不得违反诚实信用原则，以复制、摹仿或者翻译等方式，将他人已为相关公众所熟知的驰名商标进行注册的规定。第十五条是关于不得未经授权，代理人或者代表人以自己的名义将被代理人或者被代表人的商标进行注册的规定；以及不得违反诚实信用原则，在与在先使用的商标所有人具有代理人或者代表人关系以外的合同、业务往来等关系的情况下，就同一种商品或者类似商品将与该他人商标相同或者近似的标志进行注册的规定。第十六条第一款是有关不得在商标中违反规定使用地理标志的规定。第三十条是关于不予注册与他人在同一种商品或者类似商品上已经注册或者初步审定的商标相同或者近似的商标的规定。第三十一条是关于在同一种商品或者类似商品上以相同或者近似的商标申请注册情况下,不予注册在后的商标注册申请或者虽同日申请但使用在后的商标注册申请的规定。第三十二条是关于不得侵犯他人合法的在先权利,以及不得以不正当手段抢先注册他人已经使用并有一定影响的商标的规定。

由于本条规定的违法注册商标主要涉及民事权益争议的内容,因此未赋予商标局直接宣告上述注册商标无效的职权,而是规定在先权利人或者利害关系人可以自商标注册之日起 5 年内,向商标评审委员会请求宣告该注册商标无效。对恶意注册驰名商标的,驰名商标所有人还可以无限期追究,不受 5 年时间的限制。

商标评审委员会收到无效宣告申请后,应当书面通知有关当事人,并限期提出答辩。商标评审委员会应当自收到申请之日起 12 个月内做出维持注册商标或者宣告注册商标无效的裁定,并书面通知当事人。有特殊情况需要延长裁定时限并经国务院工商行政管理部门批准,可以延长 6 个月,即商标评审委员会最长应当自收到申请之日起 18 个月内做出裁定。当事人对商标评审委员会的裁定不服的,可以自收到通知之日起 30 日内向人民法院起诉。人民法院应当通知商标裁定程序的对方当事人作为第三人参加诉讼。对商标评审委员会做出的有关宣告无效的裁定不服提起的诉讼,属于行政诉讼。人民法院经审理认为商标评审委员会的裁定正确的,应当予以维持;属于维持宣告注册商标无效的裁定的,应当移交商标局办理注销手续。

这次修改商标法,增加了关于商标评审委员会中止审查程序的规定。实践中较多的商标无效宣告案件需要等待该案涉及的在先权利的确定,当案件涉及的在先权利正在由人民法院审理或者行政机关处理，其确定需要以相关案件的处理结果为依据的，为公平保障当事人的权益，商标评审委员会可以中止对本案的审查处理，待在先权利确定后再行恢复审查程序。商标评审委员会中止审查的期间，不计入商标评审委员会对该案的审查期限。

第四十六条　法定期限届满，当事人对商标局宣告注册商标无效的决定不申请复审或者对商标评审委员会的复审决定、维持注册商标或者宣告注册商标无效的裁定不向人民法院起诉的，商标局的决定或者商标评审委员会的复审决定、裁定生效。

【释义】　本条是关于商标局、商标评审委员会有关宣告注册商标无效或者维持注册商标的决定、裁定生效的规定。

根据本法规定，对于商标局宣告注册商标无效的决定，当事人应当在15日内向商标评审委员会申请复审；对于商标评审委员会做出的复审决定，以及商标评审委员会根据有关单位或者个人的请求做出的维持注册商标或者宣告注册商标无效的裁定，有关当事人应当在30日内向人民法院起诉。这里的“十五日”和“三十日”就是本条规定的“法定期限”。按照本条规定，当事人在法定期限内对商标局做出的决定不申请复审，该决定即生效；当事人在法定期限内对商标评审委员会的复审决定和裁定不向人民法院起诉的，该复审决定、裁定生效。超过法定期限，当事人即丧失了申请复审权、起诉权。

如果当事人在法定期限内就商标局的决定申请复审，或者就商标评审委员会的复审决定、裁定向人民法院起诉的，则商标局的决定、商标评审委员会的复审决定、裁定不产生效力。

第四十七条　依照本法第四十四条、第四十五条的规定宣告无效的注册商标，由商标局予以公告，该注册商标专用权视为

自始即不存在。

宣告注册商标无效的决定或者裁定，对宣告无效前人民法院做出并已执行的商标侵权案件的判决、裁定、调解书和工商行政管理部门做出并已执行的商标侵权案件的处理决定以及已经履行的商标转让或者使用许可合同不具有追溯力。但是，因商标注册人的恶意给他人造成的损失，应当给予赔偿。

依照前款规定不返还商标侵权赔偿金、商标转让费、商标使用费，明显违反公平原则的，应当全部或者部分返还。

【释义】 本条是关于宣告注册商标无效的法律效力的规定。

按照本条规定，宣告无效的注册商标，由商标局予以公告。经商标局公告的宣告无效的注册商标，其商标专用权视为自始即不存在，即法律上认定该商标专用权从授权开始就没有法律约束力，而不是自该商标被宣告无效后才失去法律效力，宣告注册商标无效是有溯及力的。

按照民法的一般原则，被宣告无效的注册商标的所有人因行使该商标专用权所获得的利益属于不当得利，该注册商标所有人应当将不当得利予以返还。但是，如果注册商标一旦被宣告无效，还要溯及到法院做出并已执行的判决、裁定、调解书，溯及到工商行政管理部门做出并已执行的商标侵权案件的处理决定，会使法院判决、裁定、调解书及行政机关的处理决定处于不稳定的状态，进而影响社会经济秩序的稳定。对已经履行的商标转让合同或者使用许可合同来讲，受让人和被许可人由于注册商标被宣告无效前已经因商标专用权受到保护而获得了实际的利益，对其支付的商标转让费和商标使用费不予返还也是合理的。因此，本条在第一款规定宣告注册商标无效具有溯及既往的效力的同时，又在第二款中规定了对几种情形不具有追溯力，包括：(1)宣告注册商标无效前人民法院做出并已执行的商标侵权案件的判决、裁定、调解书。在注册商标被宣告无效前，商标注册人以他人侵犯其注册商标专用权为由，向人民法院提出诉讼，经人民法院做出有关商标侵权损害赔偿的判决、裁定、调解书并已执行的，宣告注册商标无效的决定或者裁定，对该项已做出并已执行的判决、裁定、调解书不具有溯及力。依判决、裁定、调解书规定因侵犯商标专用权而给予的商标侵权赔偿金，当事人不得请求返还。(2)宣告注册商标无效前工商行政管理部门做出并已执行的商标侵权案件的处理决定。依照本法规定，因侵犯商标专用权引起的纠纷，当事人可以请求工商行政管理部门处理。对工商行政管理部门所做的处理决定，当事人已经履行的，或者已经工商行政管理部门依照行政强制法的规定申请法院强制执行的，其后做出的宣告注册商标无效的决定或者裁定，对该项已执行的行政处理决定不具有溯及力。(3)已经履行的商标转让或者使用许可合同。对因履行商标转让合同而支付的商标转让费或者因履行商标使用许可合同而支付的商标使用费，当事人都不得请求返还。同时，为了保护有关当事人的合法权益，本条还规定，如果因商标注册人的恶意给他人造成的损失，应当给予赔偿。

按照本条第二款的规定，对在宣告注册商标无效前已经履行完毕的商标侵权赔偿金、商标转让费、商标使用费，当事人不得请求返还。为了防止因这一规定而产生不公平的现象，本条第三款又规定，如果依照第二款的规定，商标注册人、转让人或者许可人不向侵权人、受让人或者被许可人返还商标侵权赔偿金、商标转让费、商标使用费，明显违反公平原则的，商标注册人、转让人或者许可人应当向侵权人、受让人或者被许可人返还全部或部分赔偿金或者费用。例如，当事人履行商标使用许可合同或者转让合同不久，被许可人或者受让人还未使用该商标，或者仅仅使用了较短的时间，该注册商标就被宣告无效，在短时间内商标的被许可人或者受让人还没有从商标使用中取得实际利益，或者其取得的利益与支出的商标使用费和商标转让费相比相去甚远，出现了明显的不公平现象时，商标的许可人或者转让人就应当向被许可人或者受让人返还商标使用费或商标转让费。

第六章　商标使用的管理

第四十八条　本法所称商标的使用，是指将商标用于商品、商品包装或者容器以及商品交易文书上，或者将商标用于广告宣传、展览以及其他商业活动中，用于识别商品来源的行为。

【释义】　本条是关于商标使用的含义的规定。

商标使用是实现商标区分商品来源等功能的前提，不经使用的商标，不会产生和实现指示商品来源的效果，也无从区分商品。商标使用也是维持注册商标有效的条件，按照本法的规定，注册商标没有正当理由连续3年不使用的，任何单位或者个人可以申请商标局撤销该注册商标。商标使用也是商标专用权得以保护的基础，按照本法规定，在商标侵权诉讼中，注册商标专用权人不能证明此前3年内实际使用过该注册商标，也不能证明因侵权行为受到其他损失的，被控侵权人不承担赔偿责任。商标使用还是使商标获得识别性、显著特征以及使商标驰名的重要途径。在有些国家，商标使用还是取得商标专用权的必要条件。

这次修改商标法，在2002年8月3日国务院公布的《商标法实施条例》有关商标使用包括的情形的规定的基础上，对商标使用的含义在法律中作了规定。按照本条的规定，商标使用是以识别商品来源为目的将商标用于商业活动的行为。如果不是以识别商品来源为目的使用商标，或者将商标用于非商业活动中，都不构成本法意义上的商标使用。商标使用在形式上，表现为将商标用于商品、商品包装或者容器以及商品交易文书上，或者将商标用于广告宣传、展览以及其他商业活动中，但并不限于以上几种情形。对于不属于本条规定的情形，但实质上是以识别商品来源为目的将商标用于商业活动的行为，即应认定为本法意义上的商标使用。

第四十九条　商标注册人在使用注册商标的过程中，自行改变注册商标、注册人名义、地址或者其他注册事项的，由地方工商行政管理部门责令限期改正；期满不改正的，由商标局撤销其注册商标。

注册商标成为其核定使用的商品的通用名称或者没有正当理由连续三年不使用的，任何单位或者个人可以向商标局申请撤销该注册商标。商标局应当自收到申请之日起九个月内做出决定。有特殊情况需要延长的，经国务院工商行政管理部门批准，可以延长三个月。

【释义】　本条是关于对使用注册商标的违法行为处理，以及撤销成为其核定使用的商品的通用名称及无正当理由连续3年不使用的注册商标的规定。

1. 商标注册人在使用注册商标的过程中，在享有法律赋予权利的同时，还必须遵守有关商标使用管理的规定，不得自行改变注册商标、注册人的名义、地址或者其他注册事项。本法第二十四条规定，注册商标需要改变其标志的，应当重新提出注册申请。本法第四十一条规定，注册商标需要变更注册人的名义、地址或者其他注册事项的，应当提出变更申请。如果商标注册人不提出变更申请自行改变注册事项，既不利于商标主管机关及时掌握商标注册人的实际情况，也会影响商标权的有效性。有的情况下，企业在企业登记主管部门办理了企业名称、地址等变更手续,但不及时向商标主管机关申请变更商标注册人的名义或地址,一旦被他人假冒侵权,就很难受到法律保护。

商标注册人有上述违法使用注册商标行为的,首先由地方工商行政管理部门责令限期改正。商标注册人期满不改正的,由商标局撤销其注册商标。按照本法规定,当事人对商标局撤销注册商标的决定不服的,可以自收到通知之日起15日内向商标评审委员会申请复审;对商标评审委员会的复审决定不服的,还可以自收到通知之日起30日内向人民法院提起行政诉讼。

2. 这次修改商标法,增加了任何单位或者个人可以申请商标局撤销"成为其核定使用的商品的通用名称"的注册商标的规定。商品的通用名称是在某一范围内约定俗成,被特定行业普遍使用的某一类商品或者服务的名称,具有公用性,为某行业共同使用。商品的通用名称缺乏显著性,其作为商标起不到区分商品来源的作用。按照本法第九条的规定,申请注册的商标应当具有显著特征。在具有显著特征的商标获得注册后,出于商标所有人的广告宣传不当,其对商标管理不善、保护不力,或者出于其他竞争者或社会公众方面的原因,有可能导致该注册商标逐渐失去显著特征,成为该类商品的通用名称。如"热水瓶"、"尼龙"、"阿司匹林"等,都曾是商标,由于各种原因都转化成了商品的通用名称。注册商标成为其核定使用商品的通用名称,即丧失了显著特征,不再具备区分商品来源的功能。按照本条规定,对于这类注册商标,任何单位或者个人可以向商标局申请撤销。

注册商标没有正当理由连续3年不使用,不但该商标不会产生价值,发挥商标的功能和作用,而且还会影响到他人注册或使用该商标。这次修改商标法,对这类商标的处理作了修改:一是将该类商标由"商标局责令限期改正或者撤销",改为商标局依任何单位或者个人的申请予以撤销，商标局不再主动撤销该类商标。二是明确了申请撤销的商标限于“没有正当理由”而不使用的商标。即对于有正当理由而连续3年不使用的注册商标，不予撤销。如使用于药品的注册商标，因该药品上市审批等原因导致其连续3年不使用的，即应属于本条规定的“正当理由”。TRIPS协定第十九条中规定，如果注册的保持要求以商标付诸使用为条件，则除非商标所有者提出了此类使用存在障碍的充分理由，否则注册只有在商标至少连续3年以上未予使用的情况下方可取消。本条规定与TRIPS协定的规定是一致的。

任何单位或者个人向商标局申请撤销成为其核定使用的商品的通用名称或者没有正当理由连续3年不使用的注册商标的，商标局应当自收到撤销申请之日起9个月内做出决定；有特殊情况需要延长的，经国务院工商行政管理部门批准，可以延长3个月。即商标局最长应当自收到申请之日起12个月内做出是否撤销注册商标的决定。

第五十条　注册商标被撤销、被宣告无效或者期满不再续展的，自撤销、宣告无效或者注销之日起一年内，商标局对与该商标相同或者近似的商标注册申请，不予核准。

【释义】　本条是关于被撤销、被宣告无效或者被注销商标管理的规定。

根据本法的规定，对于自行改变注册商标、注册人名义、地址或者其他注册事项的，商标局可以依法撤销其注册商标；对于成为其核定使用的商品的通用名称或者没有正当理由连续3年不使用的注册商标，商标局可以依申请依法撤销该注册商标。对于已经注册的商标，违反本法有关规定或者是以欺骗手段或其他不正当手段取得注册的，商标局或者商标评审委员会可以依法宣告该注册商标无效。对于注册商标有效期满，宽展期已过仍未办理续展注册手续的注册商标，由商标局予以注销。

按照本条规定，注册商标被撤销、被宣告无效或者期满不再续展的，自撤销、宣告无效或者注销之日起1年内，商标局对与该商标相同或者近似的商标注册申请，不予核准。本条规定并不是仍要保护已被撤销、被宣告无效或注销的商标的权利，而主要是出于维护市场秩序和保护消费者的利益、防止消费者对商品来源产生混淆的考虑。当一些注册商标被撤销、被宣告无效或注销时，由于商品本身的周转期较长和商标声誉在消费者中的影响较大，商标专用权终止或被宣告自始无效时，并不等于该商标在市场上或者消费者中彻底消失，原商标注册人生产的使用该注册商标的商品并不能立即退出市场，在流通领域还会存在一定时期。因此，如果立刻核准其他人注册的与之相同或者近似的商标，就有可能使市场上同时出现带有相同或者近似的商标的商品，从而可能造成消费者的误认、误购。为了防止出现这种情况，维护消费者的利益，对这些已被撤销、被宣告无效或注销的商标，也要加强管理。

本条规定了1年的过渡期。在这个过渡期内，不核准他人提出的相同或者近似商标的注册申请。过渡期后，商标局可以核准该类商标注册申请。

第五十一条　违反本法第六条规定的，由地方工商行政管理部门责令限期申请注册，违法经营额五万元以上的，可以处违法经营额百分之二十以下的罚款，没有违法经营额或者违法经营额不足五万元的，可以处一万元以下的罚款。

【释义】　本条是关于强制注册商标管理的规定。

我国商标注册制度在总的原则上实行自愿注册，但对极少数商品又规定必须使用注册商标。本法第六条明确规定，法律、行政法规规定必须使用注册商标的商品，必须申请商标注册，未经核准注册的，不得在市场销售。目前，在我国必须使用商标的商品为烟草制品，对这类商品法律要求强制使用注册商标，有利于对商标注册人实行监督，有利于对特殊商品进行严格的管理。强制使用注册商标，本身就是要商标注册人对强制使用商标的商品负责。本条的规定是对第六条规定的补充，明确规定了违法者所应承担的法律责任。

按照本法第六条和本条的规定，对法律、行政法规规定必须使用注册商标的商品，不使用商标或者使用未注册商标的，由地方工商行政管理部门责令其在规定的期限内申请注册，并可以根据情节处以罚款：违法经营额 5 万元以上的，可以处违法经营额 20% 以下的罚款；没有违法经营额或者违法经营额不足 5 万元的，可以处 1 万元以下的罚款。

第五十二条　将未注册商标冒充注册商标使用的，或者使用未注册商标违反本法第十条规定的，由地方工商行政管理部门予以制止，限期改正，并可以予以通报，违法经营额五万元以上的，可以处违法经营额百分之二十以下的罚款，没有违法经营额或者违法经营额不足五万元的，可以处一万元以下的罚款。

【释义】　本条是关于未注册商标使用管理的规定。

未注册商标是指未经商标局核准注册而直接在商品上使用的商标。未注册商标使用的范围非常广泛，但是由于其未经注册，没有取得商标专用权。允许使用未注册商标，有利于发展社会生产力，对于一些生产尚不稳定、产品尚未定型的商品和地产地销的小商品，不强行要求注册，便于他们扬长避短，迅速取得经济效益。从保护注册商标专用权和维护消费者利益出发，国家商标管理部门需要对未注册商标的使用进行管理。

本条规定中的“将未注册商标冒充注册商标使用”，是指使用未注册商标而标称注册商标或者擅自在商品上标注“注册商标”或者注册标记的行为。根据本法第九条第二款的规定，商标注册人有权标明“注册商标”或者注册标记，以表明所使用的商标为注册商标，受法律的保护。未注册商标在使用时若标称为注册商标，就是对消费者进行欺骗，有损商标管理的秩序，因此是法律所禁止的行为。“使用未注册商标违反本法第十条规定”，即未注册商标使用商标禁用标志的行为，也是法律所禁止的行为。对上述违法行为，由工商行政管理部门予以制止，禁止其广告宣传，封存或者收缴其商标标识；责令其在规定的期限内改正违法行为；并可以予以通报或者根据情节处以罚款：违法经营额5万元以上的，可以处违法经营额20%以下的罚款，没有违法经营额或者违法经营额不足5万元的，可以处1万元以下的罚款。

第五十三条　违反本法第十四条第五款规定的，由地方工商行政管理部门责令改正，处十万元罚款。

【释义】　本条是关于违反本法规定使用“驰名商标”字样应承担的法律责任的规定。

实践中有部分消费者存在误解，认为驰名商标意味着商品质量较好、市场认可度较高、生产经营者信誉较好，倾向于购买带有驰名商标的商品。一些生产经营者利用这一点，不在生产经营上下工夫，而在其商品、商品包装或者容器上，或者在其广告宣传、展览以及其他商业活动中大肆宣传自己的商标是“驰名商标”，吸引消费者选购。这种做法既会助长驰名商标制度的立法本意在实践中被曲解，同时也往往会给消费者的利益带来损害。因此,本法第十四条第五款规定,生产、经营者不得将“驰名商标”字样用于商品、商品包装或者容器上,或者用于广告宣传、展览以及其他商业活动中。对于违反这一规定的生产、经营者,由地方工商行政管理部门责令改正,同时还应当对其处以10万元的罚款。

第五十四条　对商标局撤销或者不予撤销注册商标的决定,当事人不服的,可以自收到通知之日起十五日内向商标评审委员会申请复审。商标评审委员会应当自收到申请之日起九个月内做出决定,并书面通知当事人。有特殊情况需要延长的,经国务院工商行政管理部门批准,可以延长三个月。当事人对商标评审委员会的决定不服的,可以自收到通知之日起三十日内向人民法院起诉。

【释义】　本条是关于撤销或者不予撤销注册商标决定的复审和司法审查的规定。

按照本法第四十九条的规定,商标局可以依法撤销商标注册人自行改变注册事项的注册商标;任何单位或者个人可以依法向商标局申请撤销成为其核定使用商品的通用名称的注册商标,以及没有正当理由连续3年不使用的注册商标。按照本条规定,当事人对商标局做出的撤销或者不予撤销注册商标的决定不服的,可以自收到决定通知之日起15日内,将复审申请书交送商标评审委员会申请复审。商标评审委员会根据申请复审的理由,依据本法的规定进行审查,做出复审决定,并用书面方式通知申请人,结束复审程序。这次修改商标法增加了关于商标评审委员会对是否撤销注册商标决定的复审审查时限的规定:商标评审委员会应当自收到申请之日起9个月内做出复审决定,有特殊情况需要延长复审时限并经国务院工商行政管理部门批准,可以延长3个月,即商标评审委员会最长应当自收到申请之日起12个月内做出复审决定。

本条还规定了对撤销或者不予撤销注册商标决定的司法审查制度,即由司法机关最终决定商标专用权是否应当被撤销。根据TRIPS协定第六十二条的规定,有关获得和维持知识产权的程序中做出的终局行政决定,均应接受司法或者准司法当局的审查。按照本条规定,当事人对商标评审委员会的复审决定不服的,可以自收到通知之日起30日内向人民法院提起行政诉讼。这有利于当事人通过严格的司法程序充分地主张自己的权利,获得足够的司法救济,从而有效地保障当事人的合法权利,确保商标确权的公正性。

第五十五条 法定期限届满,当事人对商标局做出的撤销注册商标的决定不申请复审或者对商标评审委员会做出的复审决定不向人民法院起诉的,撤销注册商标的决定、复审决定生效。

被撤销的注册商标,由商标局予以公告,该注册商标专用权自公告之日起终止。

【释义】 本条是关于商标局、商标评审委员会有关撤销注册商标的决定的生效,以及注册商标被撤销法律效力的规定。

根据本法规定,对于商标局撤销注册商标的决定,当事人应当在15日内向商标评审委员会申请复审;对于商标评审委员会做出的复审决定,当事人应当在30日内向人民法院起诉。这里的"十五日"和"三十日"就是本条规定的"法定期限"。按照本条第一款的规定,当事人在法定期限内对商标局做出的决定不申请复审,该决定即生效;当事人在法定期限内对商标评审委员会的复审决定不向人民法院起诉的,该复审决定生效。超过法定期限，当事人即丧失了复审权、起诉权。如果当事人在法定期限内就商标局撤销注册商标的决定申请复审，或者就商标评审委员会的复审决定向人民法院起诉的，商标局的决定、商标评审委员会的复审决定则不产生效力。

这次修改商标法，对宣告注册商标无效和撤销注册商标两种情形进行了区分：对于被撤销的注册商标，法律后果为该注册商标专用权自公告之日起终止；而对于违反有关商标注册规定的注册商标，法律后果为该注册商标专用权视为自始即不存在。本条第二款规定，被撤销的注册商标，由商标局予以公告，该注册商标专用权自公告之日起终止。这一规定明确了注册商标被撤销的法律后果，即该注册商标专用权自公告之日起终止。

第七章　注册商标专用权的保护

第五十六条　注册商标的专用权，以核准注册的商标和核定使用的商品为限。

【释义】　本条是关于注册商标专用权保护范围的规定。

注册商标的专用权，是指商标注册人在核定使用的商品上专有使用核准注册的商标的权利，它是一种法定的权利。本法第三条就明确规定，经商标局核准注册的商标为注册商标，商标注册人享有商标专用权，受法律保护。本条的规定正是对总则第三条规定具体化的一个方面。它包括以下两层含义：一是注册商标的使用权只在特定的范围即核定使用的商品与核准注册的商标范围内有效；二是在该特定范围内商标注册人对其注册商标的使用是一种专有使用。换句话说，对注册商标的保护，仅限于核准注册的商标和核定使用的商品范围之内，不得任意改变或者扩大保护范围。

所谓"核准注册的商标"，是指登载在商标注册簿上的商标，即由商标局注册在案的组成商标的文字、图形、字母、数字、三维标志、颜色组合和声音等，以及上述要素的组合。所谓"核定使用的商品"，是指注册时核准使用的指定商品类别中的具体商品。核准注册的商标和核定使用的商品是确定注册商标专用权保护范围的两个具体标准，它们是相互依存、不可分割的统一整体。两个因素必须结合起来，不存在没有确定商品的商标专用权。只有在两个因素同时具备的情况下，商标注册人才享有商标专用权,受到法律保护,任何人都不得侵犯。

设定注册商标的保护范围,既有利于充分保护商标注册人正确有效地行使自己的商标专用权,又可以避免不适当地扩大注册商标专用权的保护范围,使商标注册人将其商标专用权限制在注册商标范围内,为区别和判断是否构成商标侵权提供了明确界限,也为当事人预防侵权,工商行政管理部门以及司法机关制止和制裁商标侵权行为提供了法律准则。为了防止商标使用行为超出法律设定的范围,本法还规定了商标的另行申请和重新申请制度。本法第二十三条规定,注册商标需要在核定使用范围之外的商品上取得商标专用权的,应当另行提出注册申请;本法第二十四条规定,注册商标需要改变其标志的,应当重新提出注册申请。因此,如果商标注册人自行扩大其注册商标使用商品的范围,则其在扩大使用的商品上不但不享有注册商标专用权,而且使用注册标记将构成冒充注册商标的行为。如果商标注册人自行改变其注册商标的标志,则不但改变后的标志不能作为注册商标使用;而且根据本法第四十九条的规定,自行改变注册商标的,由地方工商行政管理部门责令限期改正,期满不改正的,由商标局撤销其注册商标。

总之,注册商标专用权的保护范围既是商标注册人行使权利的根据,也是对商标专用权进行保护的界限。

第五十七条　有下列行为之一的,均属侵犯注册商标专用权:

(一)未经商标注册人的许可,在同一种商品上使用与其注册商标相同的商标的;

(二)未经商标注册人的许可,在同一种商品上使用与其注册商标近似的商标,或者在类似商品上使用与其注册商标相同

或者近似的商标，容易导致混淆的；

（三）销售侵犯注册商标专用权的商品的；

（四）伪造、擅自制造他人注册商标标识或者销售伪造、擅自制造的注册商标标识的；

（五）未经商标注册人同意，更换其注册商标并将该更换商标的商品又投入市场的；

（六）故意为侵犯他人商标专用权行为提供便利条件，帮助他人实施侵犯商标专用权行为的；

（七）给他人的注册商标专用权造成其他损害的。

【释义】 本条是关于侵犯注册商标专用权行为的规定。

侵犯注册商标专用权行为又称商标侵权行为，是指一切损害他人注册商标权益的行为。判断一个行为是否构成侵犯注册商标专用权，主要看它是否具备四个要件：一是损害事实的客观存在；二是行为的违法性；三是损害事实是违法行为造成的；四是行为的故意或过失。上述四个要件同时具备时，即构成商标侵权行为。本条规定的侵犯注册商标专用权行为主要有以下几类：

一、未经商标注册人的许可，在同一种商品上使用与其注册商标相同的商标的行为

这里所称的“同一种商品”，是指与注册商标核定使用的商品相同的商品；“相同的商标”，是指在视觉上无差别或差别甚为细微的商标。这是最为明显也是实践中遇到最多的一种商标侵权行为。实施此种行为，无论是出于故意还是过失，都会造成商品出处的混淆，使消费者发生误认、误购，从而损害商标注册人的合法权益和消费者的利益，因此是一种典型的商标侵权行为。商标注册人有权阻止这种非法使用，法律也必须对这种侵犯注册商标专用权的行为明令禁止，并依法追究违法者的法律

责任。

二、未经商标注册人的许可，在同一种商品上使用与其注册商标近似的商标，或者在类似商品上使用与其注册商标相同或者近似的商标，容易导致混淆的行为

此类商标侵权行为的具体表现形式包括以下三种情况：一是在同一种商品上使用与他人的注册商标近似的商标；二是在类似商品上使用与他人的注册商标相同的商标；三是在类似商品上使用与他人的注册商标近似的商标。无论上述哪种形式都必须以是否“容易导致混淆”作为判断是否构成商标侵权的依据。也就是说，未经商标注册人的许可，在同一种商品上使用与其注册商标近似的商标，或者在类似商品上使用与其注册商标相同或者近似的商标时，除非存在混淆的可能性，否则不应当认定构成商标侵权。这里所称的“类似商品”，是指在商品的功能、用途、原料、销售渠道、消费对象、生产经营者等方面具有大致相像的特征，易使消费者难以辨别其来源而产生误认、误购现象的商品；“近似的商标”，是指对商标进行整体比较，不易辨别，使消费者产生混同的商标。容易导致混淆是建立在事实认定基础上的价值判断，应当在具体案件中综合认定。通常情况下，以具有一般谨慎程度的消费者，用普通注意力观察时，易于对商品或服务的来源或者相关信息产生混淆或者误认的可能性作为判断标准。商标的识别功能是体现商标核心价值的本质属性，而混淆则是对商标识别功能的实质破坏。这是我国首次在商标法中明确将混淆理论作为判断商标侵权的标准。

三、销售侵犯注册商标专用权的商品的行为

这属于商品流通环节中的一种商标侵权行为。通常侵犯注册商标专用权的商品，除由生产者自行销售外，往往还要通过其他人的销售活动才能到达消费者手中。像这样的商品销售者，

与侵犯注册商标专用权的商品的生产者一样,都起到了混淆商品来源、侵犯注册商标专用权、损害消费者利益的作用。因此,这种销售行为也应当被认定为是一种侵犯注册商标专用权的行为,同样要按商标侵权行为处理,行为人应当承担相应的法律责任。需要注意的是,侵犯注册商标专用权商品的生产者主观上一般都是出于故意,但侵犯注册商标专用权商品的销售者主观上则可能是出于故意,也可能不是出于故意。在规定商标侵权行为的赔偿责任时,本法对销售者主观上“不知道”的情形作了例外规定,即在第六十四条第二款中规定,销售不知道是侵犯注册商标专用权的商品,能证明该商品是自己合法取得并说明提供者的,不承担赔偿责任。

四、伪造、擅自制造他人注册商标标识或者销售伪造、擅自制造的注册商标标识的行为

所谓“伪造”,是指未经商标注册人许可而仿照他人注册商标的图样及物质实体制造出与该注册商标标识相同的商标标识。所谓“擅自制造”,主要是指未经商标注册人许可在商标印制合同规定的印数之外,又私自加印商标标识的行为。伪造与擅自制造有一个共同的特点,即都是未经商标注册人许可的行为;区别在于前者的商标标识本身就是假的,而后者的商标标识本身是真的。值得一提的是,商标作为区别商品来源的标志,它的有形载体是商标标识,商标是通过商标标识发挥识别商品的作用。商标标识包括带有商标的包装物、标签、封签、说明书、合格证等物品。正是由于商标标识是体现商标专用权的一种载体,所以伪造、擅自制造他人注册商标标识或者销售这些商标标识的行为是商标侵权行为。销售伪造、擅自制造的注册商标标识的行为,则是指以这两种商标标识为标的进行买卖,既包括批发也包括零售,既包括内部销售也包括在市场上销售。伪造、擅

自制造他人注册商标标识的行为，目的在于以之用于自己的或供他人用于其生产或者销售的同一种商品或者类似商品上，以便以假充真、以次充好，误导消费者；而销售伪造、擅自制造的注册商标标识的行为，其目的是为了直接获取非法利益。由于这两类行为扰乱了市场经济秩序，侵犯了商标注册人的商标专用权，损害了消费者的利益，后果严重，危害极大，因此必须采取措施给予有力打击，依法追究违法者的法律责任。

五、未经商标注册人同意，更换其注册商标并将该更换商标的商品又投入市场的行为

国外有的立法例将这种行为称为商标的“反向假冒”而加以禁止和制裁。所谓商标的“反向假冒”，是指在经营活动中，未经商标专用权人许可，擅自更换其注册商标并将该更换商标的商品又投入市场的行为。在各国的实践中，商标的反向假冒由来已久。在我国的社会主义市场经济初期阶段，也出现了不少未经商标注册人同意，擅自将其在商品上合法贴附的注册商标去除，换上自己或者第三人的商标后投入市场销售的行为。反向假冒行为不仅侵犯了商标权人享有的注册商标使用权，非法掩盖了商品的真实来源；而且侵犯了消费者的知情权，使消费者对商品来源，对生产者、提供者产生误认，对注册商标有效地发挥其功能和商标注册人的商品声誉造成了妨碍，甚至引起商品流通秩序的混乱。因此，应当被认定为是一种侵犯注册商标专用权的行为。

六、故意为侵犯他人商标专用权行为提供便利条件，帮助他人实施侵犯商标专用权行为的行为

这是为了扩大保护注册商标专用权，更好地维护商标注册人的合法权益，本次商标法修改新增加的一项内容。这是一种帮助他人实施商标侵权的辅助侵权行为。辅助侵权行为的归责

原则应该适用过错责任原则，其构成侵权必须同时具备两个条件：一是主观上须为故意，如果行为人对自己的行为具有辅助侵权的性质没有认识或者没有认识的可能性，就不应承担相应的责任；二是客观上须为侵犯他人商标专用权行为提供了便利条件，帮助他人实施侵犯商标专用权行为。例如，故意为侵犯他人注册商标专用权行为提供仓储、运输、邮寄、隐匿等便利条件的行为。由于此类故意为侵犯他人商标专用权行为提供便利条件，帮助他人实施侵犯商标专用权行为的行为客观上导致或者加重了商标侵权的后果，因此必须追究辅助侵权者的连带责任。

七、给他人的注册商标专用权造成其他损害的行为

这是一项兜底性规定，概括上述六项不能包含的其他商标侵权行为。由于现实生活中新事物不断出现，商标侵权形式复杂多样，为维护相关公众利益，促进社会主义市场经济的健康发展，有必要将未列举的、给他人的注册商标专用权造成其他损害的行为认定为商标侵权行为，违法者应当依法承担相应的法律责任。

第五十八条　将他人注册商标、未注册的驰名商标作为企业名称中的字号使用，误导公众，构成不正当竞争行为的，依照《中华人民共和国反不正当竞争法》处理。

【释义】　本条是关于禁止将他人注册商标、未注册的驰名商标用作企业字号的规定。

本条是这次修改商标法新增加的条款，主要是为了通过反不正当竞争法来解决企业字号与商标的权利冲突问题。

企业名称是区别不同市场主体的标志，它由行政区划、字号、行业（或经营特点）和组织形式构成，其中的字号是企业名称的核心部分，是区别不同企业的主要标志。尽管商标和企业

字号在性质上并不相同，但二者同属于商业标志的范畴，均在一定程度上起到区别商品和服务来源的作用。实践中，有的人“搭便车”、“傍名牌”，借助他人商标的影响力开展自己的经营活动，将他人的注册商标、未注册的驰名商标用作企业字号，误导公众。这类行为本质上属于不正当竞争行为，为与反不正当竞争法相衔接，本条专门作出规定，将他人注册商标、未注册的驰名商标作为企业名称中的字号使用，误导公众，构成不正当竞争行为的，依照反不正当竞争法处理。

第五十九条　注册商标中含有的本商品的通用名称、图形、型号，或者直接表示商品的质量、主要原料、功能、用途、重量、数量及其他特点，或者含有的地名，注册商标专用权人无权禁止他人正当使用。

三维标志注册商标中含有的商品自身的性质产生的形状、为获得技术效果而需有的商品形状或者使商品具有实质性价值的形状，注册商标专用权人无权禁止他人正当使用。

商标注册人申请商标注册前，他人已经在同一种商品或者类似商品上先于商标注册人使用与注册商标相同或者近似并有一定影响的商标的，注册商标专用权人无权禁止该使用人在原使用范围内继续使用该商标，但可以要求其附加适当区别标识。

【释义】　本条是关于注册商标专用权行使限制的规定。

一、对注册商标要素的正当使用

我国商标法遵循注册原则，注册商标享有商标专用权。然而，这一专用权并不是绝对的，在一些情况下，他人可以对注册商标中的一些要素进行正当使用。所谓正当使用，是指经营者为了说明自己所提供的商品或服务，便于消费者辨认，可以对他人注册商标中所包含的信息依法不经注册商标权人许可而使用。商标要素的正当使用本质上并非是对他人注册商标的使用,而是对他人商标中所包含的公共领域中的描述性信息的使用。商标要素的正当使用不构成商标侵权,可以作为对商标侵权的抗辩事由提出。在国际经验中,许多国家的商标立法中均有关于商标要素正当使用制度的规定。同时,世界贸易组织《与贸易有关的知识产权协定》第十七条规定,各成员方可对商标所赋予的权利作些有限的例外规定,诸如公正使用说明性术语,条件是此种例外要考虑到商标所有者和第三方的合法利益。

根据本条规定,下列法定情形构成对商标要素的正当使用,注册商标专用权人无权禁止:(1)注册商标中含有的本商品的通用名称、图形、型号,或者直接表示商品的质量、主要原料、功能、用途、重量、数量及其他特点,或者含有的地名,注册商标专用权人无权禁止他人正当使用。(2)三维标志注册商标中含有的商品自身的性质产生的形状、为获得技术效果而需有的商品形状或者使商品具有实质性价值的形状,注册商标专用权人无权禁止他人正当使用。

二、在先商标的继续使用

本条第三款是本次修改商标法时为了平衡商标在先使用人和注册商标专用权人之间的利益而新增加的内容,主要目的是保护那些已经在市场上具有一定影响但未注册的商标所有人的权益。本法第三十二条对恶意抢注他人在先使用并有一定影响的商标作了禁止性规定,即申请商标注册不得以不正当手段抢先注册他人已经使用并有一定影响的商标。而依据本条第三款规定,在先善意地在同一种或类似商品或服务上使用与他人注册商标相同或相近似并有一定影响的商标,在先使用人有权在原有的范围内继续使用该商标,而不应被认定为侵犯他人注册商标专用权。

不过，由于我国是以商标注册制度为主，虽然法律上有必要给予在先使用的未注册商标一定的保护，但保护水准不宜过高，以免冲击到注册制这一商标管理中的基本制度。因此，本条第三款还对受保护的在先使用的未注册商标规定了一定的限制条件：首先，在先使用的未注册商标必须是具有一定市场影响的商标；其次，在先使用的未注册商标只能在原使用范围内继续使用；最后，注册商标专用权人可以要求在先使用的未注册商标附加适当区别标识，以免发生混淆，造成消费者误认。

第六十条　有本法第五十七条所列侵犯注册商标专用权行为之一，引起纠纷的，由当事人协商解决；不愿协商或者协商不成的，商标注册人或者利害关系人可以向人民法院起诉，也可以请求工商行政管理部门处理。

工商行政管理部门处理时，认定侵权行为成立的，责令立即停止侵权行为，没收、销毁侵权商品和主要用于制造侵权商品、伪造注册商标标识的工具，违法经营额五万元以上的，可以处违法经营额五倍以下的罚款，没有违法经营额或者违法经营额不足五万元的，可以处二十五万元以下的罚款。对五年内实施两次以上商标侵权行为或者有其他严重情节的，应当从重处罚。销售不知道是侵犯注册商标专用权的商品，能证明该商品是自己合法取得并说明提供者的，由工商行政管理部门责令停止销售。

对侵犯商标专用权的赔偿数额的争议，当事人可以请求进行处理的工商行政管理部门调解，也可以依照《中华人民共和国民事诉讼法》向人民法院起诉。经工商行政管理部门调解，当事人未达成协议或者调解书生效后不履行的，当事人可以依照《中华人民共和国民事诉讼法》向人民法院起诉。

【释义】 本条是关于侵犯注册商标专用权行为处理的规定。

商标侵权行为是市场活动中一种常见的违法行为。它不仅使商标权利人的利益受到巨大损失,损害了消费者的利益,而且会扰乱正常的社会经济秩序,阻碍先进生产力的发展,因此具有严重的社会危害性,必须不断加大查处力度,依法给予必要的制裁。

按照本条的规定,对有本法第五十七条所列侵犯注册商标专用权行为之一,引起纠纷的,可以分别采取以下方式解决:由当事人协商解决;不愿协商或者协商不成的,商标注册人或者利害关系人可以向人民法院起诉,也可以请求工商行政管理部门处理。其中"由当事人协商解决"作为首选的解决方式,主要是为愿意自行协商解决的当事人提供了一种合法途径,可以起到减少诉争、提高处理纠纷效率的目的。对于不愿协商或者协商不成的,商标注册人或者利害关系人可以直接向人民法院提起民事诉讼,也可以请求侵权人所在地或者侵权行为地的县级以上工商行政管理部门进行处理。这是我国特有的处理商标侵权行为的"双轨制",即司法与行政两条途径均可以处理商标侵权行为。上述规定有利于当事人依照自己的意愿选择处理商标侵权纠纷的手段和机关,从而使商标法制更加完善。

本条同时规定,工商行政管理部门处理时,认定侵权行为成立的,责令立即停止侵权行为,没收、销毁侵权商品和主要用于制造侵权商品、伪造注册商标标识的工具,违法经营额5万元以上的,可以处违法经营额5倍以下的罚款,没有违法经营额或者违法经营额不足5万元的,可以处25万元以下的罚款。对5年内实施两次以上商标侵权行为或者有其他严重情节的,应当从重处罚。世界贸易组织《与贸易有关的知识产权协定》第四十六条规定:“为了对侵权活动造成有效的威慑,司法当局有权在不进行任何补偿的情况下,将已经发现正处于侵权状态的商品排除出商业渠道、予以销毁。司法当局还有权令在侵权物品生产中主要使用的材料和工具以减少进一步侵权危险的方式不作任何补偿地在商业渠道以外予以处置。”据此,这次修改商标法对原法进行了补充完善,加大了对商标侵权行为的处罚力度,重新规定工商行政管理部门在处理商标侵权行为时,有权没收、销毁侵权商品和“主要”用于制造侵权商品、伪造注册商标标识的工具,而不限于原法中的“专门”工具。本条规定的罚款数额有一定幅度,具体数额由工商行政管理部门根据违法行为的性质、造成后果的严重程度等情况来确定。

此外,根据本法第五十七条第三项的规定,销售侵犯注册商标专用权的商品的,无论侵权人是否具有主观上的故意,都属于侵犯注册商标专用权的行为。如果行为人明知或者应当知道其所销售的商品为侵犯注册商标专用权的商品仍进行销售的,应当按照本条规定的关于商标侵权行为的一般罚则处理;如果行为人不具有主观上的故意,即不知道该商品为侵权商品,并且能证明该商品是自己合法取得并说明提供者的,则只由工商行政管理部门责令停止销售,不再给予其他行政处罚。

最后,本条还对诉讼程序和执行程序等作出了明确规定,即对于侵犯商标专用权的赔偿数额的争议,当事人可以请求进行处理的工商行政管理部门调解,也可以依照民事诉讼法向人民法院起诉。经工商行政管理部门调解,当事人未达成协议或者调解书生效后不履行的,当事人可以依照民事诉讼法向人民法院起诉。

第六十一条 对侵犯注册商标专用权的行为，工商行政管理部门有权依法查处；涉嫌犯罪的，应当及时移送司法机关依法处理。

【释义】 本条是关于侵犯注册商标专用权行为的查处机关和司法移送的规定。

工商行政管理部门作为商标管理工作的行政主管部门，依法查处侵犯注册商标专用权的行为，是法律赋予其的一项重要职权。工商行政管理部门应当依法履行这项法定职责，这一点需要在法律中进一步加以明确。同时，工商行政管理部门在查处侵犯注册商标专用权的违法案件时，往往会接触到一些可能构成犯罪的商标侵权案件。为防止出现行政机关以罚代刑和刑事案件难以处理的情况，也需要强调对涉嫌犯罪的侵犯注册商标专用权行为，工商行政管理部门应当及时移送司法机关依法处理，以利于打击侵犯注册商标专用权的犯罪行为。

对侵犯注册商标专用权的行为，工商行政管理部门有权依法查处。具体来讲，工商行政管理部门既可以根据商标注册人或者利害关系人的请求，对侵犯商标专用权的纠纷依法进行处理，也可以根据其职权对侵犯注册商标专用权的行为依法进行查处。工商行政管理部门依职权查处侵犯注册商标专用权的行为时，认定侵权行为成立的，应当责令侵权人立即停止侵权行为，没收、销毁侵权商品和主要用于制造侵权商品、伪造注册商标标识的工具，并可以对侵权人处以罚款。

工商行政管理部门在查处侵犯注册商标专用权行为时，对涉嫌犯罪的，应当及时移送司法机关依法处理。根据行政处罚法的相关规定，违法行为构成犯罪的，行政机关必须将案件移送司法机关，依法追究刑事责任，不得以行政处罚代替刑事处罚。工商行政管理部门作为行政机关，其查处侵犯注册商标专用权案件的行为,是一种行政执法行为,如果在查处侵犯注册商标专用权的案件的过程中,工商行政管理部门发现该案件涉嫌犯罪,超出其职权范围,则应当及时移送司法机关依法处理,不得以罚代刑。本条所说的"涉嫌犯罪",是指根据已有证据,能够认定侵犯注册商标专用权的行为已达到刑法规定的犯罪构成要件。工商行政管理部门必须依法行政,如果对应当向司法机关移送的涉嫌犯罪案件不及时移送,或者以行政处罚代替移送的,依法要承担相应的法律责任。

第六十二条　县级以上工商行政管理部门根据已经取得的违法嫌疑证据或者举报,对涉嫌侵犯他人注册商标专用权的行为进行查处时,可以行使下列职权:

(一)询问有关当事人,调查与侵犯他人注册商标专用权有关的情况;

(二)查阅、复制当事人与侵权活动有关的合同、发票、账簿以及其他有关资料;

(三)对当事人涉嫌从事侵犯他人注册商标专用权活动的场所实施现场检查;

(四)检查与侵权活动有关的物品;对有证据证明是侵犯他人注册商标专用权的物品,可以查封或者扣押。

工商行政管理部门依法行使前款规定的职权时,当事人应当予以协助、配合,不得拒绝、阻挠。

在查处商标侵权案件过程中,对商标权属存在争议或者权利人同时向人民法院提起商标侵权诉讼的,工商行政管理部门可以中止案件的查处。中止原因消除后,应当恢复或者终结案件查处程序。

【释义】　本条是关于县级以上工商行政管理部门查处侵

犯注册商标专用权行为可以行使的职权以及查处中止程序的规定。

（一）县级以上工商行政管理部门行使本条规定的职权，应当符合下列条件：一是已经取得违法嫌疑的证据，或者是接到有关侵犯注册商标专用权行为的举报。违法嫌疑证据，是指基本能够证明行为人实施了侵犯他人注册商标专用权行为的客观存在的事实，包括书证、物证、视听资料、证人证言、当事人的陈述、鉴定意见、勘验笔录以及其他具有法律效力的证据。二是这些权力只能由县级以上工商行政管理部门来行使，不能由工商行政管理部门的内设机构商标局及商标评审委员会行使。

（二）县级以上工商行政管理部门查处侵犯他人注册商标专用权行为时可以行使的职权包括以下几项：

1. 询问调查权。即询问有关当事人，调查与侵犯他人注册商标专用权有关的情况。县级以上工商行政管理部门查处侵犯注册商标专用权的行为，可以到有关当事人的住所、工作场所、生产经营场所对该当事人进行询问，或者责令有关当事人到指定场所接受询问，要求当事人将其知道的事实如实向工商行政管理部门提供，以调查与侵犯注册商标专用权行为有关的情况。询问应当制作询问笔录，并由询问人和被询问人签名或者盖章。询问不限于直接从事侵犯他人注册商标专用权活动的人员，也包括与侵权行为有关的其他人。询问当事人不得限制或者变相限制被询问人的人身自由。

2. 查阅、复制权。即查阅、复制当事人与侵权活动有关的合同、发票、账簿以及其他有关资料。合同、发票、账簿及其他有关资料，是记录经济活动的证据。通过查阅、复制这些资料，可以掌握当事人是否实施了侵犯注册商标专用权的行为，其行为的性质、情节轻重、危害后果如何，从而能够为工商行政管理部门做出处罚决定提供依据。因此,本条赋予县级以上工商行政管理部门查阅、复制当事人与侵权活动有关的合同、发票、账簿以及其他有关资料的权力。

3. 现场检查权。即对当事人涉嫌从事侵犯他人注册商标专用权活动的场所实施现场检查。当事人涉嫌从事侵权活动的场所,包括涉嫌从事侵权行为的生产加工场所、经营场所,商标标识的印制、销售场所,商品及商标标识存放场所等。县级以上工商行政管理部门可以派人进入上述场所并进行检查,以查明事实,掌握证据。对于与当事人的侵权行为无关的住所及其他场所,不得实施现场检查。

4. 物品检查权及查封、扣押权。即检查与侵权活动有关的物品;对有证据证明是侵犯他人注册商标专用权的物品,可以查封或者扣押。检查与侵权活动有关的物品,是指对与侵权活动有关的产品及其包装、商标标识进行检查,必要时,可以对该物品进行检验,以查明该物品是否为侵犯注册商标专用权的物品。所谓查封,是指县级以上工商行政管理部门采取张贴封条或者其他必要措施,将侵权物品就地予以封存;未经许可,任何单位或者个人不得启封、转移或者动用。所谓扣押,是指县级以上工商行政管理部门将侵权物品移至他处予以扣留封存。这里需要指出的是,采取查封、扣押措施对当事人的影响很大,县级以上工商行政管理部门在决定采取这一措施时一定要慎重,必须在有证据证明是侵犯他人注册商标专用权的物品的情况下,才能采取这一措施,不能凭主观猜测或者仅凭他人举报就采取这一措施。在采取查封、扣押措施后,县级以上工商行政管理部门应当及时进行检验或者鉴定,根据检验、鉴定结果及时作出进一步的处理。发现采取查封、扣押措施不当的,应当立即解除查封、扣押措施。查封、扣押的程序应当依照行政强制法的有关规定执行。

（三）工商行政管理部门依法行使本条规定的职权时，当事人应当予以协助、配合，不得拒绝、阻挠。工商行政管理部门依法行使职权受法律保护，有关当事人应当予以协助、配合，接受询问调查，如实提供有关情况和资料，配合工商行政管理部门检查有关场所和物品以及查阅、复制有关资料，不得以任何理由拒绝，甚至以暴力、威胁或者其他手段阻挠工商行政管理部门依法行使职权。根据治安管理处罚法的规定，阻碍国家机关工作人员依法执行职务的，处警告或者 200 元以下罚款；情节严重的，处 5 日以上 10 日以下拘留，可以并处 500 元以下罚款。

（四）为了维护商标权的稳定以及更好地和司法程序相衔接，本条用第三款增加规定，在查处商标侵权案件过程中，对商标权属存在争议或者权利人同时向人民法院提起商标侵权诉讼的，工商行政管理部门可以中止案件的查处。中止原因消除后，应当恢复或者终结案件查处程序。

第六十三条　侵犯商标专用权的赔偿数额，按照权利人因被侵权所受到的实际损失确定；实际损失难以确定的，可以按照侵权人因侵权所获得的利益确定；权利人的损失或者侵权人获得的利益难以确定的，参照该商标许可使用费的倍数合理确定。对恶意侵犯商标专用权，情节严重的，可以在按照上述方法确定数额的一倍以上三倍以下确定赔偿数额。赔偿数额应当包括权利人为制止侵权行为所支付的合理开支。

人民法院为确定赔偿数额，在权利人已经尽力举证，而与侵权行为相关的账簿、资料主要由侵权人掌握的情况下，可以责令侵权人提供与侵权行为相关的账簿、资料；侵权人不提供或者提供虚假的账簿、资料的，人民法院可以参考权利人的主张和提供

的证据判定赔偿数额。

权利人因被侵权所受到的实际损失、侵权人因侵权所获得的利益、注册商标许可使用费难以确定的，由人民法院根据侵权行为的情节判决给予三百万元以下的赔偿。

【释义】 本条是关于侵犯商标专用权的赔偿数额如何确定的规定。

（一）根据原商标法第五十六条的规定，侵犯商标专用权的赔偿数额为侵权人在侵权期间因侵权所获得的利益或者被侵权人在被侵权期间因被侵权所受到的损失，包括被侵权人为制止侵权行为所支付的合理开支。本次修改商标法时对侵犯商标专用权的赔偿数额的确定方式及顺序作了重新规定。确定侵犯商标专用权的赔偿数额按法定顺序有以下几种方式：

1. 按照权利人因被侵权所受到的实际损失来确定。简单地说，因侵权人的侵权商品在市场上销售，使商标专用权人的商品销售量下降，其销量减少的总数乘以每件商品的利润所得之积，即为被侵权人因被侵权所受到的实际损失。

2. 实际损失难以确定的，可以按照侵权人因侵权所获得的利益确定。侵权人在侵权期间从每件侵权商品获得的利润，乘以在市场上销售的商品数额，所得之积，为侵权人在侵权期间所得利润，即侵权人在侵权期间因侵权所获得的利益。

3. 权利人的损失或者侵权人获得的利益难以确定的，参照该商标许可使用费的倍数合理确定。

4. 同时，这次修改商标法还引入了惩罚性赔偿制度，规定对恶意侵犯商标专用权情节严重的，可以在权利人因侵权受到的损失、侵权人因侵权获得的利益或者商标使用许可费的 1 倍到 3 倍的范围内确定赔偿数额。

5. 赔偿数额应当包括权利人为制止侵权行为所支付的合理

开支。这里所说的合理开支，包括权利人所支付的用于制止侵权行为的交通费、调查费、鉴定费、适当的律师费及其他合理费用。

（二）为了减轻商标专用权人的举证责任，本条新增加了第二款有关文书提供令的规定，即人民法院为确定赔偿数额，在权利人已经尽力举证，而与侵权行为相关的账簿、资料主要由侵权人掌握的情况下，可以责令侵权人提供与侵权行为相关的账簿、资料；侵权人不提供或者提供虚假的账簿、资料的，人民法院可以参考权利人的主张和提供的证据判定赔偿数额。这一规定在一定程度上减轻了权利人的举证责任，有利于解决商标侵权案件中权利人索赔依据不充分的问题。

（三）此外，实践中，有很多侵犯商标专用权的案件，难以取得充分的证据以确定被侵权人所受到的实际损失、侵权人因侵权所获得的利益或者注册商标许可使用费。在这种情况下，人民法院可以根据侵权行为的情节判决给予被侵权人法定的侵权赔偿。这里所说的“侵权行为的情节”，包括侵权人的主观过错程度、使用的侵权手段和方式、侵权行为持续的时间、给权利人造成损害的程度等。为了有效保护商标专用权人的合法权益，加大对商标侵权行为的打击力度，这次修改商标法提高了法定赔偿额的上限，即将法定的侵权赔偿额的上限由原来的 50 万元提高到 300 万元。

第六十四条　注册商标专用权人请求赔偿，被控侵权人以注册商标专用权人未使用注册商标提出抗辩的，人民法院可以要求注册商标专用权人提供此前三年内实际使用该注册商标的证据。注册商标专用权人不能证明此前三年内实际使用过该注册商标，也不能证明因侵权行为受到其他损失的，被控侵权人不

承担赔偿责任。

销售不知道是侵犯注册商标专用权的商品，能证明该商品是自己合法取得并说明提供者的，不承担赔偿责任。

【释义】 本条是关于注册商标专用权的被控侵权人不承担赔偿责任情形的规定。

一、注册商标3年未使用的，被控侵权人不承担赔偿责任

商标只有通过持续不断的使用，才能实现其识别商品或服务来源的基本功能。为了鼓励商标使用，本法从正反两方面作了规定，一方面在第四十九条规定，注册商标没有正当理由连续3年不使用的，任何单位或者个人可以向商标局申请撤销该注册商标；另一方面在本条规定，注册商标3年未使用，并且注册商标专用权人不能证明其受到其他损失的，免除被控侵权人的赔偿责任。本条第一款明确规定，注册商标专用权人请求赔偿，被控侵权人以注册商标专用权人未使用注册商标提出抗辩的，人民法院可以要求注册商标专用权人提供此前3年内实际使用该注册商标的证据。注册商标专用权人不能证明此前3年内实际使用过该注册商标，也不能证明因侵权行为受到其他损失的，被控侵权人不承担赔偿责任。

二、善意销售者不承担赔偿责任

在现实经济生活中，有的商品销售者通过合法渠道获得某商品，由于自身不具有相关专业知识，不知道该商品为侵犯注册商标专用权的商品，而在市场销售。在这种情况下，要求销售者承担赔偿责任，不符合民法保护善意第三人的原则精神。因此，本条第二款规定，销售不知道是侵犯注册商标专用权的商品，能证明该商品是自己合法取得并说明提供者的，不承担赔偿责任。如何判断销售者不具有主观上的故意呢？本条规定了严格的限制条件，即销售者能证明该商品是自己合法取得并说明提供者

的，才能认定销售者不具有主观上的故意。能证明该商品是自己合法取得的，是指销售者能够提供发票、付款凭证及其他证据以证明该商品是通过合法途径取得的。说明提供者，是指销售者能够说明该商品的出卖方的姓名、名称、住所或者提供其他线索，并且能够被查实。

第六十五条　商标注册人或者利害关系人有证据证明他人正在实施或者即将实施侵犯其注册商标专用权的行为，如不及时制止将会使其合法权益受到难以弥补的损害的，可以依法在起诉前向人民法院申请采取责令停止有关行为和财产保全的措施。

【释义】　本条是关于商标注册人或者利害关系人向人民法院申请采取诉前临时措施的规定。

根据世界贸易组织《与贸易有关的知识产权协定》第五十条的规定，司法当局有权采取及时有效的临时措施，防止任何延误给权利人造成不可弥补的损害。2013 年 1 月 1 日起施行的新民事诉讼法第一百条规定，人民法院对于可能因当事人一方的行为或者其他原因，使判决难以执行或者造成当事人其他损害的案件，根据对方当事人的申请，可以裁定对其财产进行保全、责令其作出一定行为或者禁止其作出一定行为；当事人没有提出申请的，人民法院在必要时也可以裁定采取保全措施。为了具体体现世界贸易组织的这一要求以及和民事诉讼法相衔接，本条对诉前临时措施作了规定，主要包括三项内容：一是规定了采取诉前临时措施的法定条件；二是规定了诉前临时措施的内容，即责令停止有关行为和财产保全；三是规定了申请人向人民法院申请采取诉前临时措施是依法而为，即依据民事诉讼法。

一、采取诉前临时措施的法定条件

根据本条和民事诉讼法的有关规定,申请人民法院采取诉前临时措施,应当符合以下条件:(1)申请人必须是商标注册人或者利害关系人。商标注册人是商标专用权的权利主体,其商标专用权受到不法侵害时,可以按照本法规定的条件和民事诉讼法规定的程序申请人民法院采取诉前临时措施。利害关系人是指与侵犯商标专用权的行为有直接利害关系的其他人,比如注册商标的被许可使用人、商标专用权的合法继承人等。与侵犯商标专用权行为没有利害关系的人向人民法院申请采取诉前临时措施的,人民法院应当裁定不予受理。(2)申请人必须向人民法院提供证据,证明他人正在实施或者即将实施侵犯其商标专用权的行为,并且该侵权行为如不及时制止,申请人的合法权益将受到难以弥补的损害。(3)商标注册人或者利害关系人采取临时措施的申请应当在起诉前向人民法院提出。临时措施是为了避免已经发生或者即将发生的侵犯注册商标专用权的行为给权利人造成难以弥补的损害,而由权利人向人民法院申请采取的一项紧急措施,这一措施应当由商标注册人或者利害关系人在起诉前向人民法院提出。如果商标注册人或者利害关系人已经向人民法院提出商标专用权侵权诉讼,并且认为可能因被告人的行为或者其他原因,使判决不能执行或者难以执行,商标注册人或者利害关系人可以向人民法院申请采取诉讼中的财产保全措施。

二、诉前临时措施的内容

诉前临时措施包括两项内容,即责令停止有关行为和财产保全。申请人可以根据案件的实际情况,申请人民法院同时采取这两项措施,也可以申请人民法院采取其中的一项措施。责令停止有关行为,是指人民法院根据注册商标所有人或者利害关系人的申请,责令侵权人停止有关侵犯他人商标专用权的行为。财产保全,是指人民法院根据注册商标所有人或者利害关系人的申请,采取查封、扣押、冻结或者法律规定的其他方法强制控制与案件有关的财产的措施。

三、人民法院采取诉前临时措施适用的程序

人民法院处理商标注册人或者利害关系人采取诉前临时措施的申请,适用民事诉讼法第一百条至第一百零五条和第一百零八条的规定。这些程序主要包括:申请人向人民法院申请采取诉前临时措施,应当提供担保,不提供担保的,裁定驳回申请。人民法院接受申请后,必须在 48 小时内做出裁定;裁定采取诉前临时措施的,应当立即开始执行。申请人在人民法院采取诉前临时措施后 30 日内不起诉的,人民法院应当解除诉前临时措施。人民法院采取诉前财产保全措施的,财产保全限于请求的范围,或者与本案有关的财物。财产保全必须采取查封、扣押、冻结或者法律规定的其他方法。人民法院保全财产后,应当立即通知被保全财产的人。财产已被查封、冻结的,不得重复查封、冻结。被申请人提供担保的,人民法院应当解除财产保全措施。申请有错误的,申请人应当赔偿被申请人因采取诉前临时措施所遭受的损失。当事人对诉前临时措施的裁定不服的,可以申请复议一次。复议期间不停止裁定的执行。

第六十六条　为制止侵权行为,在证据可能灭失或者以后难以取得的情况下,商标注册人或者利害关系人可以依法在起诉前向人民法院申请保全证据。

【释义】　本条是关于商标注册人或者利害关系人向人民法院申请诉前证据保全的规定。

(一)根据世界贸易组织《与贸易有关的知识产权协定》第

五十条的规定,司法当局除为制止任何侵犯知识产权的活动的发生而有权责令采取及时有效的临时措施外,还可以为保存被诉侵权的有关证据而采取及时有效的临时措施,即诉讼前的保全证据的措施。2013 年 1 月 1 日起施行的新民事诉讼法第八十一条第二款规定,因情况紧急,在证据可能灭失或者以后难以取得的情况下,利害关系人可以在提起诉讼或者申请仲裁前向证据所在地、被申请人住所地或者对案件有管辖权的人民法院申请保全证据。为了具体体现世界贸易组织的这一要求以及和民事诉讼法相衔接,本条对商标注册人或者利害关系人向人民法院申请诉前证据保全作了规定,即为制止侵权行为,在证据可能灭失或者以后难以取得的情况下,商标注册人或者利害关系人可以依法在起诉前向人民法院申请保全证据。

(二)申请诉前证据保全的条件。申请诉前证据保全应当具备以下几个条件:

1. 申请诉前证据保全必须是为了制止侵犯注册商标专用权的行为。

2. 申请人必须是商标注册人或者利害关系人。

3. 只有在证据可能灭失或者以后难以取得的情况下,才能采取诉前证据保全措施。所谓证据可能灭失,是指由于证据的特征、性质或者由于他人故意隐藏或者毁灭等原因,导致证据有灭失的可能。所谓证据以后难以取得,是指由于客观情况的变化,证据在将来虽然能够取得,但是取证比较困难的情形。在上述两种情况下,如果不及时采取证据保全措施,很可能给权利人造成不可弥补的损失,因此有必要赋予当事人在起诉前申请人民法院对证据采取一定措施予以保护的权利。

4. 申请人可以依法在起诉前向人民法院申请。这里所指的"依法"即指依据民事诉讼法。

（三）人民法院处理注册商标所有人或者利害关系人采取诉前保全证据措施的申请，适用民事诉讼法第一百条至第一百零二条和第一百零五条、第一百零八条的规定：

1. 诉前证据保全的裁定和执行。人民法院接受商标注册人或者利害关系人的申请后，对情况紧急，经审查符合法定条件的，必须在48小时内做出采取证据保全措施的裁定；对于不符合法定条件的，必须在48小时内做出不采取证据保全措施的裁定。裁定采取保全措施的，应当立即开始执行。人民法院在采取证据保全措施时，应当根据证据的不同种类，分别采取不同的保全方法。对物证可以进行扣押、封存，或者进行查验、检验；对场所可以进行勘验、绘图、拍照、录像；对书证可以进行拍照、复制；对证人可以进行询问并作出笔录，或者进行录音、录像。无论采取何种措施，都应当做到真实、完整、客观地保存证据。

2. 诉前证据保全的担保。诉前证据保全的担保，是指由申请人向人民法院提供现金、有价证券以及人民法院认可的其他适当财产，或者由保证人向人民法院担保，以保证由于申请人的原因导致采取诉前证据保全措施不当给他人造成的损失能够得到补偿。注册商标专用权人或者利害关系人向人民法院申请采取诉前证据保全措施时，人民法院可以根据案件的具体情况，责令申请人提供担保。人民法院要求申请人提供担保而申请人不提供的，应当裁定驳回其申请。

3. 诉前证据保全措施的解除。采取诉前证据保全措施是为了防止证据因人为或者客观原因灭失，或者取证困难，从而为商标注册人或者利害关系人的合法权利提供充分、及时的保护。如果申请人在合理的期限内未提起诉讼，表明申请人怠于行使权利，可能给证据保全措施的相对人造成损失。因此，根据民事诉讼法的相关规定，申请人在人民法院采取保全措施后30日内不依法提起诉讼的，人民法院应当解除保全。

4. 保全证据申请有错误的，申请人应当赔偿被申请人因保全所遭受的损失。

5. 当事人对诉前保全证据的裁定不服的，可以申请复议一次。复议期间不停止裁定的执行。

第六十七条　未经商标注册人许可，在同一种商品上使用与其注册商标相同的商标，构成犯罪的，除赔偿被侵权人的损失外，依法追究刑事责任。

伪造、擅自制造他人注册商标标识或者销售伪造、擅自制造的注册商标标识，构成犯罪的，除赔偿被侵权人的损失外，依法追究刑事责任。

销售明知是假冒注册商标的商品，构成犯罪的，除赔偿被侵权人的损失外，依法追究刑事责任。

【释义】　本条是关于侵犯注册商标专用权行为的刑事责任的规定。

一、假冒注册商标犯罪的刑事责任

假冒他人注册商标的行为，不仅严重影响他人的商品信誉，侵犯商标注册人的合法权益，同时侵害了消费者的合法权益，破坏了社会主义市场经济秩序，如果情节严重，按照刑法的有关规定构成犯罪的，应当依法追究其刑事责任。根据刑法第二百一十三条的规定，构成假冒注册商标罪应当符合以下条件：

1. 违法行为人使用他人注册商标未经注册商标所有人许可。即行为人使用他人注册商标的行为未得到注册商标所有人的口头或者书面同意。这是构成本罪的前提条件。

2. 违法行为人在客观上实施了在同一种商品上使用与其注册商标相同的商标的行为。如果行为人在同一种商品上使用与他人注册商标近似的商标,或者在类似商品上使用与他人注册商标相同的商标,或者在类似商品上使用与他人注册商标近似的商标,虽然属于侵犯注册商标专用权的行为,但是不构成犯罪。

3. 违法行为人的上述行为情节严重的才构成本罪。所谓情节严重,主要是指非法获利数额较大,给商标注册人造成较大损失,侵权次数多、持续时间长或者有其他严重情节。

根据刑法第二百一十三条的规定,未经商标注册人许可,在同一种商品上使用与其注册商标相同的商标,情节严重的,构成假冒注册商标罪。对犯此罪的,处3年以下有期徒刑或者拘役,并处或者单处罚金;情节特别严重的,处3年以上7年以下有期徒刑,并处罚金。

二、非法制造、销售非法制造的注册商标标识犯罪的刑事责任

本款规定了两种行为:一是非法制造注册商标标识的行为,即伪造、擅自制造他人注册商标标识的行为。伪造,是指未经许可而按照商标注册人的商标标识样式进行制造的行为。擅自制造,是指商标印制单位擅自超出商标印制合同规定数额印制商标标识的行为。商标标识,是指贴附或者印刷于商品本身或者商品包装之上,包含商品的商标及其他文字、颜色、图形等以区别于其他商品的标识。二是销售非法制造的注册商标标识的行为,即销售伪造、擅自制造的注册商标标识的行为。这里所说的"销售行为",应当是明知行为,即销售者知道或者应当知道其所销售的商标标识是伪造、擅自制造的注册商标标识。上述两种行为,必须达到情节严重的程度才构成犯罪。根据司法实践,情节严重一般是指多次非法制造、销售他人注册商标标识的;非法制造、销售的商标标识是用于药品等涉及人身安全的重要商品的;造成严重后果或者恶劣影响的。根据刑法第二百一十五

条的规定，伪造、擅自制造他人注册商标标识或者销售伪造、擅自制造的注册商标标识，情节严重的，构成非法制造、销售非法制造的注册商标标识罪。对犯此罪的，处3年以下有期徒刑、拘役或者管制，并处或者单处罚金；情节特别严重的，处3年以上7年以下有期徒刑，并处罚金。

三、销售假冒注册商标商品犯罪的刑事责任

构成销售假冒注册商标商品罪，必须具备以下几个要件：一是行为人必须具备主观上的故意，即行为人明知是假冒他人注册商标的商品而仍然销售。如果行为人不知是假冒注册商标的商品而销售的，不构成犯罪。二是行为人在客观上实施了销售明知是假冒注册商标的商品的行为。三是销售金额必须达到数额较大的程度。根据刑法第二百一十四条的规定，销售明知是假冒注册商标的商品，销售金额数额较大的，构成销售假冒注册商标商品罪。对犯此罪的，处3年以下有期徒刑或者拘役，并处或者单处罚金；销售金额数额巨大的，处3年以上7年以下有期徒刑，并处罚金。

四、依法追究侵犯他人注册商标专用权行为的刑事责任，不免除侵权人的民事责任

侵犯他人注册商标专用权的行为，按照刑法的有关规定，构成犯罪的，在追究其刑事责任的同时，违法行为人仍要依法承担赔偿责任。被侵权人可以在追究侵权人刑事责任的诉讼中提起附带民事诉讼，也可以另外单独提起民事诉讼，要求侵权人赔偿自己的损失。此外，根据刑法的有关规定，侵犯注册商标专用权的违法行为人应当承担对被侵权人的民事赔偿责任；同时被判处罚金，其财产不足以全部支付的，或者被判处没收财产的，应当先承担民事赔偿责任。

第六十八条 商标代理机构有下列行为之一的，由工商行政管理部门责令限期改正，给予警告，处一万元以上十万元以下的罚款；对直接负责的主管人员和其他直接责任人员给予警告，处五千元以上五万元以下的罚款；构成犯罪的，依法追究刑事责任：

（一）办理商标事宜过程中，伪造、变造或者使用伪造、变造的法律文件、印章、签名的；

（二）以诋毁其他商标代理机构等手段招徕商标代理业务或者以其他不正当手段扰乱商标代理市场秩序的；

（三）违反本法第十九条第三款、第四款规定的。

商标代理机构有前款规定行为的，由工商行政管理部门记入信用档案；情节严重的，商标局、商标评审委员会并可以决定停止受理其办理商标代理业务，予以公告。

商标代理机构违反诚实信用原则，侵害委托人合法利益的，应当依法承担民事责任，并由商标代理行业组织按照章程规定予以惩戒。

【释义】 本条是关于商标代理机构违反法律规定的行为规范时应当承担的责任和受到的处分的规定。

（一）在本次修改商标法的过程中，一些常委委员、地方、部门、企业提出，实践中一些商标代理机构违反诚实信用原则，利用其业务上的优势帮助委托人进行恶意商标抢注，甚至自己恶意抢注他人商标牟利，建议进一步严格规范商标代理活动。为此，这次商标法修改一方面在第十九条增加了关于商标代理活动规范的规定，另一方面在本条对商标代理机构违反法律规定的行为规范时应当承担的法律责任作了明确规定。

根据本条第一款的规定，商标代理机构有下列行为之一的，由工商行政管理部门责令限期改正，给予警告，处 1 万元以上

10万元以下的罚款;对直接负责的主管人员和其他直接责任人员给予警告,处5000元以上5万元以下的罚款;构成犯罪的,依法追究刑事责任:

(1)办理商标事宜过程中,伪造、变造或者使用伪造、变造的法律文件、印章、签名的。

(2)以诋毁其他商标代理机构等手段招徕商标代理业务或者以其他不正当手段扰乱商标代理市场秩序的。对于这类采取不正当手段的商标代理机构,根据其行为的性质和轻重依法给予处罚。

(3)违反本法第十九条第三款、第四款规定的。本法第十九条第三款规定,商标代理机构知道或者应当知道委托人申请注册的商标属于本法第十五条和第三十二条规定情形的,不得接受其委托。也就是说,商标代理机构在知道或者应当知道的情形下,不得接受恶意抢注的委托人的委托。本法第十九条第四款规定,商标代理机构除对其代理服务申请商标注册外,不得申请注册其他商标。违反上述规定的,要依照本条规定给予处罚。

(二)商标代理机构有上述违法行为的,除了依法追究其法律责任外,由工商行政管理部门记入信用档案,信用档案由工商行政管理部门依法采集、客观记录。记入信用档案的内容主要包括商标代理机构的基本信息、违法事实、给予的处罚等。对违法情节严重的商标代理机构,还可以由商标局、商标评审委员会决定停止受理其办理商标代理业务,并予以公告。这意味着该商标代理机构实际上在一定期限内丧失了从事商标代理业务的资格,也丧失了继续从事商标代理业务的信誉基础。

(三)商标代理机构与委托人之间实际上是一种民事委托关系,商标代理机构违反诚实信用原则,侵害委托人合法利益的,应当依法承担民事责任。同时,从行业自律角度看,商标代理机构所属的商标代理行业组织是一个行业自律组织，应当通过其内部章程及行为规范对其会员进行管理和约束，对违反诚实信用原则，侵害委托人合法利益的商标代理机构予以惩戒。

第六十九条　从事商标注册、管理和复审工作的国家机关工作人员必须秉公执法，廉洁自律，忠于职守，文明服务。

商标局、商标评审委员会以及从事商标注册、管理和复审工作的国家机关工作人员不得从事商标代理业务和商品生产经营活动。

【释义】　本条是关于商标局、商标评审委员会以及从事商标注册、管理和复审工作的国家机关工作人员的行为要求的规定。

（一）国务院工商行政管理部门商标局是全国商标注册和管理工作的主管机关，国务院工商行政管理部门设立的商标评审委员会是处理商标争议事宜的主管机关，以国家强制力为保障，代表国家行使商标注册、管理和争议处理事项。从事商标注册、管理和复审工作的国家机关工作人员依照法律的规定，代表商标局和商标评审委员会行使权力，履行职责。商标局、商标评审委员会及其国家机关工作人员的行为是否规范、合法，直接影响商标法律制度的正确有效实施，直接影响本法保护商标专用权，促进生产经营者维护商标信誉，保障消费者和生产经营者的利益，促进社会主义市场经济发展的目的的实现。

（二）从事商标注册、管理和复审工作的国家机关工作人员必须秉公执法，廉洁自律，忠于职守，文明服务。秉公执法，就是要求从事商标注册、管理和复审工作的国家机关工作人员行使职权、执行公务，必须公正严明，依法办事，在法律许可的范围内活动，不能放弃履行职责、滥用职权或者超越职权，甚至为徇个人私利或者亲友私情而违法行使职权。廉洁自律，就是要求从事商标注册、管理和复审工作的国家机关工作人员行使职权、执行公务，必须奉公守法，不得贪污国家财产，不得索取、收受贿赂，不得利用职权和工作便利谋取其他不正当利益。忠于职守，就是要求从事商标注册、管理和复审工作的国家机关工作人员行使职权、执行公务，必须热爱自己的工作岗位，对每一项工作都尽职尽责，不得马虎从事、推诿塞责，保证工作的质量和效率。文明服务，就是要求从事商标注册、管理和复审工作的国家机关工作人员行使职权、执行公务，必须做到行为端庄、举止文明、待人礼貌、服务热情、工作周到。上述规范既是对从事商标注册、管理和复审工作的国家机关工作人员的纪律和道德要求，也是法律要求。如果违反这些规范，应当视情节轻重，根据法律、法规以及内部纪律、制度的规定，追究其相应的责任。

（三）商标局、商标评审委员会及其国家机关工作人员不得从事商标代理业务和商品生产经营活动。商标代理业务，是指接受他人委托，代为办理商标注册、续展、异议、争议处理以及商标法律咨询、商标法律顾问等业务。商品生产经营活动，是指从事商品的加工、生产、销售及相关服务活动。商标局、商标评审委员会以及从事商标注册、管理和复审工作的国家机关工作人员代表国家行使商标注册、管理和复审职权，禁止其从事商标代理业务及商品生产经营活动，也就是禁止其从事一切经商、办企业以及参与其他营利性的经营活动，这是对国家机关及其工作人员最基本的行为要求。对商标局、商标复审委员会以及从事商标注册、管理、复审工作的国家机关工作人员提出这些要求，有利于保证上述部门及其工作人员从事的商标注册、管理、复审工作的严肃性和公正性，避免商标局、商标评审委员会及其工作人员从事与其职能无关的活动，减少和避免出现其为了小团体及个人利益而滥用职权、徇私舞弊，甚至向当事人索取、收受贿赂，违法办理商标注册、管理、复审事宜的现象发生。商标局、商标评审委员会以及从事商标注册、管理和复审工作的国家机关工作人员从事商标代理业务和商品生产经营活动的，应当根据有关法律、行政法规的规定，追究其相应的责任。

第七十条　工商行政管理部门应当建立健全内部监督制度，对负责商标注册、管理和复审工作的国家机关工作人员执行法律、行政法规和遵守纪律的情况，进行监督检查。

【释义】　本条是关于工商行政管理部门内部监督制度的规定。

（一）国务院工商行政管理部门商标局是全国商标注册和管理工作的主管机关，国务院工商行政管理部门设立的商标评审委员会是处理商标争议事宜的机关，其在代表国家行使行政权力的同时，也应当受到必要的监督和制约。其中，工商行政管理部门的内部监督制度，是监督制约商标局、商标评审委员会正确行使职权的一项重要制度。所谓内部监督制度，是指国家机关对其内部机构及其人员所实行的一种监督约束制度，这一制度主要规定内部监督的监督方式、监督人员、监督程序、监督责任等事项。只有建立健全这一制度，才能保证国家机关及其工作人员公正执法，防止权力滥用。工商行政管理部门应当根据本法的要求，结合商标注册、管理、复审工作的实际情况和特点，建立有针对性的内部监督制度，并不断健全和完善。

（二）工商行政管理部门内部监督制度的一项重要内容，就是对负责商标注册、管理和复审工作的国家机关工作人员执行法律、行政法规和遵守纪律的情况，进行监督检查。执行法律、行政法规的情况，包括是否依法行使权力和履行职责，是否遵守法定程序办理法定事项。遵守纪律的情况,是指遵守廉洁自律准则、工作纪律及其他纪律的情况。工商行政管理部门应当切实负起内部监督职责,对负责商标注册、管理和复审工作的国家机关工作人员执行法律、行政法规和遵守纪律的情况,加强监督检查和考核,使本法规定的内部监督制度落到实处。

第七十一条　从事商标注册、管理和复审工作的国家机关工作人员玩忽职守、滥用职权、徇私舞弊,违法办理商标注册、管理和复审事项,收受当事人财物,牟取不正当利益,构成犯罪的,依法追究刑事责任;尚不构成犯罪的,依法给予处分。

【释义】　本条是关于从事商标注册、管理和复审工作的国家机关工作人员渎职、收受当事人财物等行为的处罚规定。

(一)从事商标注册、管理和复审工作的国家机关工作人员应当依法履行职责。从事商标注册、管理和复审工作的国家机关工作人员负有依法进行商标注册、管理、复审工作的职责,必须秉公执法,廉洁自律,忠于职守,文明服务。但是,在实际工作中,从事商标注册、管理和复审工作的人员也不可避免地会出现违法履行职责的行为。这些行为主要包括:(1)玩忽职守,是指从事商标注册、管理和复审工作的国家机关工作人员不履行、不正确履行或者放弃履行职责,违法办理商标注册、管理和复审事项;(2)滥用职权,是指从事商标注册、管理和复审工作的国家机关工作人员违反法律规定的职责权限和程序滥用职权或者超越职权,违法办理商标注册、管理和复审事项;(3)徇私舞弊,是指从事商标注册、管理和复审工作的国家机关工作人员徇个人私利或者亲友私情而玩忽职守、滥用职权,违法办理商标注册、管理和复审事项;(4)收受当事人财物,是指从事商标注册、管理和复审工作的国家机关工作人员利用工作上的便利,收取当事人给予的财物的行为;(5)牟取不正当利益,是指从事商标注册、管理和复审工作的国家机关工作人员利用职权或者工作上的便利,收受回扣、手续费,违反规定安排子女就学、就业以及获取其他非法利益的行为。

(二)根据刑法的有关规定,从事商标注册、管理和复审工作的国家机关工作人员玩忽职守、滥用职权、徇私舞弊,违法办理商标注册、管理和复审事项,收受当事人财物,牟取不正当利益的行为可能构成以下犯罪:1. 渎职罪。根据刑法第三百九十七条的规定,从事商标注册、管理和复审工作的国家机关工作人员滥用职权或者玩忽职守,致使公共财产、国家和人民利益遭受重大损失的,构成渎职罪。对犯本罪的,处 3 年以下有期徒刑或者拘役;情节特别严重的,处 3 年以上 7 年以下有期徒刑。从事商标注册、管理和复审工作的国家机关工作人员徇私舞弊,犯上述罪行的,处 5 年以下有期徒刑或者拘役,情节特别严重的,处 5 年以上 10 年以下有期徒刑。2. 受贿罪。根据刑法第三百八十五条的规定,从事商标注册、管理和复审工作的国家机关工作人员利用职务上的便利,索取他人财物的,或者非法收受他人财物,为他人谋取利益的,是受贿罪。对犯受贿罪的,根据受贿所得数额及情节,分别依照下列规定处罚:(1)个人受贿数额在 10 万元以上的,处 10 年以上有期徒刑或者无期徒刑,可以并处没收财产;情节特别严重的,处死刑,并处没收财产。(2)个人受贿数额在 5 万元以上不满 10 万元的,处 5 年以上有期徒刑,可以并处没收财产;情节特别严重的,处无期徒刑,并处没收财产。(3)个人受贿数额在 5000 元以上不满 5 万元的,处 1 年以上 7 年以下有期徒刑;情节严重的,处 7 年以上 10 年以下有期徒刑。个人受贿数额在 5000 元以上不满 1 万元,犯罪后有悔改表现、积极退赃的,可以减轻处罚或者免予刑事处罚,由其所在单位或者上级主管机关给予行政处分。(4)个人受贿数额不满5000元,情节较重的,处2年以下有期徒刑或者拘役;情节较轻的,由其所在单位或者上级主管机关酌情给予行政处分。对多次受贿未经处理的,按照累计受贿数额处罚。索贿的从重处罚。

(三)从事商标注册、管理和复审工作的国家机关工作人员玩忽职守、滥用职权、徇私舞弊,违法办理商标注册、管理和复审事项,收受当事人财物,牟取不正当利益等行为的行政责任。从事商标注册、管理和复审工作的国家机关工作人员虽有本条规定的行为,但情节显著轻微,危害性不大,根据刑法的有关规定尚不构成犯罪的,应当依法给予处分。处分是指国家机关根据法律、行政法规的规定,按照行政隶属关系,对犯有轻微违法行为或者违反内部纪律人员给予的一种制裁。处分分为:警告、记过、记大过、降级、撤职、开除。对有上述违法行为但尚不构成犯罪的从事商标注册、管理和复审工作的国家机关工作人员,可以由其所在单位或者其上级主管机关或者监察部门视情节轻重,酌情给予相应的处分。

第八章　附　　则

第七十二条　申请商标注册和办理其他商标事宜的，应当缴纳费用，具体收费标准另定。

【释义】　本条是关于办理商标事宜应当缴纳费用的规定。

（一）申请商标注册和办理其他商标事宜应当缴纳费用。要求当事人在办理商标事宜时缴纳费用，是国际上的通行做法。因为商标注册、管理、复审机关在审查商标注册申请或者办理其他商标事宜时，需要支付相应的成本。此外，规定办理商标事宜应当缴纳费用，即要求商标专用权人在取得、保护其商标专用权时支付一定的成本，有助于商标专用权人更加积极地维护其使用注册商标的商品和服务的质量和信誉，保护其商标专用权不受他人侵害。

（二）办理商标事宜的具体收费标准另定。由于商标注册、管理和复审环节很多，哪些业务缴纳费用较为适宜，收取费用的标准如何规定，情况较为复杂。此外，收费标准也需要随着情况的变化而进行调整，不在本法中作具体规定比较合适。因此，本条规定，申请商标注册和办理其他商标事宜的具体收费标准另定。

第七十三条　本法自1983年3月1日起施行。1963年4月10日国务院公布的《商标管理条例》同时废止；其他有关商标管理的规定，凡与本法抵触的，同时失效。

本法施行前已经注册的商标继续有效。

【释义】 本条是关于本法时间效力的规定。

（一）本法的施行日期。法律的施行日期即法律的生效日期，也就是一部法律产生法律效力的时间。本法于1982年8月23日由第五届全国人民代表大会常务委员会第二十四次会议通过，自1983年3月1日起施行。1993年2月22日第七届全国人民代表大会常务委员会第三十次会议通过修改《中华人民共和国商标法》的决定，该修改决定自1993年7月1日起施行。第九届全国人民代表大会常务委员会第二十四次会议于2001年10月27日表决通过了关于修改《中华人民共和国商标法》的决定，对商标法进行了第二次修正。该修改决定自2001年12月1日起施行。第十二届全国人民代表大会常务委员会第四次会议于2013年8月30日表决通过了关于修改《中华人民共和国商标法》的决定，对商标法进行了第三次修正。该修改决定自2014年5月1日起施行。因此，商标法的施行日期即生效日期为1983年3月1日，三个修改决定的施行日期为各该修改决定规定的日期。

（二）本法的时间效力。本法的时间效力体现在以下几个方面：第一，1963年4月10日国务院公布的《商标管理条例》，自本法于1983年3月1日施行起予以废止。第二，其他法律、行政法规、地方性法规、规章中有关商标管理的规定，凡与本法抵触的，应于本法施行之日起失去其效力，凡与本法的修改决定抵触的，应于本法的修改决定施行之日起失去其效力。第三，本法不具有溯及力。法律的溯及力是指法律溯及既往的效力，即法律不仅适用于其施行后所发生的行为，而且适用于其施行前所发生的行为。根据立法法的规定，法律通常不具有溯及力，这是一项基本的法治原则。本法也不具有溯及既往的效力，因此，本法施行以前，已经注册的商标继续有效。

第三部分 附 录

全国人民代表大会常务委员会关于修改《中华人民共和国商标法》的决定

（2013 年 8 月 30 日第十二届全国人民代表大会常务委员会第四次会议通过）

第十二届全国人民代表大会常务委员会第四次会议决定对《中华人民共和国商标法》作如下修改：

一、将第四条第一款、第二款合并，修改为："自然人、法人或者其他组织在生产经营活动中，对其商品或者服务需要取得商标专用权的，应当向商标局申请商标注册。"

二、将第六条修改为："法律、行政法规规定必须使用注册商标的商品，必须申请商标注册，未经核准注册的，不得在市场销售。"

三、在第七条中增加一款，作为第一款："申请注册和使用商标，应当遵循诚实信用原则。"

四、将第八条修改为："任何能够将自然人、法人或者其他组织的商品与他人的商品区别开的标志，包括文字、图形、字母、数字、三维标志、颜色组合和声音等，以及上述要素的组合，均可以作为商标申请注册。”

五、将第十条第一款第一项至第三项修改为：“（一）同中华人民共和国的国家名称、国旗、国徽、国歌、军旗、军徽、军歌、勋章等相同或者近似的，以及同中央国家机关的名称、标志、所在地特定地点的名称或者标志性建筑物的名称、图形相同的；

“（二）同外国的国家名称、国旗、国徽、军旗等相同或者近似的，但经该国政府同意的除外；

“（三）同政府间国际组织的名称、旗帜、徽记等相同或者近似的，但经该组织同意或者不易误导公众的除外”。

将第一款第七项修改为：“（七）带有欺骗性，容易使公众对商品的质量等特点或者产地产生误认的”。

六、将第十一条第一款第二项中的“仅仅”修改为“仅”。

将第一款第三项修改为：“（三）其他缺乏显著特征的。”

七、在第十三条中增加一款，作为第一款：“为相关公众所熟知的商标，持有人认为其权利受到侵害时，可以依照本法规定请求驰名商标保护。”

八、将第十四条修改为：“驰名商标应当根据当事人的请求，作为处理涉及商标案件需要认定的事实进行认定。认定驰名商标应当考虑下列因素：

“（一）相关公众对该商标的知晓程度；

“（二）该商标使用的持续时间；

“（三）该商标的任何宣传工作的持续时间、程度和地理范围；

“（四）该商标作为驰名商标受保护的记录；

“（五）该商标驰名的其他因素。

“在商标注册审查、工商行政管理部门查处商标违法案件过程中，当事人依照本法第十三条规定主张权利的，商标局根据审查、处理案件的需要，可以对商标驰名情况作出认定。

“在商标争议处理过程中，当事人依照本法第十三条规定主张权利的，商标评审委员会根据处理案件的需要，可以对商标驰名情况作出认定。

“在商标民事、行政案件审理过程中，当事人依照本法第十三条规定主张权利的，最高人民法院指定的人民法院根据审理案件的需要，可以对商标驰名情况作出认定。

“生产、经营者不得将‘驰名商标’字样用于商品、商品包装或者容器上，或者用于广告宣传、展览以及其他商业活动中。”

九、在第十五条中增加一款，作为第二款：“就同一种商品或者类似商品申请注册的商标与他人在先使用的未注册商标相同或者近似，申请人与该他人具有前款规定以外的合同、业务往来关系或者其他关系而明知该他人商标存在，该他人提出异议的，不予注册。”

十、将第十八条修改为：“申请商标注册或者办理其他商标事宜，可以自行办理，也可以委托依法设立的商标代理机构办理。

“外国人或者外国企业在中国申请商标注册和办理其他商标事宜的，应当委托依法设立的商标代理机构办理。”

十一、增加一条，作为第十九条：“商标代理机构应当遵循诚实信用原则，遵守法律、行政法规，按照被代理人的委托办理商标注册申请或者其他商标事宜；对在代理过程中知悉的被代理人的商业秘密，负有保密义务。

“委托人申请注册的商标可能存在本法规定不得注册情形的，商标代理机构应当明确告知委托人。

“商标代理机构知道或者应当知道委托人申请注册的商标属于本法第十五条和第三十二条规定情形的，不得接受其委托。

“商标代理机构除对其代理服务申请商标注册外，不得申请注册其他商标。”

十二、增加一条，作为第二十条：“商标代理行业组织应当按照章程规定，严格执行吸纳会员的条件，对违反行业自律规范的会员实行惩戒。商标代理行业组织对其吸纳的会员和对会员的惩戒情况,应当及时向社会公布。”

十三、增加一条,作为第二十一条:“商标国际注册遵循中华人民共和国缔结或者参加的有关国际条约确立的制度,具体办法由国务院规定。”

十四、将第十九条、第二十条合并,作为第二十二条,修改为:“商标注册申请人应当按规定的商品分类表填报使用商标的商品类别和商品名称,提出注册申请。

“商标注册申请人可以通过一份申请就多个类别的商品申请注册同一商标。

“商标注册申请等有关文件,可以以书面方式或者数据电文方式提出。”

十五、将第二十一条改为第二十三条,修改为:“注册商标需要在核定使用范围之外的商品上取得商标专用权的,应当另行提出注册申请。”

十六、将第二十三条改为第四十一条。

十七、将第二十七条改为第二十八条,修改为:“对申请注册的商标,商标局应当自收到商标注册申请文件之日起九个月内审查完毕,符合本法有关规定的,予以初步审定公告。”

十八、增加一条,作为第二十九条:“在审查过程中,商标局认为商标注册申请内容需要说明或者修正的,可以要求申请人做出说明或者修正。申请人未做出说明或者修正的,不影响商标局做出审查决定。”

十九、将第三十条改为第三十三条,修改为:“对初步审定公告的商标,自公告之日起三个月内,在先权利人、利害关系人认为违反本法第十三条第二款和第三款、第十五条、第十六条第一款、第三十条、第三十一条、第三十二条规定的,或者任何人认为违反本法第十条、第十一条、第十二条规定的,可以向商标局提出异议。

公告期满无异议的，予以核准注册，发给商标注册证，并予公告。”

二十、将第三十一条改为第三十二条。

二十一、将第三十二条改为第三十四条，修改为：“对驳回申请、不予公告的商标，商标局应当书面通知商标注册申请人。商标注册申请人不服的，可以自收到通知之日起十五日内向商标评审委员会申请复审。商标评审委员会应当自收到申请之日起九个月内做出决定，并书面通知申请人。有特殊情况需要延长的，经国务院工商行政管理部门批准，可以延长三个月。当事人对商标评审委员会的决定不服的，可以自收到通知之日起三十日内向人民法院起诉。”

二十二、将第三十三条改为第三十五条，修改为：“对初步审定公告的商标提出异议的，商标局应当听取异议人和被异议人陈述事实和理由，经调查核实后，自公告期满之日起十二个月内做出是否准予注册的决定，并书面通知异议人和被异议人。有特殊情况需要延长的，经国务院工商行政管理部门批准，可以延长六个月。

“商标局做出准予注册决定的，发给商标注册证，并予公告。异议人不服的，可以依照本法第四十四条、第四十五条的规定向商标评审委员会请求宣告该注册商标无效。

“商标局做出不予注册决定，被异议人不服的，可以自收到通知之日起十五日内向商标评审委员会申请复审。商标评审委员会应当自收到申请之日起十二个月内做出复审决定，并书面通知异议人和被异议人。有特殊情况需要延长的，经国务院工商行政管理部门批准，可以延长六个月。被异议人对商标评审委员会的决定不服的，可以自收到通知之日起三十日内向人民法院起诉。人民法院应当通知异议人作为第三人参加诉讼。

“商标评审委员会在依照前款规定进行复审的过程中，所涉及的在先权利的确定必须以人民法院正在审理或者行政机关正在处理的另一案件的结果为依据的,可以中止审查。中止原因消除后,应当恢复审查程序。”

二十三、将第三十四条改为第三十六条,修改为:“法定期限届满,当事人对商标局做出的驳回申请决定、不予注册决定不申请复审或者对商标评审委员会做出的复审决定不向人民法院起诉的,驳回申请决定、不予注册决定或者复审决定生效。

“经审查异议不成立而准予注册的商标,商标注册申请人取得商标专用权的时间自初步审定公告三个月期满之日起计算。自该商标公告期满之日起至准予注册决定做出前,对他人在同一种或者类似商品上使用与该商标相同或者近似的标志的行为不具有追溯力;但是,因该使用人的恶意给商标注册人造成的损失,应当给予赔偿。”

二十四、将第四章章名修改为“注册商标的续展、变更、转让和使用许可”。

二十五、将第三十八条改为第四十条,修改为:“注册商标有效期满,需要继续使用的,商标注册人应当在期满前十二个月内按照规定办理续展手续;在此期间未能办理的,可以给予六个月的宽展期。每次续展注册的有效期为十年,自该商标上一届有效期满次日起计算。期满未办理续展手续的,注销其注册商标。

“商标局应当对续展注册的商标予以公告。”

二十六、将第三十九条改为第四十二条,增加两款,作为第二款、第三款:“转让注册商标的,商标注册人对其在同一种商品上注册的近似的商标,或者在类似商品上注册的相同或者近似的商标,应当一并转让。

“对容易导致混淆或者有其他不良影响的转让,商标局不予核准,书面通知申请人并说明理由。”

二十七、将第四十条改为第四十三条,第三款修改为:“许可他人使用其注册商标的,许可人应当将其商标使用许可报商标局备案,由商标局公告。商标使用许可未经备案不得对抗善意第三人。”

二十八、将第五章章名修改为“注册商标的无效宣告”。

二十九、将第四十一条、第四十三条合并,改为第四十四条、第四十五条,修改为:

“第四十四条 已经注册的商标,违反本法第十条、第十一条、第十二条规定的,或者是以欺骗手段或者其他不正当手段取得注册的,由商标局宣告该注册商标无效;其他单位或者个人可以请求商标评审委员会宣告该注册商标无效。

“商标局做出宣告注册商标无效的决定,应当书面通知当事人。当事人对商标局的决定不服的,可以自收到通知之日起十五日内向商标评审委员会申请复审。商标评审委员会应当自收到申请之日起九个月内做出决定,并书面通知当事人。有特殊情况需要延长的,经国务院工商行政管理部门批准,可以延长三个月。当事人对商标评审委员会的决定不服的,可以自收到通知之日起三十日内向人民法院起诉。

“其他单位或者个人请求商标评审委员会宣告注册商标无效的,商标评审委员会收到申请后,应当书面通知有关当事人,并限期提出答辩。商标评审委员会应当自收到申请之日起九个月内做出维持注册商标或者宣告注册商标无效的裁定,并书面通知当事人。有特殊情况需要延长的,经国务院工商行政管理部门批准,可以延长三个月。当事人对商标评审委员会的裁定不服的,可以自收到通知之日起三十日内向人民法院起诉。人民法院应当通知商标裁定程序的对方当事人作为第三人参加诉讼。

“第四十五条 已经注册的商标,违反本法第十三条第二款和第三款、第十五条、第十六条第一款、第三十条、第三十一条、第三十二条规定的,自商标注册之日起五年内,在先权利人或者利害关系人可以请求商标评审委员会宣告该注册商标无效。对恶意注册的，驰名商标所有人不受五年的时间限制。

“商标评审委员会收到宣告注册商标无效的申请后，应当书面通知有关当事人，并限期提出答辩。商标评审委员会应当自收到申请之日起十二个月内做出维持注册商标或者宣告注册商标无效的裁定，并书面通知当事人。有特殊情况需要延长的，经国务院工商行政管理部门批准，可以延长六个月。当事人对商标评审委员会的裁定不服的，可以自收到通知之日起三十日内向人民法院起诉。人民法院应当通知商标裁定程序的对方当事人作为第三人参加诉讼。

“商标评审委员会在依照前款规定对无效宣告请求进行审查的过程中，所涉及的在先权利的确定必须以人民法院正在审理或者行政机关正在处理的另一案件的结果为依据的，可以中止审查。中止原因消除后，应当恢复审查程序。”

三十、删除第四十二条。

三十一、增加一条，作为第四十六条：“法定期限届满，当事人对商标局宣告注册商标无效的决定不申请复审或者对商标评审委员会的复审决定、维持注册商标或者宣告注册商标无效的裁定不向人民法院起诉的，商标局的决定或者商标评审委员会的复审决定、裁定生效。”

三十二、增加一条，作为第四十七条：“依照本法第四十四条、第四十五条的规定宣告无效的注册商标，由商标局予以公告，该注册商标专用权视为自始即不存在。

“宣告注册商标无效的决定或者裁定，对宣告无效前人民法院做出并已执行的商标侵权案件的判决、裁定、调解书和工商行政管理部门做出并已执行的商标侵权案件的处理决定以及已经履行的商标转让或者使用许可合同不具有追溯力。但是，因商标注册人的恶意给他人造成的损失，应当给予赔偿。

“依照前款规定不返还商标侵权赔偿金、商标转让费、商标使用费,明显违反公平原则的,应当全部或者部分返还。”

三十三、增加一条,作为第四十八条:“本法所称商标的使用,是指将商标用于商品、商品包装或者容器以及商品交易文书上,或者将商标用于广告宣传、展览以及其他商业活动中,用于识别商品来源的行为。”

三十四、将第四十四条改为第四十九条,修改为:“商标注册人在使用注册商标的过程中,自行改变注册商标、注册人名义、地址或者其他注册事项的,由地方工商行政管理部门责令限期改正;期满不改正的,由商标局撤销其注册商标。

“注册商标成为其核定使用的商品的通用名称或者没有正当理由连续三年不使用的,任何单位或者个人可以向商标局申请撤销该注册商标。商标局应当自收到申请之日起九个月内做出决定。有特殊情况需要延长的,经国务院工商行政管理部门批准,可以延长三个月。”

三十五、删除第四十五条。

三十六、将第四十六条改为第五十条,修改为:“注册商标被撤销、被宣告无效或者期满不再续展的,自撤销、宣告无效或者注销之日起一年内,商标局对与该商标相同或者近似的商标注册申请,不予核准。”

三十七、将第四十七条改为第五十一条,将其中的“可以并处罚款”修改为“违法经营额五万元以上的,可以处违法经营额百分之二十以下的罚款,没有违法经营额或者违法经营额不足五万元的,可以处一万元以下的罚款”。

三十八、将第四十八条改为第五十二条,修改为:“将未注册商标冒充注册商标使用的,或者使用未注册商标违反本法第十条规定的,由地方工商行政管理部门予以制止,限期改正,并可以予以通报,违法经营额五万元以上的,可以处违法经营额百分之二十以下的罚款,没有违法经营额或者违法经营额不足五万元的,可以处一万元以下的罚款。”

三十九、增加一条，作为第五十三条：“违反本法第十四条第五款规定的，由地方工商行政管理部门责令改正，处十万元罚款。”

四十、将第四十九条改为第五十四条，修改为：“对商标局撤销或者不予撤销注册商标的决定，当事人不服的，可以自收到通知之日起十五日内向商标评审委员会申请复审。商标评审委员会应当自收到申请之日起九个月内做出决定，并书面通知当事人。有特殊情况需要延长的，经国务院工商行政管理部门批准，可以延长三个月。当事人对商标评审委员会的决定不服的，可以自收到通知之日起三十日内向人民法院起诉。”

四十一、增加一条，作为第五十五条：“法定期限届满，当事人对商标局做出的撤销注册商标的决定不申请复审或者对商标评审委员会做出的复审决定不向人民法院起诉的，撤销注册商标的决定、复审决定生效。

“被撤销的注册商标，由商标局予以公告，该注册商标专用权自公告之日起终止。”

四十二、删除第五十条。

四十三、将第五十二条改为第五十七条，第一项改为两项，作为第一项、第二项，修改为：“（一）未经商标注册人的许可，在同一种商品上使用与其注册商标相同的商标的；

“（二）未经商标注册人的许可，在同一种商品上使用与其注册商标近似的商标，或者在类似商品上使用与其注册商标相同或者近似的商标，容易导致混淆的”。

增加一项，作为第六项：“（六）故意为侵犯他人商标专用权行为提供便利条件，帮助他人实施侵犯商标专用权行为的”。

四十四、增加一条，作为第五十八条：“将他人注册商标、未注册的驰名商标作为企业名称中的字号使用，误导公众，构成不正当竞争行为的，依照《中华人民共和国反不正当竞争法》处理。”

四十五、增加一条，作为第五十九条：“注册商标中含有的本商品的通用名称、图形、型号，或者直接表示商品的质量、主要原料、功能、用途、重量、数量及其他特点，或者含有的地名，注册商标专用权人无权禁止他人正当使用。

“三维标志注册商标中含有的商品自身的性质产生的形状、为获得技术效果而需有的商品形状或者使商品具有实质性价值的形状，注册商标专用权人无权禁止他人正当使用。

“商标注册人申请商标注册前，他人已经在同一种商品或者类似商品上先于商标注册人使用与注册商标相同或者近似并有一定影响的商标的，注册商标专用权人无权禁止该使用人在原使用范围内继续使用该商标，但可以要求其附加适当区别标识。”

四十六、将第五十三条改为第六十条，修改为：“有本法第五十七条所列侵犯注册商标专用权行为之一，引起纠纷的，由当事人协商解决；不愿协商或者协商不成的，商标注册人或者利害关系人可以向人民法院起诉，也可以请求工商行政管理部门处理。

“工商行政管理部门处理时，认定侵权行为成立的，责令立即停止侵权行为，没收、销毁侵权商品和主要用于制造侵权商品、伪造注册商标标识的工具，违法经营额五万元以上的，可以处违法经营额五倍以下的罚款，没有违法经营额或者违法经营额不足五万元的，可以处二十五万元以下的罚款。对五年内实施两次以上商标侵权行为或者有其他严重情节的，应当从重处罚。销售不知道是侵犯注册商标专用权的商品，能证明该商品是自己合法取得并说明提供者的，由工商行政管理部门责令停止销售。

“对侵犯商标专用权的赔偿数额的争议，当事人可以请求进行处理的工商行政管理部门调解，也可以依照《中华人民共和国民事诉讼法》向人民法院起诉。经工商行政管理部门调解，当事人未达成协议或者调解书生效后不履行的，当事人可以依照《中华人民共和国民事诉讼法》向人民法院起诉。”

四十七、将第五十五条改为第六十二条，将第一款第二项中的“帐簿”修改为“账簿”。

增加一款，作为第三款：“在查处商标侵权案件过程中，对商标权属存在争议或者权利人同时向人民法院提起商标侵权诉讼的，工商行政管理部门可以中止案件的查处。中止原因消除后，应当恢复或者终结案件查处程序。”

四十八、将第五十六条第一款、第二款改为第六十三条，修改为：“侵犯商标专用权的赔偿数额，按照权利人因被侵权所受到的实际损失确定；实际损失难以确定的，可以按照侵权人因侵权所获得的利益确定；权利人的损失或者侵权人获得的利益难以确定的，参照该商标许可使用费的倍数合理确定。对恶意侵犯商标专用权，情节严重的，可以在按照上述方法确定数额的一倍以上三倍以下确定赔偿数额。赔偿数额应当包括权利人为制止侵权行为所支付的合理开支。

“人民法院为确定赔偿数额，在权利人已经尽力举证，而与侵权行为相关的账簿、资料主要由侵权人掌握的情况下，可以责令侵权人提供与侵权行为相关的账簿、资料；侵权人不提供或者提供虚假的账簿、资料的，人民法院可以参考权利人的主张和提供的证据判定赔偿数额。

“权利人因被侵权所受到的实际损失、侵权人因侵权所获得的利益、注册商标许可使用费难以确定的，由人民法院根据侵权行为的情节判决给予三百万元以下的赔偿。”

四十九、增加一条，作为第六十四条，第一款为：“注册商标专用权人请求赔偿，被控侵权人以注册商标专用权人未使用注册商标提出抗辩的，人民法院可以要求注册商标专用权人提供此前三年内实际使用该注册商标的证据。注册商标专用权人不能证明此前三年内实际使用过该注册商标，也不能证明因侵权行为受到其他损失的，被控侵权人不承担赔偿责任。”

将第五十六条第三款改为第六十四条第二款，修改为：“销售不知道是侵犯注册商标专用权的商品，能证明该商品是自己合法取得并说明提供者的，不承担赔偿责任。”

五十、将第五十七条改为第六十五条，修改为：“商标注册人或者利害关系人有证据证明他人正在实施或者即将实施侵犯其注册商标专用权的行为，如不及时制止将会使其合法权益受到难以弥补的损害的，可以依法在起诉前向人民法院申请采取责令停止有关行为和财产保全的措施。”

五十一、将第五十八条改为第六十六条，修改为：“为制止侵权行为，在证据可能灭失或者以后难以取得的情况下，商标注册人或者利害关系人可以依法在起诉前向人民法院申请保全证据。”

五十二、增加一条，作为第六十八条：“商标代理机构有下列行为之一的，由工商行政管理部门责令限期改正，给予警告，处一万元以上十万元以下的罚款；对直接负责的主管人员和其他直接责任人员给予警告，处五千元以上五万元以下的罚款；构成犯罪的，依法追究刑事责任：

“（一）办理商标事宜过程中，伪造、变造或者使用伪造、变造的法律文件、印章、签名的；

“（二）以诋毁其他商标代理机构等手段招徕商标代理业务或者以其他不正当手段扰乱商标代理市场秩序的；

“（三）违反本法第十九条第三款、第四款规定的。

“商标代理机构有前款规定行为的，由工商行政管理部门记入信用档案；情节严重的，商标局、商标评审委员会并可以决定停止受理其办理商标代理业务，予以公告。

“商标代理机构违反诚实信用原则，侵害委托人合法利益的，应当依法承担民事责任，并由商标代理行业组织按照章程规定予以惩戒。”

五十三、将第六十二条改为第七十一条,将其中的“行政处分”修改为“处分”。

本决定自 2014 年 5 月 1 日起施行。

《中华人民共和国商标法》根据本决定作相应修改并对条文顺序作相应调整,重新公布。

中华人民共和国商标法

（1982年8月23日第五届全国人民代表大会常务委员会第二十四次会议通过　根据1993年2月22日第七届全国人民代表大会常务委员会第三十次会议《关于修改〈中华人民共和国商标法〉的决定》第一次修正　根据2001年10月27日第九届全国人民代表大会常务委员会第二十四次会议《关于修改〈中华人民共和国商标法〉的决定》第二次修正　根据2013年8月30日第十二届全国人民代表大会常务委员会第四次会议《关于修改〈中华人民共和国商标法〉的决定》第三次修正）

目　录

第一章 总 则

第一条 为了加强商标管理，保护商标专用权，促使生产、经营者保证商品和服务质量，维护商标信誉，以保障消费者和生产、经营者的利益，促进社会主义市场经济的发展，特制定本法。

第二条 国务院工商行政管理部门商标局主管全国商标注册和管理的工作。

国务院工商行政管理部门设立商标评审委员会，负责处理商标争议事宜。

第三条 经商标局核准注册的商标为注册商标，包括商品商标、服务商标和集体商标、证明商标；商标注册人享有商标专用权，受法律保护。

本法所称集体商标，是指以团体、协会或者其他组织名义注册，供该组织成员在商事活动中使用，以表明使用者在该组织中的成员资格的标志。

本法所称证明商标，是指由对某种商品或者服务具有监督能力的组织所控制，而由该组织以外的单位或者个人使用于其商品或者服务，用以证明该商品或者服务的原产地、原料、制造方法、质量或者其他特定品质的标志。

集体商标、证明商标注册和管理的特殊事项，由国务院工商行政管理部门规定。

第四条 自然人、法人或者其他组织在生产经营活动中，对其商品或者服务需要取得商标专用权的，应当向商标局申请商标注册。

本法有关商品商标的规定，适用于服务商标。

第五条 两个以上的自然人、法人或者其他组织可以共同向商标局申请注册同一商标，共同享有和行使该商标专用权。

第六条 法律、行政法规规定必须使用注册商标的商品，必须申请商标注册,未经核准注册的,不得在市场销售。

第七条　申请注册和使用商标,应当遵循诚实信用原则。

商标使用人应当对其使用商标的商品质量负责。各级工商行政管理部门应当通过商标管理,制止欺骗消费者的行为。

第八条　任何能够将自然人、法人或者其他组织的商品与他人的商品区别开的标志,包括文字、图形、字母、数字、三维标志、颜色组合和声音等,以及上述要素的组合,均可以作为商标申请注册。

第九条　申请注册的商标,应当有显著特征,便于识别,并不得与他人在先取得的合法权利相冲突。

商标注册人有权标明“注册商标”或者注册标记。

第十条　下列标志不得作为商标使用:

(一)同中华人民共和国的国家名称、国旗、国徽、国歌、军旗、军徽、军歌、勋章等相同或者近似的,以及同中央国家机关的名称、标志、所在地特定地点的名称或者标志性建筑物的名称、图形相同的;

(二)同外国的国家名称、国旗、国徽、军旗等相同或者近似的,但经该国政府同意的除外;

(三)同政府间国际组织的名称、旗帜、徽记等相同或者近似的,但经该组织同意或者不易误导公众的除外;

(四)与表明实施控制、予以保证的官方标志、检验印记相同或者近似的,但经授权的除外;

(五)同“红十字”、“红新月”的名称、标志相同或者近似的;

(六)带有民族歧视性的;

(七)带有欺骗性,容易使公众对商品的质量等特点或者产地产生误认的;

(八)有害于社会主义道德风尚或者有其他不良影响的。

县级以上行政区划的地名或者公众知晓的外国地名,不得作为商标。但是,地名具有其他含义或者作为集体商标、证明商标组成部分的除外;已经注册的使用地名的商标继续有效。

第十一条 下列标志不得作为商标注册:

(一)仅有本商品的通用名称、图形、型号的;

(二)仅直接表示商品的质量、主要原料、功能、用途、重量、数量及其他特点的;

(三)其他缺乏显著特征的。

前款所列标志经过使用取得显著特征,并便于识别的,可以作为商标注册。

第十二条 以三维标志申请注册商标的,仅由商品自身的性质产生的形状、为获得技术效果而需有的商品形状或者使商品具有实质性价值的形状,不得注册。

第十三条 为相关公众所熟知的商标,持有人认为其权利受到侵害时,可以依照本法规定请求驰名商标保护。

就相同或者类似商品申请注册的商标是复制、摹仿或者翻译他人未在中国注册的驰名商标,容易导致混淆的,不予注册并禁止使用。

就不相同或者不相类似商品申请注册的商标是复制、摹仿或者翻译他人已经在中国注册的驰名商标,误导公众,致使该驰名商标注册人的利益可能受到损害的,不予注册并禁止使用。

第十四条 驰名商标应当根据当事人的请求,作为处理涉及商标案件需要认定的事实进行认定。认定驰名商标应当考虑下列因素:

(一)相关公众对该商标的知晓程度;

(二)该商标使用的持续时间;

(三)该商标的任何宣传工作的持续时间、程度和地理范围;

(四)该商标作为驰名商标受保护的记录;

(五)该商标驰名的其他因素。

在商标注册审查、工商行政管理部门查处商标违法案件过程中，当事人依照本法第十三条规定主张权利的，商标局根据审查、处理案件的需要，可以对商标驰名情况作出认定。

在商标争议处理过程中，当事人依照本法第十三条规定主张权利的，商标评审委员会根据处理案件的需要，可以对商标驰名情况作出认定。

在商标民事、行政案件审理过程中，当事人依照本法第十三条规定主张权利的，最高人民法院指定的人民法院根据审理案件的需要，可以对商标驰名情况作出认定。

生产、经营者不得将"驰名商标"字样用于商品、商品包装或者容器上，或者用于广告宣传、展览以及其他商业活动中。

第十五条 未经授权，代理人或者代表人以自己的名义将被代理人或者被代表人的商标进行注册，被代理人或者被代表人提出异议的，不予注册并禁止使用。

就同一种商品或者类似商品申请注册的商标与他人在先使用的未注册商标相同或者近似，申请人与该他人具有前款规定以外的合同、业务往来关系或者其他关系而明知该他人商标存在，该他人提出异议的，不予注册。

第十六条 商标中有商品的地理标志，而该商品并非来源于该标志所标示的地区，误导公众的，不予注册并禁止使用；但是，已经善意取得注册的继续有效。

前款所称地理标志，是指标示某商品来源于某地区，该商品的特定质量、信誉或者其他特征，主要由该地区的自然因素或者人文因素所决定的标志。

第十七条 外国人或者外国企业在中国申请商标注册的，应当按其所属国和中华人民共和国签订的协议或者共同参加的国际条约办理，或者按对等原则办理。

第十八条 申请商标注册或者办理其他商标事宜，可以自行办理,也可以委托依法设立的商标代理机构办理。

外国人或者外国企业在中国申请商标注册和办理其他商标事宜的,应当委托依法设立的商标代理机构办理。

第十九条 商标代理机构应当遵循诚实信用原则,遵守法律、行政法规,按照被代理人的委托办理商标注册申请或者其他商标事宜;对在代理过程中知悉的被代理人的商业秘密,负有保密义务。

委托人申请注册的商标可能存在本法规定不得注册情形的,商标代理机构应当明确告知委托人。

商标代理机构知道或者应当知道委托人申请注册的商标属于本法第十五条和第三十二条规定情形的,不得接受其委托。

商标代理机构除对其代理服务申请商标注册外,不得申请注册其他商标。

第二十条 商标代理行业组织应当按照章程规定,严格执行吸纳会员的条件,对违反行业自律规范的会员实行惩戒。商标代理行业组织对其吸纳的会员和对会员的惩戒情况,应当及时向社会公布。

第二十一条 商标国际注册遵循中华人民共和国缔结或者参加的有关国际条约确立的制度,具体办法由国务院规定。

第二章 商标注册的申请

第二十二条 商标注册申请人应当按规定的商品分类表填报使用商标的商品类别和商品名称,提出注册申请。

商标注册申请人可以通过一份申请就多个类别的商品申请注册同一商标。

商标注册申请等有关文件,可以以书面方式或者数据电文方式提出。

第二十三条 注册商标需要在核定使用范围之外的商品上取

得商标专用权的，应当另行提出注册申请。

第二十四条　注册商标需要改变其标志的，应当重新提出注册申请。

第二十五条　商标注册申请人自其商标在外国第一次提出商标注册申请之日起六个月内，又在中国就相同商品以同一商标提出商标注册申请的，依照该外国同中国签订的协议或者共同参加的国际条约，或者按照相互承认优先权的原则，可以享有优先权。

依照前款要求优先权的，应当在提出商标注册申请的时候提出书面声明，并且在三个月内提交第一次提出的商标注册申请文件的副本；未提出书面声明或者逾期未提交商标注册申请文件副本的，视为未要求优先权。

第二十六条　商标在中国政府主办的或者承认的国际展览会展出的商品上首次使用的，自该商品展出之日起六个月内，该商标的注册申请人可以享有优先权。

依照前款要求优先权的，应当在提出商标注册申请的时候提出书面声明，并且在三个月内提交展出其商品的展览会名称、在展出商品上使用该商标的证据、展出日期等证明文件；未提出书面声明或者逾期未提交证明文件的，视为未要求优先权。

第二十七条　为申请商标注册所申报的事项和所提供的材料应当真实、准确、完整。

第三章　商标注册的审查和核准

第二十八条　对申请注册的商标，商标局应当自收到商标注册申请文件之日起九个月内审查完毕，符合本法有关规定的，予以初步审定公告。

第二十九条　在审查过程中，商标局认为商标注册申请内容需要说明或者修正的，可以要求申请人做出说明或者修正。申请人未做出说明或者修正的，不影响商标局做出审查决定。

第三十条 申请注册的商标，凡不符合本法有关规定或者同他人在同一种商品或者类似商品上已经注册的或者初步审定的商标相同或者近似的，由商标局驳回申请，不予公告。

第三十一条 两个或者两个以上的商标注册申请人，在同一种商品或者类似商品上，以相同或者近似的商标申请注册的，初步审定并公告申请在先的商标；同一天申请的，初步审定并公告使用在先的商标，驳回其他人的申请，不予公告。

第三十二条 申请商标注册不得损害他人现有的在先权利，也不得以不正当手段抢先注册他人已经使用并有一定影响的商标。

第三十三条 对初步审定公告的商标，自公告之日起三个月内，在先权利人、利害关系人认为违反本法第十三条第二款和第三款、第十五条、第十六条第一款、第三十条、第三十一条、第三十二条规定的，或者任何人认为违反本法第十条、第十一条、第十二条规定的，可以向商标局提出异议。公告期满无异议的，予以核准注册，发给商标注册证，并予公告。

第三十四条 对驳回申请、不予公告的商标，商标局应当书面通知商标注册申请人。商标注册申请人不服的，可以自收到通知之日起十五日内向商标评审委员会申请复审。商标评审委员会应当自收到申请之日起九个月内做出决定，并书面通知申请人。有特殊情况需要延长的，经国务院工商行政管理部门批准，可以延长三个月。当事人对商标评审委员会的决定不服的，可以自收到通知之日起三十日内向人民法院起诉。

第三十五条 对初步审定公告的商标提出异议的，商标局应当听取异议人和被异议人陈述事实和理由，经调查核实后，自公告期满之日起十二个月内做出是否准予注册的决定，并书面通知异议人和被异议人。有特殊情况需要延长的，经国务院工商行政管理部门批准，可以延长六个月。

商标局做出准予注册决定的，发给商标注册证，并予公告。异议人不服的，可以依照本法第四十四条、第四十五条的规定向商标评审委员会请求宣告该注册商标无效。

商标局做出不予注册决定，被异议人不服的，可以自收到通知之日起十五日内向商标评审委员会申请复审。商标评审委员会应当自收到申请之日起十二个月内做出复审决定，并书面通知异议人和被异议人。有特殊情况需要延长的，经国务院工商行政管理部门批准，可以延长六个月。被异议人对商标评审委员会的决定不服的，可以自收到通知之日起三十日内向人民法院起诉。人民法院应当通知异议人作为第三人参加诉讼。

商标评审委员会在依照前款规定进行复审的过程中，所涉及的在先权利的确定必须以人民法院正在审理或者行政机关正在处理的另一案件的结果为依据的，可以中止审查。中止原因消除后，应当恢复审查程序。

第三十六条　法定期限届满，当事人对商标局做出的驳回申请决定、不予注册决定不申请复审或者对商标评审委员会做出的复审决定不向人民法院起诉的，驳回申请决定、不予注册决定或者复审决定生效。

经审查异议不成立而准予注册的商标，商标注册申请人取得商标专用权的时间自初步审定公告三个月期满之日起计算。自该商标公告期满之日起至准予注册决定做出前，对他人在同一种或者类似商品上使用与该商标相同或者近似的标志的行为不具有追溯力；但是，因该使用人的恶意给商标注册人造成的损失，应当给予赔偿。

第三十七条　对商标注册申请和商标复审申请应当及时进行审查。

第三十八条　商标注册申请人或者注册人发现商标申请文件或者注册文件有明显错误的，可以申请更正。商标局依法在其职权范围内作出更正，并通知当事人。

前款所称更正错误不涉及商标申请文件或者注册文件的实质性内容。

第四章 注册商标的续展、变更、转让和使用许可

第三十九条 注册商标的有效期为十年，自核准注册之日起计算。

第四十条 注册商标有效期满，需要继续使用的，商标注册人应当在期满前十二个月内按照规定办理续展手续；在此期间未能办理的，可以给予六个月的宽展期。每次续展注册的有效期为十年，自该商标上一届有效期满次日起计算。期满未办理续展手续的，注销其注册商标。

商标局应当对续展注册的商标予以公告。

第四十一条 注册商标需要变更注册人的名义、地址或者其他注册事项的，应当提出变更申请。

第四十二条 转让注册商标的，转让人和受让人应当签订转让协议，并共同向商标局提出申请。受让人应当保证使用该注册商标的商品质量。

转让注册商标的，商标注册人对其在同一种商品上注册的近似的商标，或者在类似商品上注册的相同或者近似的商标，应当一并转让。

对容易导致混淆或者有其他不良影响的转让，商标局不予核准，书面通知申请人并说明理由。

转让注册商标经核准后，予以公告。受让人自公告之日起享有商标专用权。

第四十三条 商标注册人可以通过签订商标使用许可合同，许可他人使用其注册商标。许可人应当监督被许可人使用其注册商标的商品质量。被许可人应当保证使用该注册商标的商品

质量。

经许可使用他人注册商标的,必须在使用该注册商标的商品上标明被许可人的名称和商品产地。

许可他人使用其注册商标的,许可人应当将其商标使用许可报商标局备案,由商标局公告。商标使用许可未经备案不得对抗善意第三人。

第五章 注册商标的无效宣告

第四十四条 已经注册的商标,违反本法第十条、第十一条、第十二条规定的,或者是以欺骗手段或者其他不正当手段取得注册的,由商标局宣告该注册商标无效;其他单位或者个人可以请求商标评审委员会宣告该注册商标无效。

商标局做出宣告注册商标无效的决定,应当书面通知当事人。当事人对商标局的决定不服的,可以自收到通知之日起十五日内向商标评审委员会申请复审。商标评审委员会应当自收到申请之日起九个月内做出决定,并书面通知当事人。有特殊情况需要延长的,经国务院工商行政管理部门批准,可以延长三个月。当事人对商标评审委员会的决定不服的,可以自收到通知之日起三十日内向人民法院起诉。

其他单位或者个人请求商标评审委员会宣告注册商标无效的,商标评审委员会收到申请后,应当书面通知有关当事人,并限期提出答辩。商标评审委员会应当自收到申请之日起九个月内做出维持注册商标或者宣告注册商标无效的裁定,并书面通知当事人。有特殊情况需要延长的,经国务院工商行政管理部门批准,可以延长三个月。当事人对商标评审委员会的裁定不服的,可以自收到通知之日起三十日内向人民法院起诉。人民法院应当通知商标裁定程序的对方当事人作为第三人参加诉讼。

第四十五条 已经注册的商标,违反本法第十三条第二款和第三款、第十五条、第十六条第一款、第三十条、第三十一条、第三十二条规定的，自商标注册之日起五年内，在先权利人或者利害关系人可以请求商标评审委员会宣告该注册商标无效。对恶意注册的，驰名商标所有人不受五年的时间限制。

商标评审委员会收到宣告注册商标无效的申请后，应当书面通知有关当事人，并限期提出答辩。商标评审委员会应当自收到申请之日起十二个月内做出维持注册商标或者宣告注册商标无效的裁定，并书面通知当事人。有特殊情况需要延长的，经国务院工商行政管理部门批准，可以延长六个月。当事人对商标评审委员会的裁定不服的，可以自收到通知之日起三十日内向人民法院起诉。人民法院应当通知商标裁定程序的对方当事人作为第三人参加诉讼。

商标评审委员会在依照前款规定对无效宣告请求进行审查的过程中，所涉及的在先权利的确定必须以人民法院正在审理或者行政机关正在处理的另一案件的结果为依据的，可以中止审查。中止原因消除后，应当恢复审查程序。

第四十六条 法定期限届满，当事人对商标局宣告注册商标无效的决定不申请复审或者对商标评审委员会的复审决定、维持注册商标或者宣告注册商标无效的裁定不向人民法院起诉的，商标局的决定或者商标评审委员会的复审决定、裁定生效。

第四十七条 依照本法第四十四条、第四十五条的规定宣告无效的注册商标，由商标局予以公告，该注册商标专用权视为自始即不存在。

宣告注册商标无效的决定或者裁定，对宣告无效前人民法院做出并已执行的商标侵权案件的判决、裁定、调解书和工商行政管理部门做出并已执行的商标侵权案件的处理决定以及已经履行的商标转让或者使用许可合同不具有追溯力。但是，因商标注册人的恶意给他人造成的损失，应当给予赔偿。

依照前款规定不返还商标侵权赔偿金、商标转让费、商标使用费，明显违反公平原则的，应当全部或者部分返还。

第六章 商标使用的管理

第四十八条 本法所称商标的使用，是指将商标用于商品、商品包装或者容器以及商品交易文书上，或者将商标用于广告宣传、展览以及其他商业活动中，用于识别商品来源的行为。

第四十九条 商标注册人在使用注册商标的过程中，自行改变注册商标、注册人名义、地址或者其他注册事项的，由地方工商行政管理部门责令限期改正；期满不改正的，由商标局撤销其注册商标。

注册商标成为其核定使用的商品的通用名称或者没有正当理由连续三年不使用的，任何单位或者个人可以向商标局申请撤销该注册商标。商标局应当自收到申请之日起九个月内做出决定。有特殊情况需要延长的，经国务院工商行政管理部门批准，可以延长三个月。

第五十条 注册商标被撤销、被宣告无效或者期满不再续展的，自撤销、宣告无效或者注销之日起一年内，商标局对与该商标相同或者近似的商标注册申请，不予核准。

第五十一条 违反本法第六条规定的，由地方工商行政管理部门责令限期申请注册，违法经营额五万元以上的，可以处违法经营额百分之二十以下的罚款，没有违法经营额或者违法经营额不足五万元的，可以处一万元以下的罚款。

第五十二条 将未注册商标冒充注册商标使用的，或者使用未注册商标违反本法第十条规定的，由地方工商行政管理部门予以制止，限期改正，并可以予以通报，违法经营额五万元以上的，可以处违法经营额百分之二十以下的罚款，没有违法经营额或者违法经营额不足五万元的，可以处一万元以下的罚款。

第五十三条 违反本法第十四条第五款规定的，由地方工商行政管理部门责令改正，处十万元罚款。

第五十四条 对商标局撤销或者不予撤销注册商标的决定，当事人不服的，可以自收到通知之日起十五日内向商标评审委员会申请复审。商标评审委员会应当自收到申请之日起九个月内做出决定，并书面通知当事人。有特殊情况需要延长的，经国务院工商行政管理部门批准，可以延长三个月。当事人对商标评审委员会的决定不服的，可以自收到通知之日起三十日内向人民法院起诉。

第五十五条 法定期限届满，当事人对商标局做出的撤销注册商标的决定不申请复审或者对商标评审委员会做出的复审决定不向人民法院起诉的，撤销注册商标的决定、复审决定生效。

被撤销的注册商标，由商标局予以公告，该注册商标专用权自公告之日起终止。

第七章 注册商标专用权的保护

第五十六条 注册商标的专用权，以核准注册的商标和核定使用的商品为限。

第五十七条 有下列行为之一的，均属侵犯注册商标专用权：

（一）未经商标注册人的许可，在同一种商品上使用与其注册商标相同的商标的；

（二）未经商标注册人的许可，在同一种商品上使用与其注册商标近似的商标，或者在类似商品上使用与其注册商标相同或者近似的商标，容易导致混淆的；

（三）销售侵犯注册商标专用权的商品的；

（四）伪造、擅自制造他人注册商标标识或者销售伪造、擅自制造的注册商标标识的；

（五）未经商标注册人同意，更换其注册商标并将该更换商标的商品又投入市场的；

（六）故意为侵犯他人商标专用权行为提供便利条件，帮助他人实施侵犯商标专用权行为的；

（七）给他人的注册商标专用权造成其他损害的。

第五十八条 将他人注册商标、未注册的驰名商标作为企业名称中的字号使用，误导公众，构成不正当竞争行为的，依照《中华人民共和国反不正当竞争法》处理。

第五十九条 注册商标中含有的本商品的通用名称、图形、型号，或者直接表示商品的质量、主要原料、功能、用途、重量、数量及其他特点，或者含有的地名，注册商标专用权人无权禁止他人正当使用。

三维标志注册商标中含有的商品自身的性质产生的形状、为获得技术效果而需有的商品形状或者使商品具有实质性价值的形状，注册商标专用权人无权禁止他人正当使用。

商标注册人申请商标注册前，他人已经在同一种商品或者类似商品上先于商标注册人使用与注册商标相同或者近似并有一定影响的商标的，注册商标专用权人无权禁止该使用人在原使用范围内继续使用该商标，但可以要求其附加适当区别标识。

第六十条 有本法第五十七条所列侵犯注册商标专用权行为之一，引起纠纷的，由当事人协商解决；不愿协商或者协商不成的，商标注册人或者利害关系人可以向人民法院起诉，也可以请求工商行政管理部门处理。

工商行政管理部门处理时，认定侵权行为成立的，责令立即停止侵权行为，没收、销毁侵权商品和主要用于制造侵权商品、伪造注册商标标识的工具，违法经营额五万元以上的，可以处违法经营额五倍以下的罚款，没有违法经营额或者违法经营额不足五万元的，可以处二十五万元以下的罚款。对五年内实施两次以上商标侵权行为或者有其他严重情节的，应当从重处罚。销售不知道是侵犯注册商标专用权的商品，能证明该商品是自己合法取得并说明提供者的，由工商行政管理部门责令停止销售。

对侵犯商标专用权的赔偿数额的争议，当事人可以请求进行处理的工商行政管理部门调解，也可以依照《中华人民共和国民事诉讼法》向人民法院起诉。经工商行政管理部门调解，当事人未达成协议或者调解书生效后不履行的，当事人可以依照《中华人民共和国民事诉讼法》向人民法院起诉。

第六十一条 对侵犯注册商标专用权的行为，工商行政管理部门有权依法查处；涉嫌犯罪的，应当及时移送司法机关依法处理。

第六十二条 县级以上工商行政管理部门根据已经取得的违法嫌疑证据或者举报，对涉嫌侵犯他人注册商标专用权的行为进行查处时，可以行使下列职权：

（一）询问有关当事人，调查与侵犯他人注册商标专用权有关的情况；

（二）查阅、复制当事人与侵权活动有关的合同、发票、账簿以及其他有关资料；

（三）对当事人涉嫌从事侵犯他人注册商标专用权活动的场所实施现场检查；

（四）检查与侵权活动有关的物品；对有证据证明是侵犯他人注册商标专用权的物品，可以查封或者扣押。

工商行政管理部门依法行使前款规定的职权时，当事人应当予以协助、配合，不得拒绝、阻挠。

在查处商标侵权案件过程中，对商标权属存在争议或者权利人同时向人民法院提起商标侵权诉讼的，工商行政管理部门可以中止案件的查处。中止原因消除后，应当恢复或者终结案件查处程序。

第六十三条 侵犯商标专用权的赔偿数额，按照权利人因被侵权所受到的实际损失确定;实际损失难以确定的,可以按照侵权人因侵权所获得的利益确定;权利人的损失或者侵权人获得的利益难以确定的,参照该商标许可使用费的倍数合理确定。对恶意侵犯商标专用权,情节严重的,可以在按照上述方法确定数额的一倍以上三倍以下确定赔偿数额。赔偿数额应当包括权利人为制止侵权行为所支付的合理开支。

人民法院为确定赔偿数额,在权利人已经尽力举证,而与侵权行为相关的账簿、资料主要由侵权人掌握的情况下,可以责令侵权人提供与侵权行为相关的账簿、资料;侵权人不提供或者提供虚假的账簿、资料的,人民法院可以参考权利人的主张和提供的证据判定赔偿数额。

权利人因被侵权所受到的实际损失、侵权人因侵权所获得的利益、注册商标许可使用费难以确定的,由人民法院根据侵权行为的情节判决给予三百万元以下的赔偿。

第六十四条　注册商标专用权人请求赔偿,被控侵权人以注册商标专用权人未使用注册商标提出抗辩的,人民法院可以要求注册商标专用权人提供此前三年内实际使用该注册商标的证据。注册商标专用权人不能证明此前三年内实际使用过该注册商标,也不能证明因侵权行为受到其他损失的,被控侵权人不承担赔偿责任。

销售不知道是侵犯注册商标专用权的商品,能证明该商品是自己合法取得并说明提供者的,不承担赔偿责任。

第六十五条　商标注册人或者利害关系人有证据证明他人正在实施或者即将实施侵犯其注册商标专用权的行为,如不及时制止将会使其合法权益受到难以弥补的损害的,可以依法在起诉前向人民法院申请采取责令停止有关行为和财产保全的措施。

第六十六条　为制止侵权行为,在证据可能灭失或者以后难以取得的情况下,商标注册人或者利害关系人可以依法在起诉前向人民法院申请保全证据。

第六十七条 未经商标注册人许可，在同一种商品上使用与其注册商标相同的商标，构成犯罪的，除赔偿被侵权人的损失外，依法追究刑事责任。

伪造、擅自制造他人注册商标标识或者销售伪造、擅自制造的注册商标标识，构成犯罪的，除赔偿被侵权人的损失外，依法追究刑事责任。

销售明知是假冒注册商标的商品，构成犯罪的，除赔偿被侵权人的损失外，依法追究刑事责任。

第六十八条 商标代理机构有下列行为之一的，由工商行政管理部门责令限期改正，给予警告，处一万元以上十万元以下的罚款；对直接负责的主管人员和其他直接责任人员给予警告，处五千元以上五万元以下的罚款；构成犯罪的，依法追究刑事责任：

（一）办理商标事宜过程中，伪造、变造或者使用伪造、变造的法律文件、印章、签名的；

（二）以诋毁其他商标代理机构等手段招徕商标代理业务或者以其他不正当手段扰乱商标代理市场秩序的；

（三）违反本法第十九条第三款、第四款规定的。

商标代理机构有前款规定行为的，由工商行政管理部门记入信用档案；情节严重的，商标局、商标评审委员会并可以决定停止受理其办理商标代理业务，予以公告。

商标代理机构违反诚实信用原则，侵害委托人合法利益的，应当依法承担民事责任，并由商标代理行业组织按照章程规定予以惩戒。

第六十九条 从事商标注册、管理和复审工作的国家机关工作人员必须秉公执法，廉洁自律，忠于职守，文明服务。

商标局、商标评审委员会以及从事商标注册、管理和复审工作的国家机关工作人员不得从事商标代理业务和商品生产经营活动。

第七十条　工商行政管理部门应当建立健全内部监督制度，对负责商标注册、管理和复审工作的国家机关工作人员执行法律、行政法规和遵守纪律的情况，进行监督检查。

第七十一条　从事商标注册、管理和复审工作的国家机关工作人员玩忽职守、滥用职权、徇私舞弊，违法办理商标注册、管理和复审事项，收受当事人财物，牟取不正当利益，构成犯罪的，依法追究刑事责任；尚不构成犯罪的，依法给予处分。

第八章　附　　则

第七十二条　申请商标注册和办理其他商标事宜的，应当缴纳费用，具体收费标准另定。

第七十三条　本法自 1983 年 3 月 1 日起施行。1963 年 4 月 10 日国务院公布的《商标管理条例》同时废止；其他有关商标管理的规定，凡与本法抵触的，同时失效。

本法施行前已经注册的商标继续有效。

关于《中华人民共和国商标法修正案（草案）》的说明

——2012 年 12 月 24 日在第十一届全国人民代表大会常务委员会第三十次会议上

国家工商行政管理总局局长　周伯华

委员长、各位副委员长、秘书长、各位委员：

我受国务院委托，现对《中华人民共和国商标法修正案（草案）》作说明。

现行商标法于 1983 年 3 月 1 日起施行，1993 年、2001 年曾进行过两次修正。现行商标法实施以来，对保护商标专用权，推动我国经济社会发展发挥了重要作用。截至 2012 年上半年，我国商标累计申请量、累计注册量分别为 1054 万件、717 万件，有效注册商标已达 609 万件，均位居世界第一。但是，随着我国社会主义市场经济的发展，商标在经济生活中的作用越来越大，现行商标法有的内容已难以适应实践需要，主要是商标注册程序比较烦琐，商标确权时间过长，商标异议案件经商标局审理裁定就需约 20 个月时间；恶意注册商标现象比较常见，商标领域的不正当竞争现象比较严重；商标侵权尚未得到有效遏制，注册商标专用权保护有待加强。为了实施国家知识产权战略，充分发挥商标制度作用，更好地为加快转变经济发展方式服务,有必要对现行商标法进行修改。

工商总局在认真总结现行商标法实施经验的基础上,起草了《中华人民共和国商标法(修订送审稿)》(以下简称送审稿),于2009年11月18日报请国务院审批。收到此件后,法制办两次征求了中央和国家机关有关部门、地方人民政府、人民法院、各类企业、国内外相关协会、专家学者的意见,并向社会公开征求了意见;到广东、福建、黑龙江等地调研;召开了国际研讨会、专家论证会;会同工商总局与全国人大常委会法工委、高法院等反复沟通、商讨,对送审稿进行认真修改形成了草案。草案已经2012年10月31日国务院第223次常务会议讨论通过。现就草案主要内容说明如下:

一、关于修改的总体思路

本次修改商标法,在总体思路上把握了以下三点:一是在与我国参加的国际条约保持一致的前提下,重在立足国内实际需要进行修改。二是加强针对性,围绕实践中存在的主要问题完善有关制度,包括:方便申请人获得商标注册;规范商标申请、使用,维护公平竞争的市场秩序;加强商标专用权保护,切实保障权利人的合法权益。三是采取修正案的形式,保持现行商标法体例结构的稳定性。

二、为方便申请人注册商标进行的修改

(一)完善商标注册异议制度。现行商标法规定,商标注册申请初审公告后3个月内,任何人均可以任何理由提出异议;商标注册异议首先由商标局审查做出裁定,对商标局的裁定不服可以申请商标评审委员会复审,对复审决定不服可以提起诉讼,诉讼还可以经过一审和二审。提出商标异议的主体和理由过于宽泛、程序过于复杂,影响了申请人及时获得商标注册。为此,草案完善了异

议制度:一是限定提出异议的主体和理由。草案将可以提出异议的主体,由任何人改为认为这一商标注册申请侵犯了其已存在权利的在先权利人或者利害关系人;同时将据以提出异议的理由,限定为商标法规定的可能损害这一商标注册申请前已经存在的在先权利(第十五条)。其他人可以依照本法规定在商标获得注册后申请宣告该注册商标无效。这样,既减少了商标异议的数量,又保障了对商标不当授权的监督。二是简化程序。草案删除了商标局对商标异议进行审查做出裁定的环节,规定商标局对商标注册异议进行审查后直接做出准予或者不予注册的决定。对商标局认为异议不成立、准予注册的,异议人可以请求宣告该注册商标无效;对商标局认为异议成立、不予注册的,被异议人可以申请复审(第十七条)。对无效宣告决定或者复审决定,当事人不服的,还可以依法提起诉讼。这样,既省略了对商标局异议裁定的复审、诉讼程序,又保障了异议人、被异议人获得救济的权利。

(二)为方便申请人注册商标进行的其他修改。根据实际需要和国际商标领域的发展趋势,草案还对现行商标法作了以下三方面修改:一是增加可以注册的商标要素,规定声音、通过使用取得显著特征的单一颜色等可以作为商标注册(第二条)。二是明确"一标多类"申请方式,规定申请人可以通过一份申请就多个类别的商品申请注册同一商标(第十二条)。三是增加审查意见书制度,规定商标局在审查过程中可以向申请人发送《审查意见书》,要求申请人对其商标申请作出说明或者修正(第十四条)。

三、为维护公平竞争的市场秩序进行的修改

(一)明确对驰名商标实行个案认定、被动保护。驰名商标制度的本意是在发生商标争议时,对为相关公众所熟知的商标提供特殊保护:无论是否已经注册,驰名商标所有人均可以依法在一定范围内禁止他人注册、使用与该驰名商标相同或者近似的商标。

驰名商标认定是对事实的确认，应仅对争议的案件有效。但是，一些驰名商标所有人将其商标被认定为驰名商标宣传为其商品或者服务的质量得到国家承认，误导了消费者。为此，草案规定：驰名商标应当根据当事人的请求，作为处理涉及商标案件需要认定的事实进行认定。（第六条）

（二）禁止抢注因业务往来等关系明知他人已经在先使用的商标。为了防止将他人已经在先使用的商标抢先进行注册，草案规定，与他人具有合同、业务往来关系或者其他关系明知他人商标存在，而将他人在先使用的商标申请注册的，不予注册。（第七条）

（三）禁止将他人商标用作企业字号。实践中，有的人"傍名牌"，将他人商标用作企业字号。此类行为属于不正当竞争行为，为与反不正当竞争法相衔接，草案规定：将他人驰名商标、注册商标作为企业名称中的字号使用，误导公众，构成不正当竞争行为的，依照《中华人民共和国反不正当竞争法》处理。（第三十三条）

四、为加强商标专用权保护进行的修改

（一）增加应承担法律责任的侵犯注册商标专用权行为种类。根据实践需要，草案增加规定：故意为侵权提供便利条件，帮助他人实施侵犯商标专用权行为的，属于侵犯注册商标专用权行为。（第三十二条）

（二）增加惩罚性赔偿的规定，提高侵权赔偿额。针对实践中权利人维权成本高、往往得不偿失的现象，草案引入了惩罚性赔偿制度，规定对恶意侵犯商标专用权、情节严重的，可以在权利人因侵权受到的损失、侵权人因侵权获得的利益或者注册商标使用许可费的1倍到3倍的范围内确定赔偿数额。同时，草案还将在上述三种依据都无法查清的情况下法院可以酌情决定的法定赔偿额上限从50万元提高到100万元。（第三十七条第一款、第二款）

（三）减轻权利人举证负担。针对实践中权利人"举证难"导

致损害赔偿数额偏低现象,草案参考国外相关做法,增加规定:人民法院为确定赔偿数额,在权利人已经尽力举证,而与侵权行为相关的账簿、资料主要由侵权人掌握的情况下,可以责令侵权人提供与侵权行为相关的账簿、资料;侵权人不提供或者提供虚假的账簿、资料的,人民法院可以参考权利人的主张和提供的证据判定侵权赔偿数额。(第三十七条第一款)

《中华人民共和国商标法修正案(草案)》和以上说明是否妥当,请审议。

全国人民代表大会法律委员会关于《中华人民共和国商标法修正案(草案)》修改情况的汇报

全国人民代表大会常务委员会:

十一届全国人大常委会第三十次会议对商标法修正案(草案)进行了初次审议。会后,法制工作委员会将草案印发各省、自治区、直辖市和中央有关部门、部分企业、有关院校和研究机构征求意见。中国人大网全文公布草案,征求社会公众意见。法律委员会、财政经济委员会、法制工作委员会联合召开座谈会,听取企业、专家和法院系统对草案的意见。法律委员会、法制工作委员会还到北京、上海、浙江等地进行调研,听取意见;并就草案的有关问题与财政经济委员会、最高人民法院、国务院法制办公室、国家工商总局交换意见,共同研究。法律委员会于5月31日召开会议,根据常委会组成人员的审议意见和各方面意见,对草案进行了逐条审议。财政经济委员会和国务院法制办公室、国家工商总局有关负责同志列席会议。法律委员会认为,修正案草案为适应商标领域的新情况新要求,从简化商标注册异议程序、维护公平竞争的市场秩序、加强对商标专用权的保护等方面,对现行商标法进行修改是必要的。同时,应根据常委会组成人员的审议意见和各方面意见作进一步修改完善。6月17日,法律委员会召开会议,再次进行了审议。现将商标法修正案(草案)主要问题的修改情况汇报如下:

一、草案第二条第二款规定，在商品、商品包装上使用的单一颜色，通过使用取得显著特征，能够将该商品与其他的商品区别开的，可以作为商标申请注册。一些地方、专家和企业提出，单一颜色资源有限，常人可识别的颜色只有100多种，如果允许注册单一颜色商标可能造成商标注册人对颜色的垄断，同时通过单一颜色区别商品来源的难度也较大，实践中容易产生混淆，不赞成这样规定。法律委员会经研究认为，实践中我国企业还没有将单一颜色作为商标注册的需求，且在商标注册、管理等环节也缺少相应实践，可暂不在法律中明确。据此，删除了草案关于单一颜色可以注册商标的规定。（修正案草案二次审议稿第三条）

二、一些常委委员、地方、部门和企业提出，实践中存在将驰名商标作为一种荣誉称号的误区，盲目追求驰名商标认定，甚至出现弄虚作假的情况和其他弊端，建议进一步明确驰名商标的内涵，按照"个案认定、被动保护"的原则，对驰名商标认定机关、认定环节等作出明确规定，并禁止以驰名商标进行广告宣传，避免误导消费者。法律委员会经研究，建议增加以下规定：一是明确规定较长时间持续使用并为相关公众所熟知的商标，持有人认为其权利受到侵害时，可以依照本法规定请求驰名商标保护。二是明确规定在商标注册审查、商标争议处理、查处商标侵权案件以及商标民事、行政案件审理过程中，当事人主张驰名商标权利的，商标局、商标评审委员会和有关人民法院，可以对商标驰名情况作出认定。三是明确禁止生产、经营者将"驰名商标"字样用于商品、商品包装或者容器上，或者用于广告宣传、展览以及其他商业活动中。（修正案草案二次审议稿第七条、第八条）

三、一些地方、部门、企业提出，实践中一些商标代理组织违反诚实信用原则，利用其业务上的优势帮助委托人进行恶意商标注册，甚至自己恶意抢注他人商标牟利，建议进一步对商标代理活动予以规范。法律委员会经研究，建议增加以下规定：一是明确委托人申请注册的商标可能存在商标法规定不得注册情形的，商标代理组织应当明确告知委托人。二是规定商标代理组织知道或者应当知道委托人申请注册的商标属于恶意抢注他人商标或者侵犯他人在先权利的，不得接受委托。三是明确商标代理组织不得自行申请注册商标牟利。四是对违反法律规定和诚实信用原则，且情节严重的商标代理组织，商标局、商标评审委员会可以决定停止受理其办理商标代理业务，予以公告。（修正案草案二次审议稿第十一条、第五十一条）

四、一些地方、部门、企业提出，目前法律、行政法规、部门规章均未对商标注册的审查时限作出规定，实践中审查时间较长，致使一些企业的商标权益长期处于不确定状态，建议明确审查时限。法律委员会经研究，建议增加关于审查时限的规定，即商标局初步审查时限为九个月、公告异议期为三个月，对异议申请调查核实的时限为九个月，商标评审委员会对商标局驳回申请不予公告决定进行复审的时限为六个月、对商标局认为异议成立而不予注册决定复审的时限为九个月；有特殊情况需要延长的，经国务院工商行政管理部门批准，可以作适当延长（修正案草案二次审议稿第十七条、第十九条、第二十条、第二十一条）。此外，对商标无效宣告、撤销的审查时限作了相应规定。（修正案草案二次审议稿第二十八条、第三十三条、第三十九条）

五、为了增强商标法的可操作性，根据有关方面意见，法律委员会经研究，建议作如下修改：一是将商标法实施条例中涉及当事人民事权利的有关规定上升为法律，增加两项规定：第一，经审查异议不成立而准予注册的商标，商标专用权对异议审查期间不具有追溯力。第二，转让注册商标的，注册人对其在同一种或者类似商品上注册的相同或者近似的商标，应当一并转让。对容易产生混淆或者有其他不良影响的转让，商标局不予核准。二是对在民事诉讼法、产品质量法等法律中已有明确规定的，如起诉前申请人民法院责令停止有关行为和申请证据保全的程序，对商品粗制滥造，欺骗消费者行为的规范等，不再重复规定。（修正案草案二次审议稿第二十二条第二款、第二十五条、第三十四条、第三十七条、第四十九条、第五十条）

六、一些常委委员、地方、部门和企业提出，为加强注册商标专用权的保护，应当提高违法成本，加大对商标侵权行为的打击力度。法律委员会经研究，建议作如下修改：一是将工商行政管理部门查处侵权案件时，可以没收、销毁的对象由“专门”制造侵权商品、伪造注册商标标识的工具，修改为“主要”制造侵权商品、伪造注册商标标识的工具。二是将侵权案件的法定赔偿额由“一百万元以下”提高到“二万元以上二百万元以下”。（修正案草案二次审议稿第四十五条第二款、第四十七条第三款）

此外，还对修正案草案作了一些文字修改。

修正案草案二次审议稿已按上述意见作了修改，法律委员会建议提请本次常委会会议继续审议。

修正案草案二次审议稿和以上汇报是否妥当，请审议。

全国人民代表大会法律委员会

2013 年 6 月 26 日

全国人民代表大会法律委员会关于《中华人民共和国商标法修正案（草案）》审议结果的报告

全国人民代表大会常务委员会：

常委会第三次会议对商标法修正案（草案二次审议稿）进行了审议。会后，法律委员会、法制工作委员会听取了一些全国人大代表和专家学者的意见，就常委会组成人员的审议意见涉及的问题进行专题研究，并与财政经济委员会、最高人民法院、国务院法制办公室、国家工商行政管理总局就草案的有关问题交换意见，沟通情况。法律委员会于7月30日召开会议，根据常委会组成人员的审议意见和各方面意见，对修正案草案进行了逐条审议。财政经济委员会、国务院法制办公室、国家工商行政管理总局的负责同志列席了会议。8月20日，法律委员会召开会议，再次进行审议。法律委员会认为，为了进一步完善商标注册、审查程序，方便申请人注册商标，加强商标专用权保护，维护公平竞争的市场秩序，在总结实践经验的基础上，对现行商标法进行修改是必要的。修正案草案经过了两次审议修改，已经比较成熟。同时，提出以下主要修改意见：

一、有的常委委员提出，修正案草案二次审议稿第三条增加了“声音”可以作为商标注册的规定，同时也应明确“国歌”、“军歌”不得作为商标注册和使用。法律委员会经研究，建议在禁止作为

商标标志使用的规定中，增加同我国的“国歌”、“军歌”相同或者近似的标志。（修改决定草案第五条）

二、修正案草案二次审议稿对商标局、商标评审委员会审查商标争议案件的基本时限，按不同案件分别规定为六个月或九个月；特殊情况经批准，可分别延长六个月或九个月。国家工商行政管理总局提出，商标案件多、审查人员少的矛盾十分突出，近期难以改变。经过近年来的努力，目前商标案件的平均审查时限，只能根据案件的不同类型分别控制在十二个月或十八个月内，其中涉及单方当事人的案件在九个月内审查完毕的占76%，涉及双方当事人的案件在十二个月内审查完毕的占67%，多数案件确实难以在草案二次审议稿规定的六个月或九个月的基本时限内完成。而如果多数案件都要按延长时限办理，会使法律规定的特殊情况变成一般情况，影响法律的严肃性。建议适当延长审查商标案件的基本时限。法律委员会经研究，考虑到既要从严控制商标审查时限，提高审查工作效率，又要使法律的规定切实可行，建议在保持总的审查时限不变的情况下，对商标审查的基本时限作适当调整，即分别由六个月或九个月调整为九个月或十二个月；有特殊情况经批准可延长的时限，相应由六个月或九个月调整为三个月或六个月。（修改决定草案第二十一条、第二十二条、第二十九条、第三十四条、第四十条）

三、国家工商行政管理总局和有些专家提出，商标评审委员会审查的商标争议案件中，有些是当事人以侵犯其外观设计专利权、著作权等在先权利为由提起的，如果对所涉及的在先权利存在争议，正在人民法院审理或有关行政机关处理过程中，商标评审委员会的审查程序需要中止，待人民法院或有关行政机关对相关在先权利争议案件作出判决或处理决定后，再恢复审查程序。法律委员会经研究，建议增加规定：商标评审委员会在对有关案件的审查过程中，所涉及的在先权利的确定必须以人民法院正在审理或者行政机关正在处理的另一案件的结果为依据的，可以中止审查。中止原因消除后，恢复审查程序。（修改决定草案第二十二条、第二十九条）

四、现行商标法第五十条、第五十三条对当事人不服工商行政管理部门的处理、处罚决定提起行政诉讼的问题作了规定。有些专家提出，对此可以直接依照行政诉讼法的规定执行，本法可不再另作规定。法律委员会经研究，建议删去现行商标法的上述相关规定。（修改决定草案第四十二条、第四十六条）

五、修正案草案二次审议稿第四十七条将现行商标法规定的侵犯注册商标专用权的法定赔偿额的上限，由五十万元提高到二百万元。有些常委委员提出，法定赔偿额还应再适当提高。法律委员会经研究，建议将法定赔偿额的上限，由二百万元提高为三百万元，不设下限。（修改决定草案第四十八条）

六、修正案草案二次审议稿第五十一条规定，对有违法行为的商标代理机构，责令限期改正，给予警告，处以罚款，情节严重的，停止受理其办理商标代理业务，并予以公告。有的常委委员提出，对有违法行为的商标代理机构，应该在给予上述处罚的基础上，增加工商行政管理部门将其违法行为记入信用档案的规定。法律委员会经研究，建议增加规定：商标代理机构有违反本法规定行为的，除依法追究其法律责任外，由工商行政管理部门记入信用档案。（修改决定草案第五十二条）

此外，还对修正案草案二次审议稿作了一些文字修改。

8 月 2 日，法制工作委员会召开会议，邀请全国人大代表、专家学者、企业和商标代理机构等方面的代表，就修正案草案的主要修改内容的可行性、出台时机、实施后的社会效果及实施中可能出现的问题进行了论证评估。总的评价是：草案针对现行商标法实施中的新情况新问题，进一步完善了商标注册、审查和商标专用权保护的规定，厘清了驰名商标保护制度，规范的内容明确、具体，针对性和可操作性强,现在出台是必要的、适时的。有的会议代表还对修正案草案提出了一些具体修改意见,法律委员会进行了认真研究,对有的意见予以采纳。

本次修改商标法,为规范行政行为,提高审查效率,增加了关于商标审查时限的规定。法律委员会建议国务院有关部门进一步加强商标的审查和评审队伍建设与保障,提高审查能力和水平,在法定时限内高质量完成审查工作。

法律委员会已按上述意见提出了全国人民代表大会常务委员会关于修改《中华人民共和国商标法》的决定(草案)。法律委员会建议,修改决定草案经本次常委会会议审议通过。

修改决定草案和以上报告是否妥当,请审议。

全国人民代表大会法律委员会

2013 年 8 月 26 日

全国人民代表大会法律委员会关于《全国人民代表大会常务委员会关于修改〈中华人民共和国商标法〉的决定(草案)》修改意见的报告

全国人民代表大会常务委员会：

本次常委会会议于8月27日上午对关于修改商标法的决定(草案)进行了分组审议，普遍认为，草案已经比较成熟，建议进一步修改后，提请本次会议通过。同时，有些常委会组成人员还提出了一些修改意见。法律委员会于8月27日下午召开会议，逐条研究了常委会组成人员的审议意见，对草案进行了审议。财政经济委员会、国务院法制办公室、国家工商行政管理总局的负责同志列席了会议。法律委员会认为，草案是可行的，同时，提出以下修改意见：

一、修改决定草案第四条在现行商标法第九条中增加了申请注册和使用商标应当遵循诚实信用原则的规定。有些常委会组成人员提出，现行商标法第九条是关于商标注册的规定，而诚实信用是商标注册和使用都应遵循的重要原则，放在这一条中不够恰当。法律委员会经研究，建议将上述规定移至现行商标法第七条，作为该条第一款。(修改决定草案建议表决稿第三条)

二、修改决定草案第八条中规定，在商标注册审查、工商行政管理部门查处侵犯注册商标专用权案件过程中，当事人请求给予驰名商标保护的，商标局可以对该商标驰名情况作出认定。有的常委委员提出，根据现行商标法第十三条的规定，对未注册的驰名商标，也在规定范围内给予保护。草案第八条将商标局可以认定驰名商标的情形，限于在商标注册审查和查处侵犯注册商标专用权案件过程中，不够全面。法律委员会经研究，建议将草案上述规定中的“查处侵犯注册商标专用权案件”，修改为“查处商标违法案件”，即在查处涉嫌侵犯未注册的驰名商标持有人权利的案件中，也可以对商标驰名情况进行认定。（修改决定草案建议表决稿第八条）

三、修改决定草案对商标评审委员会审查商标争议案件的时限作了规定。有的常委委员建议，对审查时限的起始时间予以明确。法律委员会经研究，建议在相关条文中将审查时限的起始时间明确为“自收到申请之日起”。（修改决定草案建议表决稿第二十一条、第二十二条、第二十九条、第四十条）

四、修改决定草案第三十四条规定，商标注册人自行改变商标注册事项的，由商标局责令限期改正，期满不改正的，由商标局撤销其注册商标。有的常委委员提出，为增强法律的可操作性，对自行改变注册商标事项的行为，可由地方工商行政管理部门责令限期改正。目前实际上也是这么做的。法律委员会经研究，建议将上述规定中的“由商标局责令限期改正”，修改为“由地方工商行政管理部门责令限期改正”。（修改决定草案建议表决稿第三十四条）

五、修改决定草案第五十二条对商标代理机构伪造、变造或者使用伪造、变造的法律文件、印章、签名的行为规定了行政处罚。有的常委委员提出，上述行为构成犯罪的，还应追究刑事责任。法律委员会经研究，建议在这一条第一款中增加规定，“构成犯罪的，依法追究刑事责任”。（修改决定草案建议表决稿第五十二条）

此外,根据常委会组成人员的审议意见,还对修改决定草案作了个别文字修改。

修改决定草案建议表决稿已按上述意见作了修改,法律委员会建议本次常委会会议通过。

修改决定草案建议表决稿和以上报告是否妥当,请审议。

全国人民代表大会法律委员会

2013 年 8 月 29 日

关于驰名商标保护

一、国际公约关于驰名商标保护的规定

商标权的取得,在国际上有使用取得和注册取得两种方式,前者以在先使用商标的事实作为确定商标权归属的依据,后者以在先注册的事实作为确定商标权归属的依据。同时,商标权的保护具有地域性,即依照一国法律取得的商标权,仅在该国地域范围内有效。随着国际贸易范围的扩大,实践中出现了利用商标权取得制度的差异和商标权保护的地域性限制,进行不正当竞争的行为,如将在采取使用取得制度国家(甲国)已经获得保护并有一定知名度的未注册商标,在采取注册取得制度的国家(乙国)进行注册,并禁止甲国的原使用人在乙国继续使用。这些行为不但损害了原商标使用人的利益,而且会造成消费者对商品的来源产生混淆。

为解决这一问题,1925 年海牙外交会议对保护工业产权巴黎公约(以下简称巴黎公约)进行了修订,增加了有关保护驰名商标(Well - known Mark)的规定(即第六条之二),其核心精神是,尽管甲国的商标未在乙国注册,但如果其事实上已经广为知晓,且经乙国主管机构认定为驰名,乙国应当拒绝他人的在先注册申请,他人已经在先注册的,应当撤销其注册。该规定经多次修改,其最终文本为:“本联盟各国承诺,应依职权(如本国法律允许),或依利害关系人的请求,对商标注册国或使用国主管机关认为在该国已经驰名,属于有权享受本公约利益的人所有、并且用于相同或类似商品

的商标构成复制、摹仿或翻译,易于产生混淆的商标,拒绝或撤销注册,并禁止使用”。

世界贸易组织与贸易有关的知识产权协定(以下简称TRIPS)第十六条在巴黎公约上述规定的基础上,进一步扩大了驰名商标的保护范围:一是,将保护对象从商品商标扩大到服务商标;二是,如果商标已经在成员国注册并且驰名,且他人的使用会表明他人的商品或服务与驰名商标所有者之间存在某种联系,并且有可能损害驰名商标所有者的利益,那么,其在该成员国的保护范围将由其实际注册的“相同或者类似商品或者服务”扩大到其未注册的“不相同或者不相类似商品或者服务”。

可见,从国际条约的原意来看,驰名商标保护制度设立的目的,主要是为弥补商标注册制度的不足,对相关公众所熟知的商标在其未注册的部分领域提供保护(对未注册驰名商标提供保护、扩大已经注册的驰名商标的保护范围),制止他人复制模仿、傍名牌的不正当竞争行为,防止消费者对商品来源产生混淆。对驰名商标进行认定,只是判断能否获得这种保护的前提,该认定只在个案中有效。同时,商标“驰名”仅表明其为特定领域的相关公众所熟知,并不表明其产品质量更佳、企业信誉更好。

二、一些国家关于驰名商标保护的规定

1. 美国对驰名商标的保护

美国是承认商标权使用取得的国家,只要是在先使用的未注册商标,无论是否使驰名,都可以获得与注册商标等同的保护,这实际上已经履行了巴黎公约规定的义务。

同时,美国制定了专门的反商标淡化法,通过反淡化的方式对驰名商标进行保护(商标淡化,是指在非竞争市场上,即在不相同、不相类似的产品或者服务上,使用与享有一定声誉的商标相同或近似的商标或者企业名称,使该商标丧失指示单一来源的能力)。

在反商标淡化法中,这种受保护的商标被称为著名商标(Famous Mark),著名商标不需要在美国注册,但应当在美国使用,并作为指示唯一商品来源的标识而为全美国的普通消费公众所广泛知晓。在保护上,禁止他人对著名商标的淡化,包括:禁止将与著名商标相同或者类似的标志用于其他类别的商品或者服务,导致消费者心中该商标与特定商品的联系减弱(即商标弱化);并禁止将与著名商标相同或者类似的标志用于容易让人产生负面联想的其他类别的商品或者服务,使该商标的声誉受损(即商标丑化)。

2. 欧盟主要国家对驰名商标的保护

德国、法国、意大利等欧盟国家在实践中对巴黎公约和 TRIPS 规定的驰名商标作了明确的区分,分别实行保护:

根据巴黎公约第六条之二应予保护的驰名商标称为巴黎公约意义上的驰名商标(Well - known Mark under Paris Convention)。该商标无须在本国注册,即与本国在先注册商标一样,构成本国在先商标权利的一种,享受与本国注册商标同等的保护。其保护范围是:禁止他人在相同的商品或者服务上注册或者使用与该驰名商标相同的商标;禁止他人在相同或者类似商品或者服务上注册或者使用与该驰名商标相同或者类似的商标,如果这种注册或使用可能造成相关公众对商品或服务的来源产生混淆,或者以为二者之间存在某种联系。

根据 TRIPS 第十六条规定应予保护的驰名商标称为声誉商标(Trademark with a Reputation)。声誉商标应当在本国注册,并在本国广泛享有声誉。其保护范围是,如果他人注册或者使用商标可能不正当地利用或者损害声誉商标的显著性或者声誉,且没有正当理由的,则禁止他人在不相同的商品或者服务上注册或者使用与该声誉商标相同或者类似的商标。

这些国家认为,巴黎公约意义上的驰名商标只需要在特定地域或者特定领域的相关公众中驰名即可,声誉商标则需要在全国范围内、普通社会公众中广泛驰名,后者比前者对商标的驰名程度要求更高。

3. 日本对驰名商标的保护

日本对驰名商标的保护比较全面:一是明确不得注册与为消费者广为熟知的商标相同或者类似的商标。二是允许为消费者广泛熟知的商标进行防御商标注册。日本商标法第六十四条规定,在某一注册商标已为消费者广泛认知的情况下,若他人在该商标指定商品或者类似商品之外的商品或者服务上使用该注册商标,容易产生混淆时,商标权人可以就该可能产生混淆的商品或者服务上注册与其注册商标同一标志的防御商标。同时按照日本商标法第六十八条的规定,防御商标不受该法关于注册商标三年不使用就予以撤销规定的限制。

三、我国关于保护驰名商标的规定

我国于1985年加入巴黎公约,开始负有保护驰名商标的义务;2001年加入世界贸易组织以后,开始负有TRIPS规定的扩大保护驰名商标的义务。

1982年制定的商标法未对驰名商标保护制度作出规定。1993年对商标法进行了第一次修改,也没有在法律中明确规定对驰名商标给予保护,但增加了关于"以欺骗手段或者其他不正当手段取得注册的"的商标可以由国家工商行政管理局商标局(以下简称商标局)撤销的规定。在国家工商行政管理局制定并经国务院批准的商标法实施细则中,将"违反诚实信用原则,以复制、模仿、翻译等方式,将他人已为公众熟知的商标进行注册"的行为作为商标法规定的"以欺骗手段或者其他不正当手段取得注册"的行为,实际上已经对驰名商标给予了部分保护。

2001年,我国第二次修改商标法,增加了关于驰名商标保护的规定。第十三条明确了对驰名商标的保护方式:就相同或者类似商品申请注册的商标是复制、摹仿或者翻译他人未在中国注册的驰名商标,容易导致混淆的,不予注册并禁止使用;就不相同或者不相类似商品申请注册的商标是复制、摹仿或者翻译他人已经在中国注册的驰名商标,误导公众,致使该驰名商标注册人的利益可能受到损害的,不予注册并禁止使用。第十四条对认定驰名商标应当考虑的因素作了规定,但未对需要进行驰名商标认定的情形作出规定。2002 年,商标法实施条例补充了这一规定,即"在商标注册、商标评审过程中产生争议时,有关当事人认为其商标构成驰名商标的",或者"使用商标违反商标法第十三条规定的",可以进行驰名商标认定。

2012 年 11 月,国务院将商标法修正案草案提请全国人大常委会审议,商标法第三次修改工作正式进入立法程序。草案就驰名商标的认定前提、认定效力专门增加规定:"驰名商标应当根据当事人的请求,作为处理涉及商标案件需要认定的事实进行认定。"

四、我国驰名商标认定中出现的问题及采取的措施

在我国实践中,对驰名商标的认识产生了偏差:一些企业将其作为市场推广、广告宣传的资源,诱导社会公众将驰名商标认定作为国家对商品质量和企业信誉的认可。一些地方政府有关部门将驰名商标数量视为政绩。驰名商标认定由手段变成目的,部分企业想方设法甚至不惜虚构商标争议获取驰名商标认定,有的地方政府不但帮助企业争取驰名商标认定,而且对获得认定的企业给予巨额奖励。一些商标代理组织甚至以代理认定驰名商标作为获取高额代理费的手段。结果,出现了驰名商标认定数量剧增、部分"驰名商标不驰名"以及驰名商标认定过程中的腐败等问题,引致对驰名商标制度的质疑。

实践中的驰名商标认定有工商部门的行政认定和法院的司法认定两种形式:

（一）工商部门认定驰名商标的情况

实践中对驰名商标进行认定并予以保护的时间，要早于法律确定驰名商标保护制度的时间。资料显示，自 1986 年至 1989 年，商标局先后认定了永久、米老鼠、唐老鸭、PIZZA HUT、人头马及图形（2 件）、MARLBORO、Lux 及力士、Marlboro 及万宝路、同仁堂、VOLVO、Champagne、ROLEX、MONDI、ALCAN 等 15 件商标为驰名商标，其中仅 2 件为中国企业所持有。

进入 20 世纪 90 年代以后，有关方面将驰名商标认定工作作为提高企业商标意识、发展社会主义商品经济、参与国际竞争的手段，在驰名商标认定过程中的主动性开始增强。1990 年 12 月，中国消费者报、法制日报和中央电视台三家媒体主办发起“首届中国驰名商标消费者评选活动”，“贵州茅台”酒、“凤凰”自行车等十个商标在 1991 年被评为“中国驰名商标”，商标局为其颁发了《中国驰名商标证书》。1996 年，国家工商局颁布了驰名商标认定和管理暂行规定，明确：商标局可以根据商标注册人请求，或者根据商标注册和管理工作的需要认定驰名商标，并对被认定的驰名商标规定了保护措施。由于该规定并未对需要进行驰名商标认定的情形予以明确，客观上允许对没有发生纠纷案件的商标作出认定。该规定还明确，经商标局认定的驰名商标，认定时间未超过三年的，无须重新提出认定申请，使驰名商标实际上可以享受“三年有效期的保护”。实践中驰名商标的评选、认定活动一度常态化，定期评选、公告、发给证书、政府表彰并登报宣传，以吸引企业争创驰名商标。这一做法被称为“批量认定、主动保护”。

但是，巴黎公约和 TRIPS 规定驰名商标保护义务，目的在于防止已经驰名的商标被他人侵害，而非将被认定为驰名商标这个事实用于企业的市场推广。因此，国家工商局的“批量认定、主动保护”受到了社会各界特别是专家学者的强烈批评。2000 年，国家工商局发布了关于申请认定驰名商标若干问题的通知，明确规定，他人将与申请人申请认定商标相同或者近似的标识、文字申请注册、使用,用作企业名称,或者在境外恶意注册,可能损害申请人权益或者引起公众混淆的,或者他人对申请人权益造成其他损害的,才可以申请驰名商标认定。2003年,国家工商总局制定了驰名商标认定和保护规定,进一步明确了驰名商标"个案认定、被动保护"的原则,即当事人认为他人经初步审定并公告的商标或已经注册的商标违反商标法第十三条规定的,或者当事人认为他人使用的商标属于商标法第十三条规定的情形,请求保护其驰名商标的,才可以进行驰名商标认定。2009年,国家工商总局制定了驰名商标认定工作细则,明确规定:认定驰名商标,需要经过商标局、国家工商行政管理总局商标评审委员会(以下简称商评委)的受理、整理和审查,商标局局长办公会、商评委委务会的审定,驰名商标认定委员会(其成员包括商标局和商评委的局长、主任、副局长、副主任、巡视员、副巡视员)的复审,工商总局局长办公会的审核等程序。

自1985年我国加入巴黎公约到2003年驰名商标认定和保护规定颁布,商标局和商评委在18年时间里共认定293件驰名商标;2003年以后,驰名商标认定数量出现了大幅度增长,到2011年年底,商标局和商评委共认定驰名商标3570件,其中,仅2011年一年就认定驰名商标874件。

(二)法院认定驰名商标情况

2001年修改商标法、在法律中增加关于驰名商标保护的规定后,人民法院开始在审判实践中认定驰名商标。据最高人民法院知识产权庭提供的不完全统计,2001年至2006年,全国法院共认定驰名商标220件;2007年至2008年,法院认定驰名商标数量达到顶峰,两年共认定269件。2009年以后,各人民法院对驰名商标认定均持较为谨慎的态度,认定数量较少,目前暂无准确的统计数字。

在人民法院认定驰名商标的初期,对管辖问题未作专门限制,所有对商标民事纠纷案件有管辖权的法院都可以认定驰名商标，全国有超过400个中级法院和30个基层法院拥有驰名商标认定权。同时，各地法院对驰名商标认定的标准掌握不一，再加上社会对驰名商标认识的偏差，实践中产生了一些不正常的现象，例如一些缺乏知识产权审判经验的中西部地区的法院认定驰名商标数量比经济发达地区多(2007年至2008年，北京认定驰名商标3件，上海认定4件，而内蒙古认定48件，黑龙江认定41件)；一些案件在庭审过程中被告对原告商标驰名的事实表示认可，主动承认侵权，且一审败诉后不上诉。上述现象的产生，主要在于一些法院对驰名商标保护制度把握不准，认定标准不严，将商标驰名的事实与其他事实等同，运用民事诉讼的证据自认规则进行认定，只要被告不否认，就予以认定，客观上为少数企业虚构案件获得认定提供了机会。

为了解决实践中出现的问题，最高人民法院采取了一系列措施。2006年，最高人民法院下发了《关于建立驰名商标司法认定备案制度的通知》，要求各高级人民法院将此前和以后涉及驰名商标认定案件的法律文书及统计表报最高人民法院民三庭备案。2009年1月，最高人民法院发布《关于涉及驰名商标认定的民事纠纷案件管辖问题的通知》，对有权认定驰名商标的法院范围进行限制，即涉及驰名商标认定的民事纠纷案件，由省、自治区人民政府所在地的市、计划单列市中级人民法院，以及直辖市辖区内的中级人民法院管辖；其他中级人民法院管辖此类民事纠纷案件，需报经最高人民法院批准；未经批准的中级人民法院不再受理此类案件。目前，共有44个中级法院有权进行驰名商标认定。2009年4月，最高人民法院出台了《关于审理涉及驰名商标保护的民事纠纷案件应用法律若干问题的解释》，进一步规范驰名商标认定工作，对应当进行驰名商标认定的情形和不必进行驰名商标认定的情形，主张商标驰名应当提供的证据，人民法院对于商标驰名的事实不适用民事诉讼证据的自认规则等都做了规定;而且,其中还特别规定,在涉及驰名商标保护的民事纠纷案件中,人民法院对于商标驰名的认定,仅作为案件事实和判决理由,不写入判决主文;以调解方式审结的,在调解书中对商标驰名的事实不予认定。

关于未注册商标的保护

商标权的取得,在实践中有使用取得和注册取得两种方式,前者以在先使用商标的事实作为确定商标权归属的依据,后者以在先注册的事实作为商标权归属的依据。随着经济的发展和商业活动范围的扩大,在实践中确定谁最先使用某一商标变得越来越困难,使用取得方式具有的商标权利归属不稳定和不便于操作等弊端日益突显,目前几乎没有任何国家单纯采用商标权使用取得制度,注册取得商标权已成为国际上通行的做法。在注册取得制度下,由于采取自愿注册原则,实践中可能存在大量实际使用而未经注册的商标,对于这些未注册商标,仅因其未经注册就不予任何保护,既有失公平,也可能使消费者对商品来源产生混淆。因此,有关国际条约和一些国家、地区在采用注册取得制度,赋予注册商标专用权的同时,对符合规定的未注册商标也给予一定的保护。

一、有关国际条约对未注册商标的保护

1. 对未注册驰名商标的保护

保护工业产权巴黎公约第六条之二规定了对未注册驰名商标的保护。即对于在商品上使用的未注册驰名商标,他人对其进行复制、摹仿或者翻译,用于相同或者类似商品上,容易导致混淆的,主管机关应当拒绝或取消注册并禁止使用。世界贸易组织与贸易有关的知识产权协定第十六条对巴黎公约的上述规定进行了补

充，将适用范围扩大到服务商标。

2. 禁止代理人或者代表人抢注

保护工业产权巴黎公约第六条之七对代理人或代表人未经授权抢注未注册商标作出了禁止性规定。即商标所有人的代理人或代表人，未经该所有人授权而以自己的名义申请该商标注册，该所有人有权反对所申请的注册或要求取消注册，如该国法律允许，该所有人还可以要求将该项注册转让给自己，但代理人或代表人能证明其行为是正当的除外。

二、一些国家和地区对未注册商标的保护

除履行有关国际条约对未注册商标的保护义务外，一些国家、地区还根据本国的实际情况，在商标法或者反不正当竞争法中对未注册商标给予保护，但保护的程度、范围不尽相同。

1. 给予未注册商标与注册商标等同的保护

在一些承认商标权使用取得的国家，未注册商标和注册商标可以获得等同的保护，美国是其典型的代表。美国商标法以使用原则为基础，同时承认商标权的使用取得和注册取得。按照美国商标法的规定，经营者在证明自己已经真实使用或者意图真实使用特定商标的基础上，可以向美国专利商标局申请注册联邦商标，联邦商标一经注册，即获得在全国范围内的排他性使用权；同时，商标权也属于民事权利，经营者将特定商标用于商业活动中，只要他最早使用并且持续使用该商标，即使没有注册，也可以获得普通法上的保护，该商标在其实际使用的地域范围内享有排他性使用权。为了防止使用取得和注册取得制度并存在实践中可能产生的冲突，美国商标法还专门对在后注册商标与在先使用的未注册商标的争议处理作出了规定：（1）在审查注册申请期间，美国专利商标局如果发现存在在先使用该商标的情形，则驳回该注册申请。（2）在注册后连续使用满五年前，在先使用人可以向商标审查与上

诉委员会请求撤销该商标注册。(3)在注册并连续使用满五年后,该注册商标成为不容置疑的商标,在先使用人不得申请撤销该注册。在这种情况下,在先使用的未注册商标和在后注册商标并存,在先使用的未注册商标可以也只能在原地域范围内继续使用,在后注册的商标可以在全国范围内的其他地域使用,但是不得进入在先使用的未注册商标所使用的地域范围。

德国对符合一定条件的未注册商标给予与注册商标等同的保护。按照德国商标法的规定,通过在先使用已在相关商业领域内被公众所知晓的未注册商标,其所有人与注册商标所有人享有等同的商标权。未经该未注册商标所有人同意,在其未注册商标被公众知晓的地域内,他人不得使用该商标。另外,如果该未注册商标被公众知晓的地域覆盖德国全境,未注册商标所有人还有权对他人在后商标注册提出异议或者自其商标注册起五年内申请无效。

2. 在先使用的未注册商标所有人可依法阻止或取消他人在后的商标注册

第一,法律对此作出明确规定:欧盟商标条例规定,如果成员国法律赋予未注册商标所有人禁止他人在后使用商标的权利,则该未注册商标所有人有权对在后欧盟商标注册申请提出异议,或者在欧盟商标注册后申请该商标无效。埃及商标法规定,在先使用的未注册商标所有人可以自在后商标注册起五年内申请宣告该注册商标无效;对于恶意注册的,不受五年的时间限制。意大利商标法规定,在先使用的不仅仅具有地方知名度的未注册商标所有人,有权申请在后注册商标无效。我国台湾地区商标法规定,相同或近似于他人先使用于同一或类似商品或服务的商标,而申请人因与该他人间具有契约、地缘、业务往来或其他关系,知悉他人商标存在的,不得注册;他人将与该商标相同或者近似的商标进行注册的,未注册商标所有人有权提出异议或者自注册公告起五年内申请该注册商标无效。

英国、印度商标法规定，在贸易过程中保护未注册商标的法规（特别是反仿冒法）规定禁止使用的商标（包括仿冒他人的未注册商标），不得注册。

第二，法律或者实践中将抢注他人未注册商标规定为“恶意注册”的情形，当事人有权申请宣告注册商标无效：比荷卢商标法（比利时、荷兰、卢森堡三国于 1971 年签署了比荷卢经济联盟统一商标法，以下简称比荷卢商标法）规定，申请宣告注册商标无效的情形之一是“申请人恶意注册”，具体包括：（一）申请人明知或应知自申请注册之日起前三年内，第三人已善意地以正常方式在境内、在类似商品或服务上使用了与其要申请注册的商标近似的商标，且其申请注册该商标未经第三人同意的；（二）申请人与第三人有直接联系，知道在申请注册之日前三年内，第三人已善意地以正常方式在境外、在类似商品或服务上使用了与其申请的商标近似的商标而仍申请注册的。除非第三人同意其申请注册或申请人在境内使用了该商标后才知道上述事实。

此外，欧盟商标条例及一些欧洲国家的商标法规定，申请注册商标存在恶意的，拒绝或取消注册；当事人申请宣告该注册商标无效的，不受时间限制。但对“恶意注册”的含义未作出明确规定，在司法实践中有的国家将抢注他人未注册商标作为“恶意注册”的情形之一。

3. 在他人注册后允许继续使用

欧盟商标条例和意大利、英国、印度等国家的商标法中规定，如果未注册商标所有人默许他人在后注册商标连续使用五年，则不得申请该注册商标无效，但注册商标所有人也无权反对未注册商标所有人继续使用该商标。

日本、韩国商标法规定，非以不正当竞争目的在先使用，并在消费者中广为知晓的未注册商标，在他人在后商标注册后仍可以继续使用。在后商标注册人可以要求该未注册商标所有人附加适当标识以防止混淆。我国台湾地区商标法规定,在他人商标注册申请日前,善意使用相同或近似的商标于同一或类似商品或服务的,不受他人商标权的效力所拘束,但以原使用的商品或服务为限;商标权人可以要求其附加适当的区别标示。

4. 通过反不正当竞争法对未注册商标进行保护

日本反不正当竞争法规定,在地方知名的未注册商标("周知商标")的所有人,有权禁止他人使用与其商标相同或者近似标志且容易导致混淆的行为。

三、我国对未注册商标的保护

我国商标法制定于 1982 年,以商标权注册取得制度为基础,规定"经商标局核准注册的商标为注册商标,商标注册人享有商标专用权,受法律保护",没有关于未注册商标保护的规定。

1993 年对商标法进行了第一次修改,也没有在法律中明确规定对未注册商标给予保护,但增加了关于"以欺骗手段或者其他不正当手段取得注册的"的商标可以由商标局撤销的规定。在国家工商行政管理局制定并经国务院批准的商标法实施细则中,将"违反诚实信用原则,以复制、模仿、翻译等方式,将他人已为公众熟知的商标进行注册"和"未经授权,代理人以其名义将被代理人的商标进行注册"两种行为作为商标法规定的"以欺骗手段或者其他不正当手段取得注册"的行为,实际上已经对未注册商标给予了部分保护。

2001 年对商标法进行了第二次修改,增加了对未注册商标进行保护的规定,包括:第一,保护未注册驰名商标,即就相同或者类似商品申请注册的商标是复制、摹仿或者翻译他人未在中国注册的驰名商标,容易导致混淆的,不予注册并禁止使用;第二,禁止代理人或者代表人抢注,即未经授权,代理人或者代表人以自己的名义将被代理人或者被代表人的商标进行注册,被代理人或者被代表人提出异议的,不予注册并禁止使用;第三,禁止恶意抢注有一定影响的商标,即申请商标注册不得以不正当手段抢先注册他人已经使用并有一定影响的商标。

2012 年国务院将商标法修正案草案提交全国人大常委会审议,启动了对商标法的第三次修改工作。草案进一步加大了对未注册商标的保护,增加了以下规定:第一,禁止抢注因业务往来等关系而明知他人已经在先使用的商标,即就同一种商品或者类似商品申请注册的商标与他人在先使用的商标相同或者近似,申请人与该他人具有前款规定(代理人或代表人)以外的合同、业务往来关系或者其他关系而明知该他人商标存在,该他人提出异议的,不予注册;第二,在先使用的未注册商标可以继续使用,即商标注册人申请商标注册前,他人已经在同一种商品或者类似商品上使用与注册商标相同或者近似的商标的,注册商标专用权人无权禁止该使用人在原使用范围内继续使用该商标,但可以要求其附加适当区别标识。

关于商标异议制度

一、商标异议制度概述

商标异议制度,是指在商标注册前或者注册后的一定时间内,法定主体可以对该商标能否注册提出不同意见(异议),并由有关机构审查该意见是否成立的制度。世界贸易组织与贸易有关的知识产权协定(TRIPS)第十五条中规定,各成员方应当在每一商标注册之前或之后立即将其公布;成员方应当提供请求取消注册的合理机会;此外,各成员方可以提供对商标的注册提出反对(异议)的机会。按照该规定,成员方应当规定注册商标的无效制度,但是否规定商标异议制度,可以由成员方自主决定。

实践中,许多国家和地区的商标法都规定了商标异议制度,但在异议程序的设置、异议理由和异议人资格、异议受理审查部门等方面不尽相同:

1. 异议程序的设置

分为授权前异议和授权后异议两种。授权前异议是指在商标主管机关对商标申请进行初步审定公告后、准予注册前,法定主体认为该商标申请不符合法定注册条件而提出不予注册的意见。多数国家采用该制度。这种程序设计可以提高商标注册的透明度和商标确权质量,但会导致获得注册的时间较长,影响申请人权益。随着知识产权制度的发展,部分国家和地区将异议程序设置在商标注册后,即在商标主管机关对符合法定条件的商标申请准予注册后的一定时间内，法定主体认为该商标注册不符合法定注册条件而提出反对意见。这种程序设计可以缩短取得商标注册的时间，但可能导致注册商标权利的不稳定，容易引发纠纷。

2. 异议主体和异议理由

有的国家对提出异议的主体、理由不作限制，规定任何人可以以绝对拒绝注册理由（商标法中关于不得作为商标使用、注册的规定）或者相对拒绝注册理由（商标法中关于商标注册不得与他人在先权利相冲突的规定）提出异议。这有利于社会公众对商标申请能否注册进行全面监督。

有的国家对提出异议的主体和理由进行限制，即只有在先权利人（有的国家限定为在先商标权人）、利害关系人可以基于相对拒绝注册理由提出异议，其他人不能提出异议。对符合绝对拒绝注册理由的商标，任何人可以通过注册后的无效程序解决。这种做法可以减少异议量，缩短商标注册的时间。

3. 异议的审查部门

对于异议，有的国家规定由商标主管机关中的审查部门负责，有的国家规定由商标主管机关中的异议部门负责。对于异议处理决定不服的，有的国家规定当事人可以向商标主管机关中的复审部门申请复审，对复审决定不服的，可以向法院起诉；有的国家规定，当事人可以直接向法院起诉。

二、一些国家和地区的商标异议制度

1. 欧盟

欧盟实行授权前异议。在对申请注册的商标公告后三个月内，在先商标权利人（包括在先的欧盟商标、欧盟成员国注册商标、在欧盟及其成员国有效的国际注册商标、在欧盟成员国驰名的商标所有人，在先商标申请人，在先商标许可他人使用时的被许可人，商标所有人的代理人或者代表人未经授权以自己的名义申请该商标注册时的商标所有人，以及欧盟成员国法律赋予未注册商标所有人禁止他人在后使用该未注册商标权利时的未注册商标所有人等）可以提出异议。异议的理由限于相对拒绝注册理由。

欧盟内部市场协调局异议处负责处理商标异议。在异议处理过程中，欧盟内部市场协调局给予当事人两个月的冷却期。其间，当事人可以通过协商谈判达成和解；经双方当事人同意，冷却期可延长至二年。当事人单方结束冷却期或者冷却期满未达成和解的，由欧盟内部市场协调局异议处对异议进行审查并做出决定。

当事人对欧盟内部市场协调局异议处的决定不服，可以向欧盟内部市场协调局内设的上诉委员会请求复审。对上诉委员会的决定不服，可以向欧洲初审法院提起行政诉讼；对初审法院的判决不服，可以向欧洲司法法院提起上诉。在法院的诉讼程序中，欧盟内部市场协调局作为被告参加诉讼；异议程序中的其他当事人可以作为第三人参加诉讼。法院可以作出变更欧盟内部市场协调局决定的判决，也可以撤销欧盟内部市场协调局的决定而发回重新作出处理决定。

2. 英国

英国实行授权前异议。在对申请注册的商标公告后三个月内，任何人可以基于绝对拒绝注册理由提出异议，在先商标权利人（包括在先的欧盟商标、英国注册商标、在英国有效的国际注册商标、在英国驰名的商标所有人，在先商标申请人等）和其他在先权利人（包括著作权、外观设计权等权利人）可以基于相对拒绝注册理由提出异议。

知识产权局商标注册处负责处理商标异议。异议提出后的九个月为冷却期，其间，当事人可以通过协商谈判达成和解；经双方当事人同意，冷却期可再延长九个月。当事人单方结束冷却期或者冷却期满未达成和解的，由知识产权局商标注册处进行审查并做出决定。在英国的异议程序中，还规定了事先指示制度，即在异议审查过程中，对基于申请注册的商标因与在先商标相同或者近似而构成混淆的理由提出的异议，知识产权局可以就异议案件可能的处理结果作出指示。该指示不具有约束力，供当事人参考以决定是否撤回异议或者商标注册申请，以减轻当事人负担、加快异议审理速度。

当事人对知识产权局商标注册处的决定不服，可以向高等法院上诉，知识产权局无须出庭。对高等法院判决不服的，可以向上诉法院上诉。

3. 美国

美国实行授权前异议。在对申请注册的商标予以公告后的三十日内，任何认为自身权利可能因为该商标在主注册簿上注册而受到损害的人都可以向商标审查与上诉委员会提出异议。

专利商标局内设的商标审查与上诉委员会对商标异议进行审查并做出决定。当事人对商标审查与上诉委员会的决定不服，可以选择以下两种救济途径向法院提起诉讼：(1)直接向联邦巡回上诉法院提起诉讼，请求法院根据现有证据，对商标审查与上诉委员会的裁决是否合理进行审查。在这一诉讼程序中，当事人不能提出新的证据。(2)向美国地区法院提起诉讼，要求重新审查商标申请的事实和理由。在这一诉讼程序中，当事人可以提出新的证据，对地区法院的判决不服的，可以向联邦巡回上诉法院提起上诉。在针对异议的诉讼中，异议人作为一方当事人，申请人作为另一方当事人进行诉讼，专利商标局不作为当事人参加诉讼。法院可以作出驳回诉讼请求或者发回重新审理的判决；也可以直接对商标审查与上诉委员会的决定进行变更，直接决定异议是否成立。法院作出判决后，专利商标局应当根据判决内容相应修改注册簿。

4. 德国

德国实行授权后异议。专利局（德国的商标事务由专利局主管）对商标注册申请进行审查后直接给予注册，并发布注册公告；

自公告之日起三个月内,在先商标权利人(包括在先注册商标所有人、在先商标申请人、在先驰名商标所有人、商标所有人的代理人或者代表人未经授权以自己的名义申请该商标注册时的商标所有人等)可以提出异议。提出异议的理由限于:申请注册的商标与在先申请或者在先注册商标冲突;申请注册的商标与在先驰名商标冲突;代理人或者代表人未经授权,将被代理人或者被代表人的商标以自己的名义申请商标注册。

异议由专利局负责审查该商标注册的审查员进行审理。当事人对异议结论不服的,可以申请专利局的复审审查员进行复审,对复审决定不服的,可以向专利法院提起民事诉讼;当事人也可以直接向专利法院提起民事诉讼。对专利法院的判决不服,如专利法院在其判决中写明可以上诉的,当事人可以向联邦最高法院提起上诉。法院审理上述案件,适用民事诉讼法的规定,专利局在诉讼中不作为被告。如果专利局长认为为维护公共利益需要参加诉讼,可以向专利法院提出书面说明,参与诉讼并作出解释;专利法院如果认为需要专利局长参与诉讼,可以通知专利局长由其自行决定是否参与诉讼。法院可以作出变更专利局决定的判决,也可以以专利局的决定违反法定程序为由撤销该决定,要求专利局依法重新做出决定。

5. 日本

日本实行授权后异议。特许厅(日本的商标事务由特许厅主管)对商标注册申请进行审查后直接给予注册,并发布注册公告;自公告之日起两个月内,任何人均可以提出异议,异议理由既包括绝对拒绝注册理由,也包括相对拒绝注册理由。

特许厅审判部负责审理商标异议。特许厅经审理认为异议理由不成立的,直接做出裁定,无须被异议人答辩;认为异议理由成立的,通知被异议人进行答辩,然后做出裁定。特许厅裁定异议不成立的,异议人不能向法院提起诉讼,但可以依据相同的事实和理由请求宣告注册商标无效。特许厅裁定异议成立的，被异议人可以向东京高等法院（专属管辖）提起行政诉讼；对东京高等法院的判决不服，可以向最高法院上诉。

三、我国的商标异议制度

我国商标法制定于1982年，实行授权前异议：对商标局初步审定的商标，自公告之日起三个月内，任何人均可以提出异议。商标局应当听取异议人和申请人陈述事实和理由，经调查核实后，做出裁定。经裁定异议不能成立的，始予核准注册；经裁定异议成立的，不予核准注册。当事人对商标局的异议裁定不服，可以在收到通知十五天内申请复审，由商标评审委员会做出终局裁定，并书面通知异议人和申请人。

1993年对商标法进行第一次修改时，没有涉及商标异议制度。2001年对商标法进行第二次修改时，将商标评审委员会对商标异议作出终局裁定的规定作了修改，即当事人对商标评审委员会的裁定不服的，可以自收到通知之日起三十日内向人民法院起诉。该诉讼是以商标评审委员会为被告的行政诉讼，人民法院应当通知商标复审程序的对方当事人作为第三人参加诉讼。

2012年国务院将商标法修正案草案提交全国人大常委会审议，启动了对商标法的第三次修改工作。草案对商标异议制度做了较大修改：第一，对提出异议的主体和理由作了限定：只有在先权利人或者利害关系人认为商标注册与其在先权利相冲突的，才可以向商标局提出异议。第二，商标局对异议进行审查后，不再作出异议是否成立的裁定，而是直接做出是否准予商标注册的决定。做出准予注册决定的，异议人可以向商标评审委员会请求宣告该注册商标无效；做出不予注册决定的，被异议人可以向商标评审委员会提出不予注册复审申请。对商标评审委员会的决定不服的，可以向人民法院起诉。

关于商标审查时限

按照现行商标法的规定，商标局主管商标注册工作，包括审查商标注册申请、裁定商标异议；商标评审委员会负责处理商标争议（即商标评审）事宜，包括对商标局做出的驳回商标注册申请决定、异议裁定进行复审，以及裁定撤销违法的注册商标等。现行的法律、行政法规、部门规章均未对商标注册和评审的审查时限作出规定。现行商标法仅规定，对商标注册申请和商标复审申请应当及时进行审查。

一、近年来的商标审查时限

2008 年 6 月，国务院发布《国家知识产权战略纲要》，提出要提高商标审查效率、缩短商标审查周期。国家工商总局把解决商标审查积压作为贯彻落实纲要、实施商标战略的首要任务，提出到 2010 年年底，彻底解决商标审查积压问题，将商标审查周期控制在 12 个月之内。为此，国家工商总局确立了“三年（2008 年至 2010 年）解决商标审查积压、五年（2008 年至 2012 年）达到国际水平”的“三五目标”，并同商标局、商标评审委员会签订了目标责任书。2010 年 12 月 9 日，在国务院新闻办公室举行的“解决商标审查积压和打击侵权等情况”新闻发布会上，国家工商总局负责人表示，到 2010 年 10 月底，已彻底解决了商标审查积压问题。

2011 年第 7 期《工商行政管理》刊载的国家工商总局主要负责

人在解决商标审查评审积压工作总结表彰大会上的讲话和2010年12月10日法制日报的“我国商标审查周期由愈3年缩短至1年内——审查积压问题已彻底解决”报道显示，商标局2009年审查商标注册申请141.5万件，审查周期（初步审定公告）由过去的36个月缩短为17个月；2010年审查148万件，审查周期进一步缩短为12个月。商标评审委员会2008年审查商标评审申请3万件，审查周期由过去的13年缩短至6.5年；2009年审查3.7万件，审查周期缩短为30个月；2010年审查3.9万件，其中对驳回申请复审的审查周期缩短为12个月，其他评审申请的审查周期缩短为18个月。

国家工商总局商标局、商标评审委员会发布的中国商标战略年度发展报告（2011年、2012年）显示，商标局2011年审查商标注册申请120.6万件（商标注册申请141.7万件），审查周期保持在10个月之内；2012年审查122.7万件（商标注册申请164.8万件），审查周期继续保持在10个月之内，同时商标异议裁定周期缩短为18个月。商标评审委员会2011年审查商标评审申请3.55万件（商标评审申请7.45万件），审查周期保持在18个月之内。

二、关于商标审查目标时限

2009年11月25日，国家工商总局印发《关于商标工作达到国际水平的规划（2008年至2012年）》，提出加快商标审查和评审速度，缩短商标审查和评审周期，确保将商标注册审查周期控制在10个月以内、商标异议裁定和商标评审的审查周期控制在20个月以内。2010年12月9日，在国务院新闻办公室举行的“解决商标审查积压和打击侵权等情况”新闻发布会上，国家工商总局负责人重申了这一目标，表示新的目标是“把商标申请（审查）周期压缩到10个月以内，商标异议案件和商标评审案件审查周期压缩在20个月以内，达到国际先进水平”，“商标（审查）积压的问题不会再存在了”。

2011 年 10 月 14 日，国家工商总局、知识产权局等十部委联合发布《国家知识产权事业发展“十二五”规划》，提出“加快知识产权审查及登记行动计划”，明确了商标审查周期 10 个月、商标异议裁定周期 20 个月、商标评审审查周期 18 个月的目标。

法制日报 2012 年 8 月 24 日报道，在 2012 年 8 月 23 日召开的纪念商标法颁布 30 周年座谈会上，国家工商总局主要负责人表示，目前，商标审查积压问题已圆满解决，商标注册审查周期保持在 10 个月以内，商标异议审查周期缩短至 20 个月以内，商标评审审查周期控制在 18 个月以内。

三、有关国际条约、外国商标法律制度规定的商标审查时限

1.《商标国际注册马德里协定》和《商标国际注册马德里协定有关议定书》对缔约方商标主管机关审查商标国际申请的时限作了规定。缔约方商标主管机关对违反本国法律规定的商标不予注册的，应当在本国法律规定的期限内并最迟于国际局将国际申请通知该缔约方之日起 1 年内，以驳回的形式通知国际局。此外，《商标国际注册马德里协定有关议定书》的缔约方有权声明，适用更长的时限：将前述规定的 1 年时限以 18 个月代替；同时，对因存在异议可能导致国际申请被驳回的，缔约方商标主管机关应当在该 18 个月期满前通知国际局期满后可能提出异议，且缔约方商标主管机关应当自异议期开始之日起最长 7 个月（如果异议期限于 7 个月之前届满的，则应当于异议期满起 1 个月）内发出驳回通知。缔约方商标主管机关在上述规定的时限内未发出驳回通知的，国际申请自然获得该缔约方的注册。

2. 日本商标法第十六条规定，在政令规定的期限内，审查官就商标注册申请未发现驳回理由时，必须作出应予商标注册的审定。按照日本商标法施行令第二条的规定，商标法第十六条中“政令规定的期限”为一年零六个月。

商标国际注册马德里体系有关内容简介

一、商标国际注册马德里体系的背景

商标权具有地域性、独立性，在一个国家获得注册保护的商标，若想获得其他国家的注册保护，就要向这些国家分别提出商标注册申请，这对申请人来讲比较麻烦。而通过商标国际注册马德里体系，使在成员之间申请商标注册变得相对简单。

商标国际注册马德里体系由《商标国际注册马德里协定》（以下简称马德里协定）、《商标国际注册马德里协定有关议定书》（以下简称马德里议定书）及其共同的实施细则构成。该体系由设在瑞士日内瓦的世界知识产权组织国际局（以下简称国际局）管理和运作。

马德里协定最早于1891年4月14日签订，其后历经七次修改，现在生效的是1979年9月28日修改后的版本。由于美国、英国、日本等发达国家不同意协定的有关内容而不加入该协定，使协定的覆盖面受到影响，其作用没有得到充分发挥。为了在一定程度上弥补马德里协定的不足，吸引更多的国家加入，在世界知识产权组织的斡旋、协调下，1989年6月27日通过了马德里议定书，并分别于2006年10月3日和2007年11月12日进行了两次修正。马德里协定和马德里议定书的所有缔约方构成马德里联盟。截至2013年1月15日，共有89个成员，其中既参加马德里协定又参加马德里议定书的有 55 个,只参加马德里议定书的有 33 个,只参加马德里协定的有 1 个(阿尔及利亚)。

二、商标国际注册的程序

1. 申请的提出

通过马德里体系申请商标国际注册,申请人必须通过原属国商标主管机关(原属局)向国际局递交国际申请,直接向国际局递交的申请被视为无效。同时,申请人应当符合下列条件:在加入马德里协定、马德里议定书的成员国内设有真实有效的工商营业场所或住所,或者属于其成员国国民;同时,马德里议定书允许政府间组织作为成员加入,如果属于上述政府间组织一个成员国的国民,或者在该国领土内设有营业场所或住所,也可以提出申请。申请注册的商标应当符合下列条件:如果在马德里协定的缔约方申请商标注册(被指定缔约方),该商标必须在原属国已经获得注册(基础注册);如果在马德里议定书的缔约方申请商标注册(被指定缔约方),该商标必须在原属国已经获得注册或已经提出注册申请(基础申请)。

原属局应当对国际申请进行形式审查,包括一份与基础注册或基础申请完全相同的商标图样,以及根据尼斯分类划分的要求保护的商品和服务清单等。

2. 国际局的审查

收到国际申请后,国际局确定国际注册的日期。通常国际注册日为国际局收到申请书之日,但在原属局收到国际申请之日起两个月内,国际局收到该申请且符合规定的,以原属局收到的日期为国际注册日期。如果申请不符合相关规定,国际局通知原属局和申请人在三个月之内予以更正,逾期该申请将被视为放弃。对符合相关规定的国际申请,国际局在国际注册簿上登记并在国际商标公告上公布,同时发给申请人商标国际注册证。国际局的审查只是形式审查,国际注册证仅仅表示该商标申请了国际注册,其能否在被指定缔约方获得注册,还需要被指定缔约方主管局依据其国内法律和程序进行审查。

3. 被指定缔约方的审查

被指定缔约方主管局审查国际申请与审查其直接受理的商标注册申请完全相同。根据巴黎公约对商标权独立原则适用的限制规定,在一个成员国已获得合法注册的商标,其他成员国一般不能拒绝其注册。马德里体系同样遵循该规定,即主管局一般不得拒绝,除非出于以下理由:一是该商标的注册将与本国已经确立的其他人的专有权相冲突;二是该商标缺乏显著特征;三是该商标违反本国道德或公共秩序。

被指定缔约方主管局对符合本国法律规定的商标给予注册,对违反本国法律规定的商标做出不予注册的决定。不予注册的决定必须在法定期限内以驳回(全部驳回和部分驳回)的形式通知国际局并说明理由(在法定期限内未行使驳回权利的,该申请自然获得被指定缔约方的注册)。国际局应当立即将该驳回声明转给原属局和申请人。申请人可以进行回复、提出复审或上诉,这些程序都在申请人和主管局之间直接进行,国际局不参与。主管局在全部程序结束后,必须向国际局递交一份声明,包括获得注册的商标、驳回或者撤回全部、部分驳回的情况。

4. 国际注册的有效期和续展

关于有效期和续展期,马德里协定规定均为二十年,马德里议定书规定均为十年。

5. 国际申请的费用和语言

马德里协定规定,国际申请应当缴纳统一规费,马德里议定书允许缔约方主管局收取单独规费。单独规费的数额由每个缔约方规定,不得高于在该缔约方主管局直接进行商标注册应付的费用。

马德里协定规定申请人必须以法语作为申请语言,马德里议定书规定申请人可以任意选择法语、英语或西班牙语作为申请语言。

三、国际注册与基础注册、基础申请的关系

自国际注册五年内，如果基础申请在原属国被驳回、撤回，或者基础注册在原属国被撤销、宣告无效，该商标在指定缔约方不再受到保护，这被称为“中心打击原则”。对此情形的救济，马德里议定书规定，申请人可以在国际注册被撤销之日起三个月内，向被指定缔约方提交转变申请，将该国际注册转变为直接申请缔约方的注册，原国际注册日期可以保留。马德里协定没有规定救济措施。

在五年期限届满后，国际注册独立于原属国的基础注册或基础申请，即使基础注册被撤销、宣告无效，或者基础申请被驳回、撤回，该商标在被指定缔约方仍获得保护。

四、我国商标国际注册的有关情况

我国分别于 1989 年 10 月 4 日和 1995 年 12 月 1 日加入了马德里协定和马德里议定书。世界知识产权组织的统计显示，截至 2010 年年底，我国成为被指定缔约方，商标局通过国际局累计受理国际申请 15.4 万件，我国企业通过商标局累计提交国际申请 11415 件。

我国现行商标法未涉及商标的国际注册问题。商标法实施条例第十二条规定，商标国际注册依照我国加入的有关国际条约办理，具体办法由国务院工商行政管理部门规定。据此，国家工商行政管理总局发布了《马德里商标国际注册实施办法》(2003 年 6 月 1 日起施行)，对以我国作为原属国的国际申请、将我国作为被指定缔约方的国际申请的相关程序作了规定。

地方和中央有关部门对商标法修正案草案的意见(一)

近日,全国人大常委会法制工作委员会将商标法修正案草案(以下简称草案)印发各省、自治区、直辖市和中央有关部门以及部分企业、高等院校、研究机构征求意见。普遍认为,对商标法修改是适时之举。草案的规定进一步完善了商标制度,加大了对商标权人的保护,有利于维护公平竞争的市场环境,具有较强的针对性。草案整体可行。同时提出以下主要意见:

一、关于立法目的

现行商标法第一条规定了立法目的,即“为了加强商标管理,保护商标专用权,促进生产、经营者保证商品和服务质量,维护商标信誉,以保障消费者和生产、经营者的利益,促进社会主义市场经济的发展”。

有的单位提出,商标法应当强调对商标权的保护,而不应当强调行政机关的管理职能,建议删去“加强商标管理”。有的单位提出,商标权是一种财产权,包含占有、使用、收益、处分等多项权能,仅规定“保护商标专用权”这一项权能不够全面,建议修改为“保护商标权”。有的地方和单位提出,草案不仅保护注册商标,还保护未注册的驰名商标和具有一定影响的商标,但“保护商标专用权”是注册商标特有的概念,容易使人误以为商标权仅来自行政机关的授予，建议修改为“保护商标权”。云南建议在立法目的中增加“维护公平竞争的市场环境、维护商标信誉”的规定。

现行商标法第一条、第七条、第三十九条、第四十条、第四十五条中都有使用注册商标应当保证商品和服务质量、保障消费者权益方面的规定。有的地方和单位提出，保证商品和服务质量、保障消费者权益应当由产品质量法、消费者权益保护法规定，建议在商标法中删去这方面的内容。

二、关于申请商标注册的资格条件

现行商标法第四条中规定，自然人、法人或者其他组织对其商品或者服务，需要取得商标专用权的，应当向商标局申请商标注册。

有的单位提出，商标是在商业活动中采用的标识，应当由商事主体注册和使用，非商事主体无注册的必要。实践中一些人注册商标不是以使用为目的，而是为了倒卖牟利，因而商标申请量激增，抢注他人商标现象泛滥。建议对自然人申请商标注册规定资格条件。有的地方和单位建议增加规定，申请注册商标，应当证明已经实际使用或者意图实际使用该商标；有的单位建议同时规定，对意图使用的，只给予初步审查公告而不予注册；申请人在三年内提供实际使用证据的，才给予注册，否则将视为撤回申请。有的单位提出，银行、保险、医药等特殊行业准入门槛较高，应当禁止不具备法定条件的自然人、单位在相应类别上申请注册商标。建议增加规定，在依法必须满足特定条件方可提供的商品或者服务上申请注册商标的，应当提供符合法定条件的证明材料。

三、关于商标要素和商标禁用标志

1. 草案第二条第一款规定，任何能够将自然人、法人或者其他组织的商品与他人的商品区别开的标志，包括文字、图形、字母、数字、三维标志、颜色组合和声音等,以及上述要素的组合,均可以作为商标申请注册。第二款规定,在商品、商品包装上使用的单一颜色,通过使用取得显著特征,能够将该商品与其他的商品区别开的,可以作为商标申请注册。

有的地方提出,声音商标在实践中缺乏可操作性,不宜作为商标申请注册;有的地方建议对声音商标的注册条件、保护方式作出规定。

有的地方和部门提出,单一颜色具有稀缺性,允许注册单一颜色商标可能造成对颜色的垄断;且通过单一颜色区分商品来源难度较大,实践中也有争议,应当慎重。有的地方建议对单一颜色商标的注册条件作出更加严格的规定;有的地方提出,单一颜色使用在特定商品上具有功能性作用的(如黑色避光饮料瓶),应当不予注册。有的单位提出,第一款要求商标“能够将自然人、法人或者其他组织的商品与他人的商品区别开”,即已包含显著性的要求,同样适用于第二款的单一颜色商标,建议将第二款合并至第一款。有的地方和单位提出,现行商标法第十一条中规定,原本不具有显著特征的商标,经过使用取得显著特征,并便于识别的,可以作为商标注册。草案第二条第二款的规定与这一条重复,建议删去第二款规定。

有的地方和单位建议增加气味商标;有的地方和单位建议增加动态商标;有的地方建议增加触觉商标。

2. 现行商标法第十条、草案第四条对不得作为商标使用的标志作了规定;其中规定,“同中华人民共和国的国家名称、国旗、国徽、军旗、军徽、勋章相同或者近似的,以及同中央国家机关的名称、标志、所在地特定地点的名称或者标志性建筑物的名称、图形相同的”,不得作为商标使用。

有的单位提出,上述标志经有关权利人授权或者已经依法注册并合法使用,且不损害社会公共利益的,应当允许其作为商标使用。

一些地方、部门和单位建议增加规定,下述标志不得作为商标使用:同中央国家机关的名称、标志、所在地特定地点的名称或者标志性建筑物的名称、图形“近似”的;同军事机关的名称或者标志性建筑物的名称、图形相同的;同政党名称、党旗、党徽相同的;同国家领导人的名字相同的;未经利害关系人同意,擅自使用近代以来名人头像的;带有性别歧视的;带有宗教歧视的,同宗教标识、宗教专用语相同或者近似的,违反宗教政策产生不良影响的;侵犯民族风俗习惯的;同国家形象标志、国家节日、纪念日特定标志相同的;同广播电台、电视台及其栏目的标识相同的;同我国优秀传统文化项目名称相同的;带有欺骗性,容易使公众对商品的特殊应用或者授权产生误认的;用于烟草制品的商标,可能使公众对其危害性产生错误印象的。

四、关于对未注册商标的保护

1.草案第七条中规定,就同一种商品或者类似商品申请注册的商标与他人在先使用的商标相同或者近似,申请人与该他人具有合同、业务往来关系或者其他关系而明知该他人商标存在,该他人提出异议的,不予注册。

有的地方建议修改为,申请人与在先使用人属于同地域、同行业,或者有商业往来关系的,不予注册;有的单位建议修改为,未经授权,申请人与在先使用人有代理、代表、经销、特许经营等商业关系的,不予注册;有的单位建议修改为,申请人明知他人在先使用的,不予注册;有的单位建议增加规定,申请人与在先使用人有劳动关系的,不予注册。有的单位提出,具有上述关系的人可能以近亲属等名义提出商标注册申请,建议一并禁止。有的单位建议明确“其他关系”的内容。有的地方建议在“不予注册”后增加“并禁止使用”。有的地方提出,实践中,境内有的贴牌加工企业或者销售代理商有抢注境外企业商标的行为,建议明确本条所保护的"在先使用的商标"是否包括在境外在先使用的商标。

2. 现行商标法第三十一条规定,申请商标注册不得损害他人现有的在先权利,也不得以不正当手段抢先注册他人已经使用并有一定影响的商标。

有的地方、部门建议进一步加强对商标抢注行为的法律规制。有的单位建议对"不正当手段"、"有一定影响的商标"作出明确界定。有的单位建议增加规定,经审理确属抢注他人商标的,商标局应当裁定将商标申请人或注册人变更为在先使用人,并赔偿在先使用人因此所受的损失,包括为制止侵权行为所支付的合理开支。

3. 草案第三十四条第三款规定,商标注册人申请商标注册前,他人已经在同一种商品或者类似商品上使用与注册商标相同或者近似的商标的,注册商标专用权人无权禁止该使用人在原使用范围内继续使用该商标,但可以要求其附加适当区别标识。

有的地方和单位提出,第三款的规定可能导致商标共存,使消费者对商品来源产生混淆,不利于引导商标使用人申请注册商标,应当慎重。有的地方、单位建议对"适当区别标识"的标准、怎样附加区别标识作出规定;有的单位建议对未附加适当区别标识的法律责任作出规定。有的地方、单位建议明确"在原使用范围内继续使用"的判断标准;有的地方建议规定,商标先用权人善意、持续的使用才受保护。

有的地方提出,现行商标法强调对注册商标的管理和保护,而对未注册商标的权利并未作出积极的规定,这既不符合知识产权立法精神,也不符合我国现阶段经济发展状况和民众的法律意识。建议对未注册商标的保护问题作进一步研究。

五、关于驰名商标保护

1. 现行商标法第十三条第一款规定,就相同或者类似商品申请注册的商标是复制、摹仿或者翻译他人未在中国注册的驰名商标，容易导致混淆的，不予注册并禁止使用。第二款规定，就不相同或者不相类似商品申请注册的商标是复制、摹仿或者翻译他人已经在中国注册的驰名商标，误导公众，致使该驰名商标注册人的利益可能受到损害的，不予注册并禁止使用。

有的地方提出，《保护工业产权巴黎公约》规定，如果商标的主要组成部分构成对驰名商标的复制、仿制，易于产生混淆时，也应适用对驰名商标的保护规定。现行商标法第十三条对此未作明确规定，建议增加规定，商标的主要部分构成对驰名商标的复制、摹仿，或者复制、摹仿、翻译他人注册的驰名商标的主要部分的，适用本条的规定。

有的地方和单位提出，本条第二款对注册的驰名商标的保护，限于其他商标复制、摹仿或者翻译驰名商标而“误导公众”，这与世界贸易组织与贸易有关的知识产权协定（TRIPS）的相关规定不尽一致。应当扩展到上述行为暗示与驰名商标的关联性、减弱驰名商标的显著性、贬损驰名商标的声誉或者不正当利用驰名商标的声誉等情形。最高法院的司法解释对此作了详细规定，建议将其上升为法律。

2. 现行商标法第十四条对驰名商标的认定因素作了规定。草案第六条增加规定，驰名商标应当根据当事人的请求，作为处理涉及商标案件需要认定的事实进行认定。

有的地方、部门和单位提出，实践中，有些企业将驰名商标作为商品质量和信誉的象征而进行广告宣传，甚至不惜虚构商标争议获取驰名商标认定。建议增加规定，不得将驰名商标用于广告宣传；不得将驰名商标认定宣传为其商品或服务质量得到国家认可。有的地方和单位建议明确规定，驰名商标认定应当坚持“个案认定、被动保护”的原则。有的单位提出，个案认定，可能会造成对同一商标在较短时间内多次认定的情况，建议对驰名商标认定后的有效期作出规定，比如半年。有的地方建议建立动态的驰名商标准入和退出机制。

有的地方提出，实践中驰名商标认定较为混乱。建议对驰名商标的定义、认定标准、认定程序、保护等作出全面规定。有的地方建议对驰名商标的认定主体、认定效力作出规定；有的地方建议禁止法院认定驰名商标；有的单位建议限定有权认定驰名商标的法院的范围。有的单位建议对需要进行驰名商标认定的案件类型作出明确规定。有的单位建议增加规定，对于驰名商标认定，应当允许利害关系人提出异议。

六、关于商标异议制度

1. 草案第十五条规定，对初步审定的商标，自公告之日起三个月内，在先权利人或者利害关系人认为违反本法第十三条、第十五条、第十六条第一款、第三十条、第三十一条、第三十二条规定的，可以向商标局提出异议。

有的部门、单位提出，本条仅规定申请注册的商标与他人的在先权利发生冲突时，在先权利人或者利害关系人可以提出异议。建议增加规定，对属于本法第十条至第十二条规定的不得作为商标注册的商标申请，任何人可以提出异议。有的地方和部门提出，商标注册涉及消费者权益、公序良俗、公共标识资源，不宜将异议主体限于在先权利人和利害关系人，应当允许社会公众提出意见。有的单位建议取消异议制度，统一由利害关系人在注册后申请宣告无效。

2. 草案第十七条对现行商标法规定的异议程序进行了修改，规定商标局不再对异议申请作出裁定，而是在对异议申请进行审查后直接作出准予或者不予注册的决定。对商标局认为异议不成立，准予注册的决定不服的，异议人可以向商标评审委员会请求宣告该注册商标无效；对商标局认为异议成立，不予注册的决定不服的，被异议人可以向商标评审委员会申请复审。对商标评审委员会的决定不服的，当事人可以依法提起诉讼。

有的地方、单位提出，草案简化了商标异议程序，可能使部分与在先权利存在冲突的商标获得注册，注册后，在先权利人只能通过宣告无效程序解决，在商标被宣告无效前无法有效制止侵权行为；同时，也可能产生善意无效商标权利人的投资损失、商标许可合同无效等问题。这一修改应当慎重。有的地方提出，草案第十五条对商标异议的主体和理由作了限制，已经可以大量减少商标异议案件，再通过简化异议程序提高审查效率的必要性不大。有的地方、部门和单位建议恢复现行商标法关于异议被驳回后救济途径的规定，即异议人可以向商标评审委员会申请复审、向人民法院提起行政诉讼。有的单位提出，为提高商标审查效率，缩短审查周期，建议规定，商标异议应当直接向商标评审委员会提出，由商标评审委员会裁定；对裁定不服的，可以向人民法院起诉。有的单位建议增加有关商标局内部审查监督程序的规定。有的单位提出，为抑制恶意注册行为，建议增加规定，在先权利人或者利害关系人提出异议后，被异议人未在法定期限内答辩的，视为放弃注册申请，商标局对该商标不予核准注册。

七、关于注册商标的无效宣告

1. 草案第二十二条第一款规定，已经注册的商标，违反本法第十条至第十二条关于禁止注册的规定（即不得作为商标注册的标志，学理上称为绝对拒绝注册理由）的，或者是以欺骗手段或者其他不正当手段取得注册的，由商标局宣告该注册商标无效；其他单位或者个人可以请求商标评审委员会宣告该注册商标无效。第二款规定，已经注册的商标，违反本法第十三条、第十五条、第十六条等条款关于禁止注册的规定（即与他人在先权利相冲突的商标，学理上称为相对拒绝注册理由）的，自商标注册之日起五年内，在先权利人或者利害关系人可以请求商标评审委员会宣告该注册商标无效;对恶意注册的,驰名商标所有人不受五年的时间限制。

有的单位建议增加规定,对存在相对拒绝注册理由,以欺骗手段或者其他不正当手段取得注册的,应当由商标局宣告该注册商标无效。有的地方提出,"带有欺骗性,容易使公众对商品的产地产生误认的"是本法第十条规定的内容,依照本条规定,对这种情形的注册商标宣告无效没有时间限制;本法第十六条规定了地理标志保护,根据本条规定,违反第十六条规定注册的商标,申请宣告无效的时间是五年。使用虚假地理标志的危害性比使用虚假产地的危害性要大,但其被宣告无效的期限反而短,违法行为和法律后果不匹配,建议修改。有的地方建议规定,已经注册的商标与在先地理标志相冲突的,任何人可以申请宣告该注册商标无效。

2. 草案第二十五条规定,有关宣告注册商标无效的决定或者裁定,对宣告无效前人民法院做出并已执行的商标侵权案件的判决、裁定和工商行政管理部门做出并已执行的商标侵权案件的处理决定以及已经履行的商标转让或者使用许可合同不具有追溯力;但是,不返还商标侵权赔偿金、商标使用费、商标转让费明显违反公平原则的,应当全部或者部分返还;因商标注册人恶意给他人造成损失的,应当给予赔偿。

有的地方建议增加规定,有关宣告注册商标无效的决定或者裁定,对宣告无效前已经履行的和解协议也不具有追溯力。有的地方建议明确"明显违反公平原则"的判断标准。有的地方建议明确因商标注册人恶意给他人造成损失的赔偿标准。

地方和中央有关部门对商标法修正案草案的意见(二)

一、关于商标代理

1. 现行商标法第十五条对代理人抢注被代理人的商标作了禁止性规定。

有的单位建议增加规定,商标代理组织和商标代理人不得在与其代理业务无关的商品和服务类别上为自己申请注册商标。

2. 现行商标法第十八条、草案第八条规定,申请商标注册或者办理其他商标事宜,中国单位或者个人可以直接办理,也可以委托国家认可的具有商标代理资格的组织办理;外国人或者外国企业应当委托国家认可的具有商标代理资格的组织代理。

有的地方提出,实践中设立商标代理组织无须经过国家认可,建议删去"国家认可的";有的地方、部门和单位提出,实践中律师事务所可以从事商标代理业务,建议本法加以确认,并增加规定,司法行政机关应当加强对商标代理活动的监督管理。有的单位建议明确,是否可以委托个人办理商标事宜。

3. 草案第九条中规定,从事商标代理业务应当遵循诚实信用原则,遵守法律、行政法规的规定;工商行政管理部门应当加强对商标代理活动的监督管理;并对商标代理行业组织吸纳、惩戒会员作了规定。

有的地方和部门提出,实践中,从事商标代理业务没有门槛限制，商标代理组织和商标代理人良莠不齐，产生大量不正当竞争等违法违规现象，亟待加强监督管理。建议规定，从事商标代理活动，除遵守法律、行政法规的规定外，还应当遵守地方性法规、部门规章的规定。有的地方和单位建议，建立商标代理组织资格管理和考核惩戒制度，并对商标代理人的资格认定、执业保证金、职业责任保险、资信披露等作出详细规定。有的地方、单位提出，有关商标代理行业组织的内容不必在商标法中规定，建议删去；有的地方建议仅作原则性规定。有的单位建议增加规定，商标代理组织可以向法院推荐商标代理人担任商标诉讼代理人。

4. 草案第三十九条对商标代理组织、商标代理人的违法行为规定了行政处罚。

有的地方建议加大行政处罚力度。有的部门建议增加规定，构成违反治安管理行为的，依法给予治安管理处罚；涉嫌犯罪的，依法追究刑事责任。有的地方建议增加违法情形：“采取欺骗、隐瞒事实等手段招徕商标代理业务，侵犯被代理人合法权益的。”

二、关于“一标多类”申请方式及审查意见书制度

1. 草案第十二条中规定，商标注册申请人可以通过一份申请就多个类别的商品申请注册同一商标（一标多类）。

有的部门提出，商标注册“一标多类”，可能出现申请注册的商标在部分类别中被驳回、被无效的情况，建议增加规定，部分类别的申请、注册被驳回、被无效的，不影响在其他类别的申请和注册。

2. 草案第十四条中规定，在审查过程中，商标局认为商标注册申请内容需要说明或者修正的，可以向申请人发送《审查意见书》，要求其做出说明或者修正。

有的地方提出，审查意见书属于行政机关的工作程序，不必在法律中作出规定。有的地方建议规定，商标局向申请人发送《审查意见书》的，应当一次性指出所有需要说明或者修正的问题。有的

单位建议规定，经申请，可以延长对《审查意见书》的答复期限。工商银行建议规定，商标局驳回注册申请前，应当向申请人发送《审查意见书》。

三、关于商标使用的管理

1. 草案第二十六条规定，本法所称商标的使用，是指将商标用于商品、商品包装或者容器以及商品交易文书上，或者将商标用于广告宣传、展览以及其他商业活动中，用于识别商品来源的行为。

有的地方提出，本条对商标使用定义的规定过于简单，没有涵盖所有的商标使用情形，且容易被规避；有的地方建议删去本条规定；有的单位建议修改为，本法所称商标使用，是指在商业活动中使用商标，使相关公众能够识别该商标所标识的商品的特定来源的行为；有的地方、单位建议明确，贴牌加工是否构成商标使用。

2. 草案第二十七条中规定，商标注册人在使用注册商标的过程中，自行改变注册商标、注册人名义、地址或者其他注册事项的，由商标局责令限期改正；期满不改正的，由商标局撤销其注册商标。

有的地方提出，为提高监管效率，建议将本条的监管职权授予地方工商行政管理部门。有的单位建议修改为，自行改变注册商标的注册事项，只有产生混淆误认的可能性，并经利害关系人申请，才应当被撤销。

3. 草案第二十七条中规定，注册商标连续三年停止使用的，任何单位或者个人可以向商标局申请撤销该注册商标。

有的单位建议进一步细化"停止使用"的判断标准；有的单位建议将"停止使用"修改为"未使用"。有的单位提出，我国存在大量注而不用的商标，成了"死亡商标"、"垃圾商标"，建议制定更加有效的清除规定。有的地方、部门和单位提出，为了更加全面地保护自己的注册商标，一些单位、个人在相同或类似商品上注册了与自己的注册商标近似的商标（联合商标），或者在不相同或不相类似商品上注册了与自己的注册商标相同或近似的商标（防御商标），从商标原理来讲，联合商标、防御商标不需要使用，建议明确这两类商标不适用本条规定。

4. 现行商标法第四十六条规定，注册商标被撤销的或者期满不再续展的，自撤销或者注销之日起一年内，商标局对与该商标相同或者近似的商标注册申请，不予核准。草案第二十八条删除了这一规定。

有的地方提出，删除这一规定，是否意味着如果将撤销的注册商标再次申请注册时，对申请主体及期限没有任何限制。建议恢复现行商标法第四十六条的规定。

四、关于企业字号和注册商标的冲突

草案第三十三条规定，将他人驰名商标、注册商标作为企业名称中的字号使用，误导公众，构成不正当竞争行为的，依照《中华人民共和国反不正当竞争法》处理。

有的地方和部门提出，本条的规定不属于商标侵权行为，不宜在商标法中规定，建议删去，留待修改反不正当竞争法时规定。有的地方和部门提出，目前反不正当竞争法没有相对应的条款，建议本法直接作出规定。有的单位提出，将他人驰名商标、注册商标作为企业名称中的字号使用，既构成侵犯商标权，又构成不正当竞争，二者出现竞合时，应当由当事人自由选择适用哪部法律维护自身权益，法律不宜限定只能依照反不正当竞争法处理。有的地方和部门建议在本条中对商标权和商号权的冲突作出系统规定。有的地方和单位提出，适合用作注册商标、企业字号的字词数量有限且高度重合，目前注册商标数量众多，涵盖了绝大多数此类字词，不宜一律禁止他人用作字号，建议删去本条中的“注册商标”，或者作出适当限制。有的单位建议增加规定，将他人驰名商标、注册商标的近似标识作为企业名称中的字号使用的，也适用本条。有的地方、单位提出，“驰名商标、注册商标”的表述有交叉，建议修改为注册商标、未注册驰名商标。有的地方和单位提出，将他人驰名商标、注册商标作为域名或网站名称使用的，也应当适用本条规定。

五、关于侵犯注册商标专用权的情形

1. 现行商标法第五十二条对侵犯注册商标专用权的行为作了规定。

有的地方、部门和单位建议增加对侵权行为情形的规定，将商标法实施条例和最高法院司法解释中的相关规定上升为法律。例如：“在同一种或者类似商品上，将与他人注册商标相同或者近似的标志作为商品名称或者商品装潢使用，误导公众的”；“故意为侵犯他人注册商标专用权行为提供仓储、运输、邮寄、隐匿等便利条件的”；“将与他人注册商标相同或者相近似的文字作为企业的字号在相同或者类似商品上突出使用，容易使相关公众产生误认的”；“复制、摹仿、翻译他人注册的驰名商标或其主要部分在不相同或者不相类似商品上作为商标使用，误导公众，致使该驰名商标注册人的利益可能受到损害的”；“将与他人注册商标相同或者近似的文字注册为域名，并且通过该域名进行相关商品交易的电子商务，容易使相关公众产生误认的”；“在经营活动中使用明知或应知是侵权商品的”；“未经商标注册人同意，在商品交易文书上或者广告宣传、展览以及其他商业活动中，使用与注册商标相同或者近似的商标，使人误认为是他人商品或者服务的”。

2. 现行商标法第五十二条第一项规定，未经商标注册人许可，在同一种商品或者类似商品上使用与其注册商标相同或者近似的商标的，构成商标侵权。

有的地方、单位建议明确“商标近似”的具体判断标准。有的单位提出，判断商标侵权，不宜机械地把焦点放在商标是否相同、近似和商品是否相同、类似上，而应当以是否存在消费者混淆的可能性作为标准。这样既能充分反映市场竞争关系，又能充分利用有限的商标资源。

3. 现行商标法第五十二条第四项规定，未经商标注册人同意，更换其注册商标并将该更换商标的商品又投入市场的，构成商标侵权。

有的单位提出，这一情形构成不正当竞争，但没有侵犯商标权，建议删去。

4. 草案第三十二条增加一项规定，“故意为侵犯他人商标专用权行为提供便利条件，帮助他人实施侵犯商标专用权行为的”，属于侵犯注册商标专用权。

有的地方提出，本项规定借鉴了英美法中的帮助侵权理论，但与我国的法律体系不符；这种情形属于我国侵权责任法规定的共同侵权，本法可不作规定，建议删去。有的地方建议删去“故意”。有的地方、单位建议明确“提供便利条件”的具体情形，以免随意性过大。

六、关于侵犯注册商标专用权的行政处罚

1. 草案第三十五条中规定，工商行政管理部门认定侵权行为成立的，责令立即停止侵权行为，没收、销毁侵权商品和专门用于制造侵权商品、伪造注册商标标识的工具，非法经营额五万元以上的，可以处非法经营额五倍以下的罚款，没有非法经营额或者非法经营额五万元以下的，可以处二十五万元以下的罚款。

有的地方提出，除没收或者销毁侵权商品、侵权工具外，还应当没收专门用于制造侵权商品、伪造注册商标标识的原辅材料；有的地方建议增加有关被没收的侵权商品的处置规定；有的地方建议规定，对于侵权标识可与商品分离、仍有使用价值或者回收价值的，不必一律销毁。有的地方提出，“非法经营额”难以计算，建议

明确计算方法，或者设定其他处罚标准；有的地方建议将“没有非法经营额”修改为“没有非法经营额或者非法经营额无法计算”。有的地方建议提高对商标违法行为的罚款额度；有的地方、部门和单位建议对罚款额度规定下限。

2. 草案第三十五条中规定，对五年内实施两次以上商标侵权行为或者有其他严重情节的，应当从重处罚。

有的地方建议对这种情形适用惩罚性赔偿。有的单位建议明确是“故意”侵权。

3. 草案第三十五条中规定，对销售不知道是侵犯注册商标专用权的商品，能证明该商品是自己合法取得并说明提供者的，由工商行政管理部门责令停止销售，免予其他处罚。

有的地方提出，为有效制止商标侵权行为，防止以“不知道”为由逃避处罚，建议删去“免予其他处罚”，或者修改为“减轻或者免除处罚”。有的地方提出，根据《保护工业产权巴黎公约》的规定，对侵权商品，不论销售者是否合法取得，都应当予以没收。有的地方建议增加规定，有违法所得的，没收违法所得。

4. 草案第三十六条规定，在查处商标侵权案件过程中，对商标权属存在争议或者权利人同时向人民法院提起商标侵权诉讼的，工商行政管理部门可以中止案件的查处。

有的地方、单位建议将“可以”修改为“应当”。

七、关于侵犯注册商标专用权的民事赔偿

1. 草案第三十七条中规定，侵犯商标专用权的赔偿数额，按照权利人因被侵权所受到的实际损失或者侵权人因侵权所获得的利益确定，也可以参照该注册商标使用许可费确定；赔偿数额应当包括权利人为制止侵权行为所支付的合理开支。

有的部门和单位建议对赔偿数额的三种确定方法的适用顺序作出规定。有的单位建议将“也可以参照该注册商标使用许可费

确定”修改为“也可以参照该注册商标使用许可费的合理倍数确定”。有的单位建议明确“合理开支”的范围。

2. 草案第三十七条中规定，权利人因被侵权所受到的实际损失、侵权人因侵权所获得的利益、注册商标使用许可费难以确定的，由人民法院根据侵权行为的情节判决给予一百万元以下的赔偿。

有的地方和单位提出，为加大对商标侵权行为的打击力度，建议提高法定赔偿数额上限；有的地方建议提高到二百万，有的单位建议提高到五百万元。有的单位建议规定法定赔偿数额的下限，有的地方建议为一万元，有的单位建议为五万元。

3. 草案第三十七条中规定，注册商标专用权人不能证明此前三年内曾经实际使用过该注册商标，也不能证明因侵权行为受到其他损失的，被控侵权人不承担赔偿责任。

有的单位提出，注册商标未使用的情况比较复杂，有的属于有正当理由未使用，不宜规定被控侵权人一律不承担赔偿责任，建议删去该规定；或者仅作原则规定，即人民法院在确定赔偿数额时，应当考虑注册商标实际使用情况。有的地方提出，对注册商标连续三年未使用的，应当区分该注册商标是否已被撤销：已经撤销的，不构成商标侵权；未被撤销的，构成商标侵权但不承担赔偿责任。

八、关于行政与司法查处商标侵权行为的职责分工

草案第三十五条中规定，对侵犯注册商标专用权行为，当事人可以协商解决、向人民法院起诉或者请求工商行政管理部门处理。

有的单位提出，我国知识产权制度建立之初，为了满足在短时间内形成具有较高效率执法体系的需要，我国建立了司法与行政双轨并行的执法模式，这符合当时的国情和实际需要。随着我国知识产权保护制度的完善和知识产权司法保护水平的提高，这种

模式的弊端日益显现,行政执法的合理性及其范围需要重新探讨。商标侵权行为属于一般民事纠纷,权利人提起民事诉讼是基本救济方式。只有在发生了扰乱市场秩序等损害公共利益的行为时,才需要行政执法和刑事司法等公权力的介入。由行政机关处理一般的商标侵权纠纷,与知识产权属于私权的本质不相适应,不符合现代法治政府的职能定位,也与国际上的通行做法相悖。此外,在人民法院具有诉前和诉中责令停止侵权行为的职权后,行政执法的效率优势逐渐减少。鉴于此,建议本法对行政机关介入商标侵权行为的范围作出规定,即只有对"未经商标注册人的许可,在相同商品上使用相同商标的"假冒商标行为(刑法对此规定了刑事责任),工商行政管理部门才有权处理,对其他商标侵权行为,应当由当事人通过民事诉讼解决。这样规定也符合《国家知识产权战略纲要》关于"发挥司法保护知识产权的主导作用"的要求。

九、关于商标确权案件的诉讼模式

有的单位提出,目前我国商标确权案件的诉讼模式不够合理。当事人对商标评审委员会的决定不服提起诉讼的,以商标评审委员会作为被告,按照行政诉讼案件审理。受制于行政诉讼的模式和规则,被告在诉讼程序中不能收集新证据;对于商标评审委员会的错误决定,法院无权直接变更。对于商标评审委员会重新作出的决定,当事人仍起诉的,产生循环诉讼,使商标确权无限拖延,不利于定分止争。同时,以商标评审委员会作为被告,导致真正有争议的双方当事人在后续诉讼程序中的地位失衡。而商标评审委员会疲于应诉,难以将有限的行政资源集中用于处理快速增长的审查请求。对于商标确权案件,除驳回商标申请的以外,都是他人对申请商标的可注册性、商标注册的有效性提出争议,在本质上应当属于平等主体之间的民事争议,商标评审委员会只是作为裁判者居中做出裁决。建议参考国际上主要国家的做法,将商标确权案件作为民事诉讼，即以行政程序中的双方作为诉讼当事人，商标评审委员会不作为被告，但可就特定案件发表意见。法院按照民事诉讼的规则进行审理，可以接受新证据，并就商标的有效性直接做出判决，商标局直接执行法院的判决。对于上述修改，建议在商标法中作出特别规定，而无须对行政诉讼法作出修改。如果对诉讼模式的修改有难度，至少应当在商标法中规定法院可以对商标确权直接做出判决。

十、其他意见

1. 草案第三条中规定，申请注册和使用商标，应当遵循诚实信用原则。草案第九条中规定，从事商标代理业务应当遵循诚实信用原则。有的地方和单位提出，诚实信用原则应当是商标法的基本原则，涵盖商标的申请、使用、许可、转让、代理和争议等各环节，建议单设一条作出全面规定。有的单位提出，诚实信用原则是民法的基本原则，且已经在商标法的具体条文中体现，不必再作专门规定，建议删去。

2. 草案第二十条规定，许可他人使用其注册商标的，许可人应当将其商标使用许可报商标局备案，由商标局公告；商标使用许可未经备案不得对抗善意第三人。有的地方建议对商标使用许可备案的必要性再作研究。

3. 草案第三十八条对商标注册人申请人民法院对侵权人采取诉前禁令措施作了细化规定。有的单位提出，民事诉讼法对诉前禁令已有规定，商标法对此可不作规定，建议删去该条内容。

4. 现行商标法第三十八条对注册商标续展的宽展期作了规定。有的地方建议明确，宽展期内当事人是否仍享有商标权利。

5. 现行商标法第六十二条规定，从事商标注册、管理和复审工作的国家机关工作人员的违法行为“构成犯罪的，依法追究刑事责任；尚不构成犯罪的，依法给予行政处分”。有的部门提出，国家机关工作人员的违法行为不论是否构成犯罪，都应当给予处分，建议修改为"依法给予处分；构成犯罪的，依法追究刑事责任"。

6. 有的地方、部门和单位提出，本法有关规定应当与民事诉讼法、行政诉讼法的相关规定相一致，建议将草案第三十八条有关解除诉前禁令的期限由十五日修改为三十日，将草案第十六条、第三十五条有关不服行政处罚的起诉期限由两个月修改为三个月。

7. 有的地方、单位建议对草案中的一些表述进行统一规范，比如，"注册商标专用权人"、"商标所有人"和"商标注册人"；"侵犯他人商标专用权"、"侵犯注册商标专用权"和"商标侵权"；商标评审委员会的"裁定"和"决定"等。

8. 有的单位提出，在驰名商标之外，对有一定知名度但未达到驰名的注册商标也应当给予跨类别保护，建议增加规定，申请注册的商标是抄袭他人在不相同或者不相类似商品上具有较强显著性且具有一定影响的注册商标，容易导致混淆的，不予注册。

部分专家对商标法修正案草案的意见

2013 年 2 月 4 日,全国人大常委会法制工作委员会召开座谈会,听取部分长期从事商标实务工作的老同志、老专家对商标法修正案草案的意见。现将主要意见简报如下:

一、关于商标的定位

多数专家提出,商标是在商业活动中用于区分商品来源的标识。作为一种标识,商标本身并不具有任何价值,只有经过商业使用,使相关公众将其与特定商品及其生产者联系起来,具有了代表商品质量、生产者信誉的作用,才具有价值;如果未实际使用,即使经过注册,该商标本身也是没有价值的。但在实践中,许多人对商标的概念和作用认识不清,导致商标领域乱象丛生:一是产生大量无用的注册商标,我国已经连续 10 年商标注册量、核准量和有效商标量均居世界第一,而许多注册商标并未在商业活动中使用,成为休眠商标、无用商标;二是出现了通过注册商标牟利的不正常现象,许多职业商标注册人根本没有使用商标的意图和能力,却注册大量商标,并通过转让牟利。这些严重扰乱了商标活动的正常秩序,也不利于合法经营者正常使用商标,背离了商标制度建立的初衷。基于此,建议在商标法中对商标的定位进行厘清,以正本清源,例如,规定商标的概念,明确商标是区分不同生产者、经营者所生产、经营的商品的标志;强调商标存在的价值在于实际使用,禁止将尚未使用的商标单独转让等。

二、关于诚实信用原则在商标领域的应用

有的专家提出,在商标领域,诚信缺失的现象十分突出,如以转让牟利为目的注册商标、恶意抢注、恶意异议、造假案“制造”驰名商标等,都是对诚实信用原则的违反。草案第三条增加的关于申请注册和使用商标,应当遵循诚实信用原则的规定很有针对性,但还不够,应当在商标法中全面强调贯彻诚实信用原则,因为诚信问题不仅在注册和使用环节存在。建议在商标法第一条立法目的中增加“保护诚实劳动、诚信经营”的规定;并将草案第三条修改为,申请注册和使用商标,不得违反诚实信用原则,不得恶意抢注他人商标。

有的专家提出,实践中,商标代理组织和商标代理人利用其业务上的优势恶意抢注商标出售牟利的现象时有发生,严重违反诚实信用原则,应当加强规范,建议增加规定:商标代理组织和商标代理人不得在与其代理服务无关的商品类别上为自己申请注册商标。

三、关于商标权的取得

有的专家提出,商标权的取得有使用取得和注册取得两种方式,各有利弊。从便于操作的角度出发,目前世界各国普遍采用注册取得制度,同时对在先使用的未注册商标进行适度保护,这是商标存在的价值即在于使用的基本原则的体现。而我国商标法在商标权的取得上过于强调注册原则,对在先使用的未注册商标保护不够,给商标抢注者留下可乘之机,损害了在先使用人的合法权益。这次修改商标法应当吸收使用取得制度的合理因素,对商标权取得制度进行完善,例如,在总则中明确规定,商标实行自愿注册原则,生产者、经营者可以依法使用未注册商标;规定申请注册

商标，应当证明已经实际使用或者意图实际使用该商标等。

草案第三十四条中规定，商标注册人申请商标注册前，他人已经在先使用相同或者近似商标的，注册商标专用权人无权禁止该使用人在原使用范围内继续使用该商标。有的专家提出，这一规定有利于对在先使用的未注册商标的保护，出发点是好的，但是文字表述不够周延。因为在判断他人是否构成在先使用时，应当以双方的使用时间作比较。在商标注册人最先使用该商标的情况下，其他在注册前使用该商标的行为并不应该得到保护，否则对商标注册人不公平，并可能产生恶意"抢使用"的情况。建议修改为：商标注册人使用在后的，无权禁止使用在先的他人善意地继续使用该商标。

四、关于驰名商标保护

现行商标法第十三条、第十四条对驰名商标保护制度作了规定；草案第六条增加规定，驰名商标应当根据当事人的请求，作为处理涉及商标案件需要认定的事实进行认定。

有的专家提出，国际上对驰名商标的保护都是消极保护，保护的原则是"个案认定，被动保护"，主要目的是防止该商标被他人抢注，排除其他经营者的商业混淆，制止故意产生联想的不当搭车行为等。驰名商标本身并不具有积极权能，不能利用其被认定为驰名商标的事实主动获得利益。同时，商标是否驰名，应当根据其实际市场知晓程度作出判断，与商品质量无关。而在我国的商标活动中，驰名商标保护制度被异化了：一方面，将驰名商标看作国家对企业实力、商品质量的认可，当成国家授予的荣誉，许多企业将驰名商标作为广告宣传的资源、市场推广的手段，想方设法甚至不惜制造假案以获取驰名商标认定；另一方面，认为驰名商标是比普通注册商标地位更高的特殊商标，在认定条件上高于国际条约所规定的"为相关公众所熟知"的标准，许多特定领域的知名商标因达不到认定条件而无法被认定为驰名商标，得不到法律的保护，被恶意抢注，严重损害商标所有人的权益。因此，建议对驰名商标保护制度进一步完善：根据国际公约中的相应概念“Well - known Mark”的原意，将“驰名商标”修改为“公众熟知的商标”，降低认定标准，明确在认定时应当仅考虑其在相关社会公众中的知晓程度；同时，禁止利用驰名商标进行广告宣传，误导消费者。

五、关于商标的异议和无效

1. 关于商标的异议

草案第十五条对现行商标法第三十条进行了修改，将提出商标异议的主体由“任何人”修改为“在先权利人或者利害关系人”。有的专家提出，草案的规定缩小了异议主体的范围，使社会公众对以欺骗手段或者其他不正当手段申请商标注册的行为无法提出异议，不利于社会公众对商标注册的监督。

草案第十七条对现行商标法规定的异议程序进行了修改，规定商标局不再对异议申请做出裁定，而是在对异议申请进行审查后直接做出准予或者不予注册的决定。有的专家提出，这实际上将商标异议作为商标局的内部审查程序，取消了对异议的复审和司法审查，这一制度设计在国际上没有先例，是否合适，应当慎重研究。同时，简化异议程序的目的是为了缩短商标审查时间，而实践中商标审查时间过长主要是因为一些无关人员恶意提出异议申请所导致，草案将异议主体限定为在先权利人或者利害关系人，可以减少大部分异议的产生，这已经在很大程度上解决了这一问题，不必再对异议程序进行大的修改。

2. 关于注册商标的无效

现行商标法第四十一条规定，已经注册的商标，违反本法第十条至第十二条关于禁止注册的规定（即不得作为商标注册的标志，学理上称为绝对拒绝注册理由）的，或者是以欺骗手段或者其他不正当手段取得注册的，任何单位或者个人可以在任何时间请求商标评审委员会撤销该注册商标；已经注册的商标，违反本法第十三条、第十五条、第十六条、第三十条至第三十二条关于禁止注册的规定（即与他人在先权利相冲突的商标，学理上称为相对拒绝注册理由）的，可以在注册后五年内请求商标评审委员会撤销该注册商标。草案第二十二条对第四十一条作了修改，主要是将“撤销注册商标”改为“宣告注册商标无效”。

有的专家提出，“以欺骗手段或者其他不正当手段取得注册的”规定，是 1993 年第一次修改商标法时增加的，当时的商标法实施细则将该规定予以细化，规定“违反诚实信用原则，以复制、模仿、翻译等方式，将他人已为公众熟知的商标进行注册”的行为，属于“以欺骗手段或者其他不正当手段取得注册”的情形，即“以欺骗手段或者其他不正当手段取得注册”包括相对拒绝注册理由，对符合相对拒绝注册理由的注册商标提出撤销可以没有时间限制。2001 年修改商标法时，将细化的内容上升为法律，实施条例即删除了相应规定。而在司法实践中，最高法院认为“以欺骗手段或者其他不正当手段取得注册”的规定只适用于绝对拒绝注册理由，不适用于相对拒绝注册理由，对符合相对拒绝注册理由而注册的商标，只能在注册后五年内申请撤销。最高法院的这一认识不利于对恶意抢注行为的打击。建议这次修改商标法对上述规定予以完善，明确“以欺骗手段或者其他不正当手段取得注册”也适用于具有相对拒绝注册理由的情形，以更好地打击实践中存在的恶意注册行为，保护在先权利人的利益。

六、关于注册商标专用权的保护

1. 现行商标法第五十二条中规定，未经商标注册人许可，在同一种商品或者类似商品上使用与其注册商标相同或近似商标的，构成商标侵权行为。有的专家提出，判断商标是否侵权，不应当以其是否与注册商标"近似"为条件,而应当以消费者是否对商品来源发生混淆为前提。一些商标虽然近似,但并不会产生混淆,例如韩国现代汽车的商标与日本本田汽车的商标,非常近似,但实践中并不会使消费者产生混淆。建议借鉴国际通行做法,将是否产生混淆作为判断商标侵权的标准,对有关规定进行修改。

2. 草案第三十三条规定,将他人驰名商标、注册商标作为企业名称中的字号使用,误导公众,构成不正当竞争行为的,依照反不正当竞争法处理。有的专家建议增加规定,对有上述行为的,商标所有人可以向人民法院起诉,也可以请求省级以上工商行政管理部门处理。

七、其他意见

1. 现行商标法第十一条规定,仅有本商品的通用名称、图形、型号的或者仅直接表示商品的质量、功能等特点的商标,经过使用取得显著特征,并便于识别的,可以作为商标注册。有的专家提出,仅有本商品的通用名称等或者仅直接表示商品的功能等特点的标志,不可能通过使用取得显著特征,建议对这一规定再作研究。

2. 草案第二十七条中规定,商标注册人在使用注册商标的过程中,自行改变注册商标、注册人名义、地址或者其他注册事项的,由商标局责令限期改正;期满不改正的,由商标局撤销其注册商标。有的专家提出,撤销注册商标应当慎重,如果注册人自行改变的不是特别重要的注册事项,不宜撤销。

法院系统的同志和一些商标代理组织对商标法修正案草案的意见

2013年5月7日,全国人大法律委员会、财政经济委员会和全国人大常委会法制工作委员会联合召开座谈会,听取法院系统的同志和一些商标代理组织对商标法修正案草案的意见。现将主要情况简报如下:

一、有关法院的商标案件审理情况

1. 商标审判工作情况

最高法院2010年至2012年受理的商标民事案件分别为32件、52件和48件,商标行政案件分别为22件、59件和55件。

据北京市高级法院的同志介绍,近年来北京全市法院受理商标民事案件增长较快,2011年和2012年受理一审案件分别为489件和1224件,增长150%,二审案件分别为70件和105件,增长50%。一审商标行政案件也增长较快,2011年受理1707件,2012年受理2113件,增长23.8%;二审商标行政案件相对平稳,2011年和2012年均为963件。

北京市一中院审理商标民事一、二审案件,也审理以商标评审委员会为被告的商标授权确权行政案件以及以商标局、商标评审委员会为被告的普通行政案件。近年来该院受理民事一审案件数量平稳,2011年和2012年均为42件;民事二审案件分别为16件和23件，增长较快。商标民事案件中涉及商标确权的较少，2011 年和 2012 年占比分别为 3% 和 7%。2011 年和 2012 年受理商标行政案件分别为 1737 件和 1812 件，其中商标授权确权案件占比很大，分别为 98.2% 和 96.8%，多数案件判决维持商标评审委员会的决定或裁定，2011 年和 2012 年的维持比例为 78.7% 和 74.2%，判决撤销的比例为 12.7% 和 18.5%。

北京市海淀区法院作为基层法院，受理商标民事一审案件，近年来案件数量增长较快，每年几乎翻番，2010 年受理 45 件，2011 年受理 75 件，2012 年受理 182 件。在商标民事案件中，多数为侵权案件，其中，又以销售侵犯商标专用权商品的案件为多数。在 2012 年受理的 182 件案件中，有 86 件是商标权人起诉小商户及其所在卖场。随着互联网和电子商务的发展，近年来涉及网络的商标侵权纠纷逐渐增多。

2. 法院认定驰名商标的情况

2001 年修改商标法、在法律中增加关于驰名商标保护的规定后，法院开始在审判实践中认定驰名商标。据最高法院知识产权庭的不完全统计，自 2004 年开始，驰名商标的认定数量出现了大幅度的增长，至 2006 年，全国法院共认定驰名商标 220 件，2007 年至 2008 年，法院认定驰名商标数量达到顶峰，两年共认定 269 件。自 2009 年以后，各地法院对驰名商标认定均持较为谨慎的态度，认定数量较少，目前暂无准确的统计数字。

在法院认定驰名商标的初期，对管辖问题未作专门限制，所有对商标民事纠纷案件有管辖权的法院都可以认定驰名商标，全国有超过 400 个中级法院和 30 个基层法院拥有驰名商标认定权。2009 年 1 月，最高人民法院发布《关于涉及驰名商标认定的民事纠纷案件管辖问题的通知》，将涉及驰名商标认定的民事纠纷案件管辖权限定在省、自治区政府所在地的市、计划单列市中级法院，以及直辖市辖区内的中级法院管辖；其他中级法院管辖该类民事案件,须报经最高法院批准。目前,最高法院另行批准的中级法院有新疆生产建设兵团农八师中级法院、山东省东营市、潍坊市中级法院和广东省佛山市中级法院。目前,有权认定驰名商标的中级法院总计有44个。

二、对商标法修正案草案的意见

(一)关于商标构成要素

草案第二条对现行商标法第八条作了修改,增加规定:声音、通过使用取得显著特征的单一颜色等可以作为商标注册。

有的商标代理组织提出,单一颜色具有稀缺性,允许单一颜色注册商标可能造成商标注册人对颜色的垄断,影响其他经营者的正常使用,消费者通过单一颜色区分商品来源难度也较大,建议慎重。有的商标代理组织提出,规定新型商标的条件似尚不成熟,建议暂不规定。有的法院的同志、有的商标代理组织提出,如对上述新型商标作出规定,须相应地明确标准,严格审查。有的法院的同志提出,对声音进行商标注册也应附加“通过使用取得显著特征”的限制条件。

有的法院的同志提出,草案在可作为商标注册的要素中增加了“声音”,同时以“等”字作为结尾,是否表明其他没有明确列举的要素,如气味,也可以作为商标申请注册,建议明确。

(二)关于驰名商标保护

现行商标法第十三条、第十四条对驰名商标保护制度作了规定;草案第六条增加规定,驰名商标应当根据当事人的请求,作为处理涉及商标案件需要认定的事实进行认定。

参会人员普遍赞成草案增加有关驰名商标“个案认定、被动保护”的规定。

针对实践中一些企业将驰名商标作为市场推广的手段,甚至制造假案认定驰名商标的情况,多数参会人员建议增加规定,禁止以“驰名商标”的名义进行广告宣传。有的法院的同志提出，禁止以“驰名商标”的名义进行广告宣传，在实践中可能较难操作，建议不作规定。

(三)关于未注册商标保护

草案加强了对未注册商标的保护，草案第七条在现行商标法第十五条中增加规定，禁止抢注因业务往来等关系而明知他人已经在先使用的商标；草案第三十四条增加规定，允许在先使用的未注册商标在他人注册后可以继续使用。

有的法院的同志建议将草案第七条中的“在先使用”明确为既包括在中国使用，也包括在国外使用。有的部门的同志提出，按照这一条的规定，出现抢注因业务往来等关系而明知他人已经在先使用的商标的情形，需要该他人提出异议，商标局才不予注册。这一规定不利于保护权利人，建议删去“该他人提出异议的”，商标局可以直接依职权做出不予注册的决定。有的商标代理组织提出，这一条中的“明知”实践中较难证明，建议改为“不可能不知道”。

有的商标代理组织提出，为避免实践中对草案第三十四条的滥用，建议对这一条的适用限定更加严格条件，并对“继续使用”在销售渠道等方面进行限制。

(四)关于商标代理组织

草案第九条加强了对商标代理组织的规范，草案第三十九条规定了商标代理组织的法律责任。

有的商标代理组织提出，目前，从事商标代理业务没有门槛限制，实践中商标代理组织和商标代理人良莠不齐，有些甚至恶意抢注商标。建议规定商标代理组织的准入条件，或者对商标代理人的资格作出规定。同时建议增加规定，禁止商标代理组织申请商标代理服务之外的其他商标。有的法院的同志提出，商标代理业务的专业性较弱，对商标代理组织规定资质，似不符合减少行政审批的改革方向，建议本法对商标代理组织的资质不作规定。

有的商标代理组织建议在草案第三十九条中明确，当事人伪造法律文件、印章、签名，商标代理组织不知道的，商标代理组织不承担法律责任。

（五）关于商标注册审查时限

有的商标代理组织提出，实践中商标注册申请审查周期太长，有的商标等申请下来，企业都可能已经不存在了。建议本法对审查时限作出明确规定，一至两年，甚至三年以内，企业一般都可以接受。有的法院的同志提出，规定审查时限具有积极意义，建议根据实际情况确定时限。有的商标代理组织建议，参考商标国际注册的时限，将商标注册审查时限规定为18个月。

（六）关于商标注册异议制度

草案对商标注册异议制度进行了修改，限定了提出异议的主体和理由；简化了异议程序，商标局不再对异议申请做出裁定，而是在对异议申请进行审查后直接做出准予或者不予注册的决定。对商标局认为异议不成立，准予注册的决定不服的，异议人可以向商标评审委员会请求宣告该注册商标无效；对商标局认为异议成立，不予注册的决定不服的，被异议人可以向商标评审委员会申请复审。

有的商标代理组织提出，对异议主体和理由的限制，可能使影响社会公共利益的商标不经公众监督而获得注册。建议明确规定，对违反商标法第十条、第十一条、第十二条关于商标禁用标志、不具有显著特征标志等规定的商标注册申请，应当允许社会公众提出异议。

有的商标代理组织提出，对商标异议程序的简化，可能使一些与在先权利人存在冲突的商标包括一些恶意申请的商标，相关权利人只能通过宣告无效程序寻求救济，不利于对相关权利人的保护。建议恢复现行商标法关于异议程序的规定。有的法院的同志提出，草案的规定，看似有助于提高效率，但实际上是将矛盾后延，将争议的解决由异议程序后延至无效宣告程序,没有从根本上解决问题。建议仍保留对异议申请进行审查裁决的规定,但可以简化程序,即异议人可以向商标评审委员会直接提出异议,对商评委裁定不服的,可以向法院提起诉讼。

（七）关于注册商标无效宣告诉讼

草案第二十四条中规定,当事人对商标评审委员会做出维持注册商标或者宣告注册商标无效的裁定不服的,可以向人民法院起诉。

有的法院的同志提出,因不服商标评审委员会的裁定而提起的诉讼,作为行政诉讼处理,带来诸多的问题:商标评审委员会疲于应诉,而真正有争议的双方当事人在诉讼中地位失衡,不能有效解决平等主体之间的争议;新证据难以引入,达成和解但缺乏结案方式;对商评委的错误决定无法直接改判,导致循环诉讼等。建议将这一类案件的诉讼模式改为民事诉讼。有的商标代理组织提出,商标权本质上是私权,法院对商评委的裁定直接改判,可以简化程序,国际上也有先例,有利于维护当事人权利,建议赋予法院审理商标行政案件的改判权。有的法院的同志提出,实践中,法院一般会对当事人作指引,尽量减少循环诉讼,如果规定法院可以对商评委的裁定直接改判,可以有效解决循环诉讼的问题。

（八）关于惩罚性赔偿和文书提供令

为加强对注册商标专用权的保护,草案第三十七条增加了关于惩罚性赔偿、文书提供令的规定。

有的法院的同志赞成草案对惩罚性赔偿和文书提供令作出规定。有的法院的同志提出,不同的地域、行业,情况可能相差较大,法定赔偿额上限提高到多少,建议再作调研。同时提出,文书提供令的规定,实践中可能较难操作:当事人如不愿提供,法院实际上也很难取证;即使取到证了,还需专门审计机构对财务资料审计,这笔费用往往由权利人垫付,最后可能难以执行,审计结果中如何区分侵犯商标权所获利益也较困难。有的法院的同志提出,文书提供令属于诉讼程序的问题,建议在民事诉讼法中规定。

(九)其他意见

1. 草案第四条中规定,同中央国家机关的名称、标志、所在地特定地点的名称或者标志性建筑物的名称、图形相同的标志,不得作为商标使用。有的法院的同志提出,与上述名称、图形相似的标志也不得作为商标使用。

2. 草案第二十二条中规定,对于恶意注册的,驰名商标所有人请求宣告无效,可以不受五年的时间限制。有的法院的同志建议,在驰名商标所有人后增加"利害关系人"。

3. 有的部门的同志建议将草案第三十二条增加的"故意为侵犯他人商标专用权提供便利条件,帮助他人实施侵犯商标专用权行为的"中的"故意"明确为明知和应知两种情形。

4. 有的法院的同志提出,新修改的民事诉讼法对行为保全已作规定,商标法可不另作规定,建议删去草案第三十八条中的相应规定。

5. 有的商标代理组织建议针对实践需要,对近似商标的协议共存制度作出规定。

部分企业、行业协会和专家对商标法修正案草案的意见

2013年5月8日，全国人大法律委员会、财政经济委员会和全国人大常委会法制工作委员会联合召开座谈会，听取部分企业、行业协会和专家对商标法修正案草案（以下简称草案）的意见。现将主要意见简报如下：

一、关于商标的构成要素

草案第二条对现行商标法第八条作了修改，增加规定：声音、通过使用取得显著特征的单一颜色等可以作为商标注册。

有的专家、企业提出，单一颜色的数量有限，不宜被某一特定商标垄断和独占。对于单一颜色作为商标注册，尚存在争议，其利弊有待于进一步观察，并未被各国普遍采纳，实践中是否确有需要也存在疑问。对于这一问题的规定，应充分考虑我国的实际情况。建议暂不对单一颜色可作为商标注册作出明确规定。

有的协会、企业提出，草案增加单一颜色、声音作为可注册商标要素符合国际趋势，既顺应社会的发展进步，也有实际需要。

有的企业建议对单一颜色和声音商标的注册审查标准、程序要求等作出明确规定，在审查标准上进行严格限制。有的专家建议增加规定，单一颜色商标所有人“不得禁止他人对该单一颜色的合理使用行为”。

二、关于驰名商标保护

现行商标法第十三条、第十四条对驰名商标保护制度作了规定;草案第六条增加规定,驰名商标应当根据当事人的请求,作为处理涉及商标案件需要认定的事实进行认定。

1. 多数企业、协会和专家提出,驰名商标保护制度在实施过程中存在异化的问题,一些企业将驰名商标认定看成是国家对其商品或者服务质量的认可,想方设法追求驰名商标的认定,背离了驰名商标保护制度设立的初衷和本意。草案增加有关驰名商标"个案认定、被动保护"的规定符合驰名商标保护制度的法理,与国际上的通行作法相一致,表示赞成。

有的专家提出,驰名商标的价值和作用比一般的注册商标要大,既然注册商标具有一定的稳定性和广泛的适用性,对驰名商标只能是"个案认定、被动保护"不符合逻辑,建议对驰名商标保护制度进一步修改完善,实行申请核准制,规定由商标局统一认定驰名商标(商标评审委员会和法院不再认定),驰名商标一经认定,即可获得同其他注册商标一样的普遍保护,并通过年度审查、设置否定性条件等实行过程监督。

有的企业提出,商标局对驰名商标认定的效力不应仅限于个案,应当适当延展,具有一定的普遍性。

2. 一些专家和企业提出,驰名商标不是荣誉称号,注册商标所有人不得在产品或服务上标注"驰名商标"字样,也不得以驰名商标名义进行广告宣传或其他类似活动。有的专家建议,恶意制造诉讼获得驰名商标认定的,或将"驰名商标"字样作为广告宣传手段进行不正当竞争的,国家商标行政管理部门有权公告撤销该驰名商标认定。

有的专家提出,禁止对驰名商标进行广告宣传,不应该由商标法规范,应当由广告法进行调整。

3. 有的专家建议将“驰名商标”改为“有一定知名度的商标”。

三、关于未注册商标的保护

草案第三十四条第三款规定，商标注册人申请商标注册前，他人已经在同一种商品或者类似商品上使用与注册商标相同或者近似的商标的，注册商标专用权人无权禁止该使用人在原使用范围内继续使用该商标，但可以要求其附加适当区别标识。

有的企业和协会提出，未注册商标的权益是商标所有人的一项合法民事权益，理应受到保护。允许在先使用的未注册商标在他人注册后继续使用，虽然是对商标注册保护制度的突破，但实践中确有需要，草案的规定是合适的。

有的专家提出，对未注册商标的保护应当适度，不能将对未注册商标的保护提高到与注册商标相同的水平，建议对草案上述规定的适用进一步限定条件。有的专家建议限定为“善意”、“连续地”在先使用；有的专家建议对继续使用的范围进行限定。有的企业提出，如果他人抢注了在先使用人的商标，之后即使允许在先使用人继续使用，也难免在市场上产生混淆，草案的规定是否合适，建议再作研究。

四、关于商标异议制度

草案第十七条对现行商标法规定的异议程序进行了修改，商标局不再对异议申请作出裁定，而是在对异议申请进行审查后直接做出准予或者不予注册的决定。对商标局认为异议不成立，准予注册的决定不服的，异议人可以向商标评审委员会请求宣告该注册商标无效；对商标局认为异议成立，不予注册的决定不服的，被异议人可以向商标评审委员会申请复审。

有的专家、企业提出，草案对异议程序的修改，既简化了程序，又保障了异议人、被异议人获得救济的权利，表示赞成。

有的企业提出，简化异议程序是可以的，但如果对异议不作出裁定而直接由商标局直接确权，并不再进行复审和司法审查，将所有争议都放到无效程序中解决，不利于维护注册商标的稳定性。有的协会提出，按照草案修改后的异议程序，利害关系人在注册阶段只有一次救济机会，一旦异议被驳回，商标就自动注册。抢注商标就可以更低的代价更快地获得注册，使真正的商标权利人无法维权。建议恢复现行法规定的异议程序。

五、关于商标申请审查期限

现行商标法第三十五条仅要求对商标注册申请和商标复审申请应当及时进行审查，但未对商标注册申请、商标复审申请、注册商标无效的审查期限作出规定。

许多企业和协会提出，目前我国商标注册申请程序复杂、周期长，而且没有依据和措施督促商标行政主管机关，不利于保护商标权利人，建议在商标法中明确、合理地规定商标注册申请、复审、异议审查、无效审查的时限。有的专家提出，我国商标年申请量非常大，而且有逐年上升的趋势。在法律中对商标审查时限作出规定是可以的，但应当充分考虑主管部门的实际工作能力等情况，使时限的规定更具有可操作性。

六、关于注册商标无效宣告诉讼

草案第二十四条中规定，当事人对商标评审委员会作出维持注册商标或者宣告注册商标无效的裁定不服的，可以向人民法院起诉。

有的企业和专家提出，对因不服商标评审委员会的裁定而提起的行政诉讼，法院只能维持或者撤销商标评审委员会的裁定，而不能直接改判，不利于争议的及时解决。如果法院可以对商标争议案件直接改判，作出确权判决，就能解决实践中困扰各方的“循环诉讼”问题,也有利于加强司法对行政的监督,有效保障当事人的合法权利,确保商标确权的公正性。

有的公司提出,行政诉讼审理和裁判的对象是被诉行政行为,人民法院在行政诉讼中直接解决双方的民事争端超越了行政审判权的界限。在行政诉讼中,法院只能判决由商评委重新做出商标确权裁定,而不能直接作出确权判决。

七、关于注册商标的使用

1. 草案第二十条规定,许可他人使用其注册商标的,许可人应当将其商标使用许可报商标局备案,由商标局公告。商标使用许可未经备案不得对抗善意第三人。

有的企业提出,应当明确商标许可合同备案的法律效力,尊重当事人的意思自治,尽量维护合同的效力,建议将这一条修改为“商标使用许可未经备案的,不影响该许可合同的效力,但当事人另有约定的除外。商标使用许可未在商标局备案的,不得对抗善意第三人”。

有的专家提出,商标普通许可不存在是否对抗善意第三人的问题,建议明确通过备案具有对抗善意第三人效力的商标使用许可仅限于商标独占许可和排他许可。

2. 草案第二十七条第二款中规定,注册商标连续三年停止使用的,任何单位或者个人可以向商标局申请撤销该注册商标。

有的协会提出,如果商标注册人停止使用商标有正当理由,如不可抗力、政府禁令或进口限制等,不应当撤销其注册商标。建议在这款中增加规定“但有正当理由的除外”。

有的企业提出,有的商标所有人为实现其品牌战略,防止他人将自己的注册商标在不相同或者不类似的商品上注册,会将其商标在全部类别的商品上注册,但仅在部分类别的商品上使用,对于这类防御性注册商标,即使连续三年不使用,也不应撤销。

八、关于注册商标专用权的保护

1. 现行商标法第五十二条对侵犯注册商标专用权的行为进行了列举,其中第一项为:未经商标注册人得许可,在同一种商品或者类似商品上使用与其注册商标相同或者近似的商标。

有的企业和专家建议按照世界贸易组织与贸易有关的知识产权协定(TRIPS)的规定,将商标侵权的判定标准由“相同或者近似”修改为“容易造成混淆”。

有的企业提出,“混淆”在内涵和外延上的界定并不统一,主观性过强,执行标准难掌握,建议仍维持现行商标法以“相同或者近似”作为判断是否侵权的标准。

2. 现行商标法第五十二条第四项对反向假冒行为作了规定,即未经商标注册人同意,更换其注册商标并将该更换商标的商品又投入市场的属于侵犯注册商标专用权的行为。

有的协会提出,目前各种贴牌、代工的生产模式普遍存在,商品进入市场后,其商标价值已经得到实现,不应对购买者如何处理该商品和商标进行要求。继续保留反向假冒构成侵权的规定没有必要。

有的企业提出,反向假冒行为是现实存在的,该行为影响了商标的本质功能,使原商品的注册商标难以有效发挥其识别作用,引起商品流通秩序的混乱,应当予以规范,建议草案继续保留反向假冒构成侵犯商标专用权行为的规定。

有的专家提出,无论商标法是否作出规定,从法理上说,反向假冒行为非法阻止了注册商标所有权人在自己的商品上合法使用自己注册商标的权利,理所当然构成侵权。

3. 草案第三十五条中规定,工商行政管理部门处理商标侵权纠纷时,认定侵权行为成立的,有权没收、销毁侵权商品和“专门”用于制造侵权商品、伪造注册商标标识的工具。

有的协会提出，对于“主要”用于制造侵权商品或者标识的工具都应当没收、销毁，而不应限于“专门”工具，TRIPS 协定第四十六条也使用了“主要用于侵权物品生产的工具和材料”的表述，建议对草案的相关规定研究修改。

4. 草案为加强对注册商标专用权的保护，增加了关于惩罚性赔偿、文书提供令等规定。

一些意见提出，规定惩罚性赔偿可以提高违法成本，更有效保护商标所有权人权益，很有必要。有的专家、协会建议对惩罚性赔偿数额的下限予以明确，以增强可操作性。

有的协会提出，文书提供令的规定可以减轻权利人的举证负担，实现一定意义上的举证责任倒置，对解决目前举证困难，索赔依据不充分等具有重要作用。

九、其他意见

1. 有的企业、协会建议将“诚实信用原则”作为商标活动的基本原则在法律中予以明确。

2. 有的专家建议将“商标专用权”修改为“商标权”。

3. 有的专家建议保留现行商标法第四十六条关于注册商标被撤销后一年内不受理与该商标相同或者近似商标申请的规定。

4. 有的专家提出，商标应当仅用于商品识别，与商品质量无关，建议删除商标法中涉及商品质量的条款，如现行商标法第四十五条等。

中国外商投资企业协会优质品牌保护委员会及部分外商投资企业对商标法修正案草案的意见

为做好商标法的修改工作，全国人大常委会法制工作委员会经济法室的同志到中国外商投资企业协会优质品牌保护委员会（以下简称品牌保护委员会）调研，听取品牌保护委员会及部分外商投资企业对商标法修正案草案的意见。现将主要意见简报如下：

一、关于驰名商标保护

现行商标法第十三条、第十四条对驰名商标保护制度作了规定。

品牌保护委员会建议将现行商标法规定的驰名商标侵权的判定标准由“复制、摹仿或者翻译”修改为“相同或者近似”；并增加关于已注册驰名商标反淡化的规定，即申请注册的商标与他人已注册的驰名商标相同或者近似，可能使相关公众认为该商标与驰名商标具有相当程度的联系，而减弱驰名商标的显著性、贬损驰名商标的市场声誉，或者不正当利用驰名商标的市场声誉的，不予注册并禁止使用。

有的企业提出，对基于不正当目的申请注册与他人在外国驰名的商标相同或者近似的商标，即使该驰名商标未在中国境内使用,也应不予注册并禁止使用。

二、关于未注册商标的保护

草案第七条规定,就同一种商品或者类似商品申请注册的商标与他人在先使用的商标相同或者近似,申请人与该他人具有前款规定(代理人或代表人)以外的合同、业务往来关系或者其他关系而明知该他人商标存在,该他人提出异议的,不予注册。

品牌保护委员会建议将“明知”修改为“知道或者应当知道”,并建议将该规定的适用扩大到不相类似的商品上。有的企业建议增加规定,禁止抢注在境外知名的未注册商标。

三、关于商标注册申请的审查

现行商标法第二十八条中规定,申请注册的商标,同他人在同一种商品或者类似商品上已经注册的或者初步审定的商标相同或者近似的,由商标局驳回申请,不予公告。

品牌保护委员会提出,商标注册申请的审查仅以与相同或者类似商品上注册的商标是否相同或者近似作为标准,不利于发挥商标识别商品来源的功能,建议以是否可能造成混淆为标准进行跨类审查。品牌保护委员会、有的企业建议规定,对于具有较强显著性且具有一定影响的注册商标,他人在不相同或不相类似商品上申请注册的商标属于故意抄袭该商标,容易导致混淆的,不予注册。

品牌保护委员会建议增加关于部分驳回商标注册申请的规定,即商标局可以驳回与在先商标相冲突的商品类别上的注册申请,但可以核准与在先商标不相冲突的商品类别上的注册申请。

品牌保护委员会提出,商标局在作出驳回申请、不予公告决定前,应当给予申请人进行说明或者修正的机会,建议增加相关规定。

四、关于商标注册的异议制度

草案第十七条对现行商标法规定的异议程序进行了修改，商标局不再对异议申请作出裁定，而是在对异议申请进行审查后直接作出准予或者不予注册的决定。

品牌保护委员会、有的企业提出，近几年商标注册申请中异议案件所占比例只在2%至4%左右，通过异议影响申请人及时获得注册的情况不是很普遍，简化异议程序的必要性不是很大。同时，诚信经营的企业在申请商标注册时会尽量区别于他人商标，因此，被他人提出异议的可能性不大，而恶意抢注他人商标的商标注册申请，他人提出异议的可能性较大，草案简化商标异议程序的规定可能产生恶意抢注能够快速获得注册的不公平现象。建议维持现行商标法关于异议程序的规定，并将异议申请的审查机关由商标局改为商标评审委员会。

品牌保护委员会建议增加规定，在异议程序中，被异议人对异议人提出的事实和理由未作回应的，视为放弃权利，对其商标注册申请不予核准。

五、关于注册商标的使用许可

草案第二十条规定，许可他人使用其注册商标的，许可人应当将其商标使用许可报商标局备案，由商标局公告。商标使用许可未经备案不得对抗善意第三人。

品牌保护委员会提出，商标使用许可只是当事人之间的普通民事行为，是否应强制备案，建议再作研究。同时建议明确，报送备案的仅是商标许可使用的简要情况说明，而不应要求将许可合同的具体内容进行备案，以保护相关当事人的商业秘密。

六、关于注册商标的无效宣告

草案第二十二条对现行商标法第四十一条进行了修改，对注册商标无效宣告作了规定。其中第二款规定，对侵犯在先权利人或者利害关系人权益的注册商标，可以自商标注册之日起五年内请求宣告该注册商标无效；对恶意注册的，驰名商标所有人不受五年的时间限制。

品牌保护委员会提出，对于恶意抢注的，不论被抢注的商标是否属于驰名商标，都不应对在先权利人或者利害关系人申请无效宣告规定时间限制。

七、关于商标的使用管理

草案第二十七条第二款中规定，注册商标连续三年停止使用的，任何单位或者个人可以向商标局申请撤销该注册商标。

品牌保护委员会提出，世界贸易组织与贸易有关的知识产权协定（TRIPS）第十九条在规定注册商标因连续三年未使用可予以撤销时，附加了“商标所有人未表明以存在着妨碍使用的情况为根据的有效理由”的限制性条件，并明确：与商标所有人的意志无关而构成妨碍商标使用的情况，应认为是不使用的有效理由。草案的规定与 TRIPS 不完全一致，建议修改。

品牌保护委员会建议增加规定，有证据表明商标注册人放弃使用该注册商标的，商标局可以依职权撤销该商标。

八、关于商标侵权行为构成

1. 现行商标法第五十二条对侵犯注册商标专用权的行为作了列举规定。

品牌保护委员会、有的企业建议增加规定，许诺销售、进口、出口或者为销售而持有侵犯注册商标专用权的商品，属于商标侵权行为。品牌保护委员会还建议增加规定，委托第三人伪造、擅自制造他人注册商标标识，以及许诺销售、进口、出口或者为销售而持有伪造、擅自制造他人注册商标标识的行为，属于商标侵权行为。

2. 草案第三十二条规定,故意为侵犯他人商标专用权行为提供便利条件,帮助他人实施侵犯商标专用权行为的,属于侵犯注册商标专用权。

品牌保护委员会建议将“故意”修改为“明知或者应知”,并将该规定进一步细化,对具体行为进行列举,修改为:明知或者应知他人实施侵犯注册商标专用权行为而为其提供经营场地、网络交易服务、仓储、运输、邮寄、隐匿、市场管理、物业服务、贷款、资金、账号、发票、证明、许可证件、储存、代理进出口、主要原材料、辅助材料、半成品、包装材料、机械设备、标签标识、生产技术、配方、代收费、费用结算等便利条件的。

3. 草案第三十三条规定,将他人驰名商标、注册商标作为企业名称中的字号使用,误导公众,构成不正当竞争行为的,依照反不正当竞争法处理。

品牌保护委员会建议将上述行为明确为商标侵权行为,并增加规定,对将他人驰名商标、注册商标作为企业名称中的字号使用误导公众的行为,商标所有人可以向人民法院起诉,也可以请求省级以上工商行政管理部门处理,要求责令停止使用该企业名称或者办理企业名称变更登记。

4. 品牌保护委员会建议对网络上的商标侵权行为作出专门规定。

九、关于商标侵权纠纷的行政处理

1. 草案第三十五条第一款规定,工商行政管理部门处理商标侵权纠纷时,认定侵权行为成立的,责令立即停止侵权行为,没收、销毁侵权商品和专门用于制造侵权商品、伪造注册商标标识的工具,并可以处以非法经营额五倍或者二十五万元以下的罚款。对五年内实施两次以上商标侵权行为或者有其他严重情节的,从重处罚。

品牌保护委员会提出,对于“主要”用于制造侵权商品或者标识的工具都应当没收、销毁,而不限于“专门”工具;TRIPS 第四十六条、我国著作权法的相关规定也使用了“主要”用于侵权物品生产的工具和材料的表述,建议对草案的相关规定研究修改。

品牌保护委员会建议规定罚款数额的下限。同时建议:明确五年是从侵权行为实施之日起计算,还是从上一次查处之日起计算;在实施条例中对应当从重处罚的具体情形作出规定;对如何“从重处罚”予以明确。

品牌保护委员会、有的企业建议明确,商标权人、利害关系人应有权参加行政处理程序,获知工商行政管理部门的处理决定,并可以对该处理决定提起诉讼。

2. 草案第三十五条第二款中规定,工商行政管理部门在处理商标侵权纠纷时,根据当事人的请求,可以就侵犯商标专用权的赔偿数额进行调解。

品牌保护委员会提出,工商行政管理部门就侵犯商标专用权的赔偿数额进行调解,可能会被侵权人滥用,用以拖延时间,转移、销毁侵权物品和工具等。建议删除相关规定,或者对调解作出限制性规定并明确调解的期限。

3. 现行商标法第六十一条中规定,工商行政管理部门对有证据证明是侵犯他人注册商标专用权的物品,可以查封或者扣押。

品牌保护委员会建议将“有证据证明”修改为“涉嫌”,以利于商标权人维权。同时建议增加规定,拒绝、阻挠工商行政管理部门执行公务的,由工商行政管理部门处以罚款,并依法给予治安管理处罚。

4. 品牌保护委员会建议明确规定,工商行政管理部门在处理侵权纠纷过程中,对于涉嫌构成犯罪的商标侵权行为,应当立即通报公安机关并将案件移送其处理,不得以行政处罚代替刑罚。

十、关于侵犯商标专用权的赔偿

1. 草案第三十七条中规定,侵犯商标专用权的赔偿数额,按照权利人因被侵权所受到的实际损失或者侵权人因侵权所获得的利益确定,也可以参照该注册商标使用许可费确定;对恶意侵犯商标专用权、情节严重的,可以在按照上述方法确定数额的一倍以上三倍以下确定赔偿数额。赔偿数额应当包括权利人为制止侵权行为所支付的合理开支。同时规定,权利人因被侵权所受到的实际损失、侵权人因侵权所获得的利益、注册商标使用许可费难以确定的,由人民法院根据侵权行为的情节判决给予一百万元以下的赔偿。

品牌保护委员会建议将"实际损失"修改为"全部损失",以弥补权利人的可得利益损失。品牌保护委员会、有的企业建议明确,法院在计算赔偿数额时,对权利人为制止侵权行为所支付的合理开支应单独计算。

品牌保护委员会建议将适用惩罚性赔偿的条件由"恶意侵犯商标专用权"修改为"故意或再次侵犯商标专用权",并明确"情节严重"的具体情形;同时,建议将标准由"一倍以上三倍以下"修改为"二倍以上三倍以下"。

品牌保护委员会建议明确,对于采用法定赔偿的案件,也可以适用草案惩罚性赔偿的规定,即最高可给予三百万元的赔偿。

2. 草案第三十七条中规定,在商标侵权案件中,注册商标专用权人请求赔偿,但不能证明此前三年内曾经实际使用过该注册商标,也不能证明因侵权行为受到其他损失的,被控侵权人不承担赔偿责任。

品牌保护委员会提出,商标权人受到损害与其商标是否实际使用不是必然相关;同时,对注册未满三年的商标,要求提供此前三年实际使用的证据也不合理。建议删去该规定;如果保留,应明确商标注册人未使用有正当理由的，不适用上述规定。

十一、关于诉前行为保全

草案第三十八条对商标侵权案件中的诉前行为保全作了规定，其中要求人民法院应当自接受申请之时起四十八小时内作出是否保全的裁定；申请有错误的，申请人应当赔偿被申请人因停止有关行为所遭受的损失。

品牌保护委员会建议将“接受申请”修改为“收到申请”，以保证程序开始时间的确定性；同时，建议对“申请有错误”的情形予以明确。

十二、其他意见

1. 品牌保护委员会提出，实践中许多外国企业委托商务咨询公司办理商标侵权行为的调查取证等活动，工商行政管理部门认为上述活动属于“办理其他商标事宜”，应按照现行商标法第十八条的规定，委托国家认可的具有商标代理资格的组织代理。对于这一问题应当如何处理，建议明确。

2. 品牌保护委员会建议增加申请商标注册“必须有目的、有意图或者有能力使用其申请商标”的限制性规定，以防止恶意抢注他人商标的行为。

3. 品牌保护委员会建议对“诚实信用”在商标法中的具体含义予以明确，并增加更加具体的规定，以使该原则得到实施。

4. 现行商标法第三十八条中规定，注册商标有效期满，需要继续使用的，应当在期满前六个月内申请续展注册。品牌保护委员会提出，实践中商标续展程序可能超过六个月，即可能在商标有效期满时仍未获得核准续展手续，从而给商标注册人正常使用商标造成不便，如无法通过注册商标海关备案阻止侵权商标的进出口等。建议将续展期由商标有效期满前“六个月”修改为“九个月”。

5. 品牌保护委员会、有的企业建议对商标局、商标评审委员会所做决定不服提出复审或者诉讼的时限予以适当延长。

6. 品牌保护委员会提出,实践中一些国内企业接受外国商标权人的委托进行定牌加工,该商标在该外国属于合法商标,但与在我国注册的商标相同或者近似,这种行为是否构成商标侵权,应当如何处理,建议明确。

商标法修正案草案上海、浙江调研情况简报（一）

3月25日至28日，全国人大常委会法制工作委员会的同志赴上海、浙江就商标法修正案草案（以下简称草案）的有关问题进行调研。其间，听取了两省（市）部分法院和工商行政管理部门关于商标工作的情况介绍和对草案的意见。现将主要情况简报如下：

一、上海、浙江两省（市）商标工作的主要情况

1. 商标审判工作情况

上海市高院介绍，商标法施行以来全市三级法院共受理一审商标民事案件2700多件，审结2500多件，其中最近十年受理和审结的案件超过80%。2011年、2012年分别受理294件、442件，审结320件、380件。

浙江省高院介绍，2010年1月至2012年12月，全省三级法院共受理一审商标民事案件4564件，审结4361件。2011年、2012年分别受理1402件、2183件，审结1369件、2102件。

两地高院介绍，实践中的商标民事案件绝大多数为商标侵权纠纷案件，其中涉及商标确权的案件（即在商标侵权案件中，被诉侵权人请求宣告商标无效）不足5%。绝大多数案件都能在法定的审限内结案（一审六个月，二审三个月）。

2. 商标侵权纠纷行政处理情况

上海市工商局介绍,近年来全市工商系统查处的商标侵权案件年平均在2500件至3000件之间,约90%以上是销售侵犯注册商标专用权商品的案件。

浙江省工商局介绍,2012年全省工商系统共查处商标侵权案件6997件,多数是销售侵犯注册商标专用权商品案件(4404件)和未经权利人许可在相同或者类似商品上使用与权利人的注册商标相同或者近似的商标案件(2257件)。

3. 驰名商标认定情况

上海市高院介绍,截至2012年,全市法院受理的商标案件中,当事人提出认定驰名商标的案件40多件,涉及50多件商标。目前全市只有市高院、市一中院和市二中院有权审理涉及驰名商标认定的一审案件,共认定驰名商标11件。

浙江省高院介绍,目前全省只有省高院和杭州市中院、宁波市中院有权审理涉及驰名商标认定的一审案件,共认定驰名商标22件。

二、上海、浙江两省(市)法院、工商部门对草案的意见

(一)关于商标构成要素

草案第二条对现行商标法第八条作了修改,规定声音、通过使用取得显著特征的单一颜色等可以作为商标注册。

有的法院和工商部门提出,草案的规定扩大了可以作为商标注册的要素范围,有利于满足实践中的需求;也有利于我国商标权人进行声音、单一颜色商标国际注册和提升我国商标保护的国际形象。有的法院建议规定,声音只有通过使用取得显著特征,才可以作为商标申请注册。

一些法院和工商部门提出,声音商标和单一颜色商标在受理审查、描述记载、侵权认定等方面存在难度,缺乏可操作性。同时,

单一颜色具有稀缺性，允许单一颜色注册商标可能造成商标注册人对颜色的垄断；消费者通过单一颜色区分商品来源，难度较大。不赞成增加声音和单一颜色作为商标的构成要素。

（二）关于驰名商标保护

现行商标法第十三条、第十四条对驰名商标保护制度作了规定。草案第六条增加规定，驰名商标应当根据当事人的请求，作为处理涉及商标案件需要认定的事实进行认定。

1. 有的法院建议将现行商标法规定的驰名商标侵权的判定标准由“复制、摹仿或者翻译”修改为“相同或者近似”。有的法院建议增加关于已注册驰名商标反淡化的规定，即申请注册的商标与他人已注册的驰名商标相同或者近似，可能使相关公众认为该商标与驰名商标具有相当程度的联系，而减弱驰名商标的显著性、贬损驰名商标的市场声誉，或者不正当利用驰名商标的市场声誉的，不予注册并禁止使用。

2. 有的法院和工商部门提出，实践中驰名商标往往被误解为荣誉象征；有的企业利用驰名商标做广告宣传，误导消费者；有的地方政府将驰名商标的认定数量作为政绩看待，对被认定的企业给予奖励、补贴，使一些企业热衷于驰名商标的认定，有的企业甚至以虚构商标争议、商标诉讼的方式获取驰名商标认定，滋生腐败。建议针对实践中存在的问题，对相关规定进一步完善。

有的法院提出，对驰名商标实行个案认定，可能会产生同一商标在较短时期内多次认定的情况。反复认定对驰名商标所有人来说成本较高，同时也可能产生认定标准不一、认定结果不同的情况。建议增加关于驰名商标有效期的规定，在法定期限内，商标驰名的事实自动得到确认。

有的法院建议对如何认定驰名商标作出规定。有的法院建议对驰名商标的定义、认定标准、认定程序、保护等作出全面规定。有的法院和工商部门建议，驰名商标认定除了坚持“个案认定”外，还应当坚持“因需认定”，只有在确需对商标驰名的事实加以确认，否则无法对当事人提供保护的情况下才能认定驰名商标。有的法院建议取消行政机关对驰名商标进行认定的做法，只有法院可以在诉讼程序中认定驰名商标。一些法院和工商部门建议增加规定，不得将行政机关、司法机关对驰名商标的认定用于广告宣传。

3. 有的法院提出，对于在与未注册驰名商标相同或者类似商品上使用的商标是复制、摹仿或者翻译该驰名商标、容易导致混淆的行为，以及在与已注册驰名商标不相同或者不相类似商品上使用的商标是复制、摹仿或者翻译该驰名商标、误导公众、致使该驰名商标注册人的利益可能受到损害的行为，是否属于商标侵权行为，应当承担什么民事责任，建议予以明确。

（三）关于未注册商标的保护

1. 草案第三十四条中规定，商标注册人申请商标注册前，他人已经在同一种商品或者类似商品上使用与注册商标相同或者近似的商标的，注册商标专用权人无权禁止该使用人在原使用范围内继续使用该商标，但可以要求其附加适当区别标识。

一些法院提出，上述规定保护的未注册商标应当限于“具有一定影响的商标”，对于普通的未注册商标不应提供保护。有的法院建议对“原使用范围”作出具体规定。

2. 有的法院提出，对于未注册商标，是通过商标法进行保护，还是通过反不正当竞争法进行保护，应当认真进行研究。应在坚持商标注册保护原则的基础上，统筹考虑未注册商标保护问题。

（四）关于商标代理

草案第九条中规定，从事商标代理业务应当遵循诚实信用原则，遵守法律、行政法规的规定；工商行政管理部门应当加强对商标代理活动的监督管理。

一些法院和工商部门提出，实践中商标代理组织、商标代理人违反诚实信用原则开展业务、扰乱商标注册秩序、损害被代理人利益的情况较多，建议加大对商标代理活动的监督管理力度；一些法院和工商部门建议恢复设立商标代理组织的行政审批和商标代理人的资格核准。有的工商部门建议，对违法的商标代理人可以采取市场禁入的措施。

有的工商部门提出，实践中律师事务所、律师也可以从事商标代理活动，建议增加司法行政主管部门对商标代理活动进行监督管理的规定。

（五）关于商标注册的异议制度

草案第十五条对现行商标法规定的提出商标异议的主体由“任何人”修改为“在先权利人或者利害关系人”，并列举了提出异议的理由。

有的工商部门提出，对违反商标法第十条、第十一条、第十二条关于商标禁用标志、不具有显著特征标志等规定的商标注册申请，应当允许社会公众提出异议。

有的法院建议对“利害关系人”的范围作出具体规定。

（六）关于商标审查期限

现行商标法第三十五条仅要求对商标注册申请和商标复审申请应当及时进行审查，但未对商标注册申请、商标复审申请、注册商标无效的审查期限作出规定。

有的法院和工商部门提出，由于现行商标法对商标审查的期限未作出具体的规定，行政机关在审查期限方面的自由裁量权较大，实践中商标审查的期限也比较长。为规范行政机关的行为，保护当事人利益，建议对商标注册申请、商标复审申请、注册商标无效的审查期限，在商标法中予以明确。

（七）关于注册商标的无效宣告

1. 草案第二十四条中规定，当事人对商标评审委员会作出维持注册商标或者宣告注册商标无效的裁定不服的，可以向人民法院提起行政诉讼。

一些法院提出,对因不服商标评审委员会的裁定而提起的行政诉讼,法院只能维持或者撤销商标评审委员会的裁定,而不能直接改判,不利于争议的及时解决。建议赋予法院审理商标行政案件的改判权。

2. 草案第二十五条中规定,有关宣告注册商标无效的决定或者裁定,对宣告无效前人民法院做出并已执行的商标侵权案件的判决、裁定和工商行政管理部门做出并已执行的商标侵权案件的处理决定以及已经履行的商标转让或者使用许可合同不具有追溯力。但是,不返还商标侵权赔偿金、商标使用费、商标转让费明显违反公平原则的,应当全部或者部分返还。

有的法院建议增加规定,有关宣告注册商标无效的决定或者裁定,对宣告无效前已经履行的和解协议也不具有追溯力。有的法院提出,对于无效宣告的效力应以有追溯力为原则、无追溯力为例外,建议将上述规定修改为:有关宣告注册商标无效的决定或者裁定具有追溯力,但是返还商标侵权赔偿金、商标使用费、商标转让费明显违反公平原则的除外。

(八)关于商标侵权行为

1. 有的法院建议按照世界贸易组织《与贸易有关的知识产权协定》(TRIPS)的规定,将商标侵权的判定标准由"相同或者近似"修改为"可能造成消费者的混淆"。

2. 草案第三十二条规定,故意为侵犯他人商标专用权行为提供便利条件,帮助他人实施侵犯商标专用权行为的,属于商标侵权行为。

有的法院提出,按照侵权责任法的规定,过失帮助实施侵权行为也可构成共同侵权。建议将"故意"修改为"故意或者过失"。有的工商部门建议对帮助侵犯商标权的具体情形进行列举。

3. 草案第三十三条规定,将他人驰名商标、注册商标作为企业名称中的字号使用,误导公众,构成不正当竞争行为的,依照反不正当竞争法处理。

有的法院提出，按照相关司法解释的规定，将他人商标作为字号“突出使用”属于商标侵权行为，而不是不正当竞争行为，建议对草案的规定再作研究；有的法院建议将上述行为明确为商标侵权行为。有的工商部门建议对上述行为如何处理直接作出规定。

有的法院提出，驰名商标包括已注册的驰名商标，该条将驰名商标与注册商标并列的表述不合适。

4. 有的工商部门建议将委托他人制造、加工侵犯注册商标专用权商品的行为明确为商标侵权行为。有的法院和工商部门提出，实践中一些国内企业接受外国商标权人的委托进行定牌加工，该商标在该外国属于合法商标，但与在我国注册的商标相同或者近似，这种行为是否构成商标侵权，应当如何处理，建议明确。

有的法院建议对现行行政法规、司法解释规定的商标侵权行为进行梳理，统一在商标法中作出规定。

有的法院建议对网络上的商标侵权行为作出专门规定。

5. 有的法院建议对商标侵权行为承担民事责任的形式作出明确规定。

（九）关于商标侵权纠纷的行政处理

1. 草案第三十五条第一款中规定，对销售不知道是侵犯注册商标专用权的商品，能证明该商品是自己合法取得并说明提供者的，由工商行政管理部门责令停止销售，免予其他处罚。

有的工商部门提出，如何证明“不知道是侵犯注册商标专用权的商品”、“合法取得”，应当在法律中予以明确，严格限制，以避免当事人利用上述规定逃避处罚。

有的工商部门提出，按照草案的规定，对于善意的销售者只是责令停止销售，不给予没收等其他处罚，和《与贸易有关的知识产权协定》（TRIPS）关于侵权商品应当清除出商业渠道或者销毁的规定是否一致，建议再作研究；有的工商部门建议将“免予其他处罚”修改为“从轻或者减轻处罚”。

2. 有的工商部门建议增加关于工商行政管理部门查处商标侵权行为的程序性规定，例如，对商标侵权行为查处时，应当有必要的证据；工商行政管理部门应当事人请求查封、扣押涉嫌侵权物品时，应当要求相关当事人提供担保等。

（十）关于侵犯商标专用权的赔偿

1. 草案第三十七条中规定，侵犯商标专用权的赔偿数额，按照权利人因被侵权所受到的实际损失或者侵权人因侵权所获得的利益确定，也可以参照该注册商标使用许可费确定；对恶意侵犯商标专用权、情节严重的，可以在按照上述方法确定数额的一倍以上三倍以下确定赔偿数额。赔偿数额应当包括权利人为制止侵权行为所支付的合理开支。同时规定，权利人因被侵权所受到的实际损失、侵权人因侵权所获得的利益、注册商标使用许可费难以确定的，由人民法院根据侵权行为的情节判决给予一百万元以下的赔偿。

有的法院建议对“恶意侵犯商标专用权”和“情节严重”的情形予以明确，作出列举性规定；有的法院建议将“恶意”修改为“故意”。一些法院建议明确，对于采用法定赔偿的案件，也可以适用草案惩罚性赔偿的规定，即最高可给予三百万元的赔偿。

有的法院建议规定法定赔偿数额下限。有的法院建议明确法定赔偿是否包括权利人为制止侵权行为所支付的合理开支。

2. 草案第三十七条中规定，人民法院为确定赔偿数额，在权利人已经尽力举证，而与侵权行为相关的账簿、资料主要由侵权人掌握的情况下，可以责令侵权人提供与侵权行为相关的账簿、资料；侵权人不提供或者提供虚假的账簿、资料的，人民法院可以参考权利人的主张和提供的证据判定赔偿数额。

有的法院提出，草案的规定不符合一般的民事诉讼中“谁主张，谁举证”的证据规则，是否合适，建议再作研究。有的法院提出，在侵权行为成立但无法确定赔偿数额的情况下，法院可以直接在法定赔偿范围内判定赔偿数额，是否需要增加上述规定，建议再作研究。

有的法院提出，为增加威慑力，在侵权人不提供相关账簿、资料的情况下，应当允许法院依据权利人的主张直接判定赔偿数额。

（十一）关于诉前行为保全

草案第三十八条规定了商标侵权案件中的诉前行为保全，其中规定，人民法院应当自接受申请之时起四十八小时内做出是否保全的裁定；申请人提出申请时，应当提供担保；申请人自人民法院采取责令停止有关行为的措施之日起十五日内不起诉的，人民法院应当解除该措施。

有的法院建议将做出是否保全的裁定的起始时间，由“接受申请之时”改为“经审查符合规定之时”。同时建议对担保的提供作出具体规定。

有的法院提出，新修改的民事诉讼法规定，在人民法院采取保全措施后“三十日内”不依法提起诉讼或者申请仲裁的，人民法院应当解除保全。草案的规定在时限要求上与民事诉讼法不一致，建议再作研究。

（十二）其他意见

1. 草案第二十七条中规定，商标注册人在使用注册商标的过程中，自行改变注册商标、注册人名义、地址等注册事项的，由商标局责令限期改正；期满不改正的，由商标局撤销其注册商标。

有的工商部门提出，对自行改变注册商标、注册人名义、地址等注册事项的监管主要由基层工商行政管理部门负责，商标局难以发现上述情形。建议将“由商标局责令限期改正”的规定修改为“由县级以上工商行政管理部门责令限期改正”。

2. 有的工商部门提出，商标的注册、保护与保证商品质量无关，建议删除现行商标法第四十五条、第四十八条等与商品质量要求相关的规定。

3. 有的法院建议对商标与域名、外观设计专利权等权利发生冲突的处理作出规定。

4. 有的法院提出，为减少恶意诉讼，建议增加规定，商标侵权诉讼的起诉方败诉的，应当赔偿对方当事人因此支付的合理开支。

商标法修正案草案上海、浙江调研情况简报(二)

3月25日至28日,法工委郎胜副主任与经济法室的同志赴上海、浙江就商标法修正案草案(以下简称草案)的有关问题进行调研。其间,听取了两省(市)部分企业关于商标注册和商标保护实践中存在问题的反映和对草案的意见,全国人大代表、杭州娃哈哈集团有限公司董事长宗庆后参加了座谈会。现将主要情况简报如下:

一、关于商标注册和保护实践中存在的主要问题

根据介绍,企业在商标注册和保护实践中遇到的主要问题包括:

一是商标注册申请审查的时间过长,企业的商标权益无法及时获得保护。

一些企业提出,目前工商行政管理部门对商标注册申请审查的时间过长,一件申请要经过商标局的初步审查、公告、异议以及商标评审委员会的复审等多个程序,有的还需要进行两审诉讼程序,在没有异议的情况下获得核准也需要一年多的时间,如果有人提出异议则需要四到五年,甚至有的商标注册申请十年都没有核准,而商标权的保护期限也不过只有十年。企业的商标权益长期处于缺乏保护的状态,无法运用法律武器维护其利益,影响企业品

牌战略的实施,阻碍企业的正常发展。

一些企业提出,实践中一些单位和个人利用注册申请审查期限长的特点,恶意提出异议,拖延申请人获得商标注册的时间,从中获取不正当利益,许多申请人被迫通过给付财物的形式换取其不提异议或撤销异议,“花钱免灾”。

二是恶意注册、“傍名牌”的现象突出,严重损害知名商标注册人的权益。

有的企业提出,实践中存在恶意注册与知名商标品牌近似的商标,然后将其倒手转卖,或者成立皮包公司通过商标授权、委托加工等方式制假售假的“傍名牌”现象,已形成产业链,并且有专门从事这一活动的群体,严重损害知名商标注册人的权益。

许多企业提出,知名注册商标面临多种形式的恶意商标注册申请:有的使用与其注册商标同音不同字的标识、有的将其注册商标翻译成外文、有的在其注册商标的基础上附加前缀或者后缀、有的将其注册商标与其他商标进行组合,在与其注册商标核定使用的商品相同或者类似的商品上注册商标。知名商标注册人需多次对该类商标注册申请提出异议或者复审,不堪其扰。

有的企业提出,商标局对部分商标注册申请的审查、对部分商标异议处理的质量不高,使一些恶意的商标注册申请获得核准,知名商标的注册人则需要针对该类商标请求商标评审委员会裁定撤销、进行诉讼,付出巨大成本。

三是对商标侵权行为的打击力度不够,商标权人的利益无法得到有效保护。

许多企业提出,实践中行政机关的执法手段不足,难以有效查处商标侵权行为;行政处罚力度不够,不足以震慑商标侵权人。同时,法院对侵权行为判决的赔偿数额过低,侵权成本低,维权成本却很高,一些企业往往赢了官司失去了市场,赢了官司赔了钱。

二、上海、浙江两省(市)部分企业对草案的意见

(一)关于商标构成要素

草案第二条对现行商标法第八条作了修改,规定通过使用取得显著特征的单一颜色等可以作为商标注册。

一些企业提出,单一颜色具有稀缺性,肉眼可分辨的颜色也不过只有100多种,如果允许单一颜色注册商标可能造成商标注册人对颜色的垄断,影响其他经营者的正常使用;同时,消费者通过单一颜色区分商品来源难度较大,在实践中很难操作。不赞成增加单一颜色商标的规定。

(二)关于驰名商标

现行商标法第十三条、第十四条对驰名商标保护制度作了规定。

有的企业提出,实践中对驰名商标的认定机构不统一、认定程序不规范、认定标准不严,出现了很多问题。一些行业内知名度很小的企业也能通过不正当手段获得驰名商标认定,并以此进行宣传,欺骗消费者,也影响了企业的公平竞争。建议在草案中对驰名商标的定义、认定标准、认定程序、保护等作出全面规定,严格加以规范。有的企业建议取消对驰名商标的行政认定。

(三)关于未注册商标的保护

草案第三十四条中规定,商标注册人申请商标注册前,他人已经在同一种商品或者类似商品上使用与注册商标相同或者近似的商标的,注册商标专用权人无权禁止该使用人在原使用范围内继续使用该商标,但可以要求其附加适当区别标识。

一些企业提出,实践中商标的"在先使用"和"原使用范围"很难确定,上述规定在执行中可能会出现很多争议,且对商标注册保护制度的冲击较大,建议删去。

(四)关于商标注册的异议制度

草案第十五条对现行商标法规定的提出商标异议的主体由

“任何人”修改为“在先权利人或者利害关系人”，并对异议程序进行了修改。

有的企业提出，对违反商标法第十条、第十一条、第十二条关于商标禁用标志、不具有显著特征标志等规定的商标注册申请，应当允许社会公众提出异议。

有的企业建议将现行商标法规定的审查异议申请的机关由商标局改为商标评审委员会。有的企业建议增加规定，在异议程序中，被异议人对异议人提出的事实和理由未作回应的，视为放弃权利，对其商标注册申请不予核准。

（五）关于商标侵权

1. 草案第三十三条规定，将他人驰名商标、注册商标作为企业名称中的字号使用，误导公众，构成不正当竞争行为的，依照反不正当竞争法处理。

有的企业提出，现行的反不正当竞争法并没有关于上述违法行为的处罚规定，草案应当直接对上述行为如何处理作出规定。

2. 有的企业建议将商标法实施条例中规定的“在同一种或者类似商品上，将与他人注册商标相同或者近似的标志作为商品名称或者商品装潢使用，误导公众的”行为规定为商标侵权行为。

3. 有的企业建议对网络上的商标侵权行为作出专门规定。

4. 有的企业建议，侵犯商标专用权的赔偿数额应当包括商标注册人因侵权行为所受到的商誉等无形资产损失。有的企业建议进一步提高法定赔偿数额上限。

（六）其他意见

1. 一些企业建议，将商标局、商标评审委员会对商标注册申请审查、商标异议、商标复审、注册商标无效宣告的审查期限在商标法中予以明确。

2. 有的企业建议增加商标注册申请审查的内部监督程序，确保审查标准统一，提高审查质量；借鉴我国台湾地区的做法，规定商标注册申请审查员具名制。

3. 有的企业建议增加关于防御商标的规定，即商标所有人为实现其品牌战略，防止他人将自己的注册商标在不相同或者不类似的商品上注册，而将其商标在全部类别的商品上注册，但仅在部分类别的商品上使用。对于这类防御商标，即使连续三年不使用，也不应撤销。

后　记

2013年8月30日，十二届全国人大常委会第四次会议审议通过了《全国人民代表大会常务委员会关于修改〈中华人民共和国商标法〉的决定》，并将于2014年5月1日起施行。修正后的商标法的颁布实施，对保护商标权人的合法权益，维护公平竞争的市场环境，促进商标事业的健康发展，更好地为加快转变经济发展方式服务，具有重要的意义。

为了配合修正后的商标法的学习、宣传，帮助读者准确理解这部重要法律的内容，全国人大常委会法制工作委员会经济法室直接参与商标法的研究修改工作的同志编写了本书，供学习参考。

本书力求言简意赅地阐释商标法的内容，但因时间和水平有限，如有疏漏之处，敬请读者批评指正。

作　者